SAGGISTICA 11

Europe, Italy, and the Mediterranean
L'Europa, l'Italia, e il Mediterraneo

Europe, Italy, and the Mediterranean
L'Europa, l'Italia, e il Mediterraneo

Edited by
Antonio C. Vitti
Anthony Julian Tamburri

BORDIGHERA PRESS

Library of Congress Control Number: 2014936924

© 2014 by Authors

All rights reserved. Parts of this book may be reprinted only by written permission from the authors, and may not be reproduced for publication in book, magazine, or electronic media of any kind, except for purposes of literary reviews by critics.

Printed in the United States.

Published by
BORDIGHERA PRESS
John D. Calandra Italian American Institute
25 West 43rd Street, 17th Floor
New York, NY 10036

SAGGISTICA 11
ISBN 978-1-59954-073-3

Table of Contents

Antonio Vitti & Anthony Julian Tamburri
«Preface» (ix)

Lucilla Bonavita
«Entro e oltre il Mediterraneo: Aspetti multietnici nelle novelle siciliane di Boccaccio» (1)

Ryan Calabretta-Sajder
«From "Gazing" to "Cruising": Ferzan Özpetek's *Mine vaganti* and the Re-genderization of Laura Mulvey» (9)

Alfonso Campisi
«La comunità siciliana di Tunisia durante il protettorato francese (1881-1956): La Goulette, un esempio di tolleranza» (27)

Giuseppe Grilli
«Miti dell'Epica e miti del Mediterraneo» (37)

Abdelkarim Hannachi
«Il Mediterraneo e la "Primavera araba": la sfida dell'islamismo radicale» (51)

Gaetana Marrone
«In viaggio con Rosi e Visconti nella Sicilia di Verga» (65)

Luisa A. Messina Fajardo
«Il riflesso della cultura mediterranea nel mondo paremiologico italiano e spagnolo» (78)

Trinis Antonietta Messina Fajardo
«El mito de Alceste: Recepción del mito en el teatro europeo» (91)

Daniela Privitera
«Il *mare nostrum* del crimine: esempi di lettura del *noir* mediterraneo» (102)

ANTHONY JULIAN TAMBURRI
    «Un bi-culturalismo negato: "Altre" riflessioni su letteratura e identità "italiana" negli Stati Uniti» (111)

GINO TELLINI
    «Metamorfosi d'un mito mediterraneo: Ulisse tra D'Annunzio e Primo Levi» (121)

GIULIA TELLINI
    «Mondo delle origini *vs* mondo moderno: Medea fra Corrado Alvaro e Pier Paolo Pasolini» (137)

MARIA ROSARIA VITTI-ALEXANDER
    «L'angoscia dell'esistenza come instabilità e contrasto: da Pirandello a Brancati» (148)

ALICIA VITTI
    «Cinematic Reflections on a Failed Revolution: Paolo & Vittorio Taviani's *Luisa Sanfelice* and Antonietta De Lillo's *Il resto di niente*» (161)

ANTONIO C. VITTI
    «Social Inquiry, Opposition And Intervention in Gianni Amelio's Cinema» (170)

DAVID WINKLER
    «Quasimodo's Holocaust-Mediterranean Dialectic» (180)

INDEX OF NAMES (187)

Preface

This collection of essays is born out of the inaugural conference of the Mediterranean Centre for Intercultural Studies (MCIS), which took place in Erice, Sicily, in May 2013. The MCIS was founded in 2012 with the specific goal of creating a dialogue between those scholars whose intellectual work is dedicated to topics and themes related to any aspect of Mediterranean culture, in the broadest sense of the term. As we move forward, we shall make available the best of work that emanates from the Centre's (http://centrostudimediterranei.com) future meetings.

The topics of the essays herein are varied and, in a certain sense, multi-directional. In some cases, authors herein deal with movement away from Italy, interrogating the *diasporic* experience that has led to the birth of Italian "colonies" in different parts of the world—be they in other locales within the Mediterranean, be they across the Atlantic in various parts of the Americas.[1] In other cases, authors deal with movement toward Italy—a new Italy that has now become a land of [im]migratory arrival as opposed to its historic position as a country of [e]migratory departure. Other essays, in turn, examine the dialogue of cultural inheritance that spans chronology within the confines of the geo-cultural zone we know as Italy. And while some examine the written and how it interacts with both Italian-ness and Mediterranean-ness, others, still, examine the Italian cinematic discourse that has developed over the past fifty years.

We are hopeful that these essays will provoke further thought in the reader along with a further desire to join us during one of our future conferences in a locale, Erice, Sicily, that inspires dialogue, conversation, and consequential inquiry of what the phenomenon that we know as the Mediterranean readily evokes.

Antonio C. Vitti & Anthony Julian Tamburri, Spring 2014

---

[1] The use of the term "colonies" harks back to the term popular among the Italians at the turn of the twentieth century. Since then, the term has taken on other significance, especially after the onset of a «post-colonial» critical discourse.

Entro e oltre il Mediterraneo
Aspetti multietnici nelle novelle siciliane di Boccaccio

Lucilla Bonavita
Istituto Statale N. Machiavelli

Il capolavoro letterario del nostro Trecento presenta un elemento di interesse etnico: molte novelle de *Il Decameron* sono ambientate in Sicilia ed è proprio attraverso di esse che viene veicolata la bellezza dell'isola, la sua cultura multietnica, i sapori del cibo, ma anche la violenza e la criminalità, elementi che conferiscono un'immagine suggestiva della Sicilia e degli abitanti di quest'isola posta al crocevia del Mediterraneo.

«Libro del navigar mercantesco» per la varietà dei luoghi in esso narrati, il *Decameron* riflette il gusto geografico di Giovanni Boccaccio, l'enorme impressione ricevuta dal viaggio di Niccolò Acciaiuoli, l'ampliamento delle rotte mercantili ma anche l'apertura mentale delle novelle» (Cavallini).

La funzionalità dello spazio e non il suo semplice uso decorativo, si può ben osservare nelle novelle «siciliane» che, ambientate in tutto o in parte in Sicilia, assumono un loro significato sia singolarmente sia nel loro insieme. Le novelle «siciliane» in tutto sette, non si considera la seconda novella della quinta giornata che si svolge a Lipari, ritenuta da Boccaccio un'isola autonoma, «vicin di Cilicia» (Segre), già nel loro numero rimanda alle sette ragazze della brigata, alle sette arti liberali, alle virtù, ai pianeti, ai giorni della settimana, ai sette gradi di perfezione: è indice pertanto di compiutezza e di stabilità. Di queste novelle, tre, in modo particolare la sesta novella della seconda giornata, la decima dell'ottava giornata e la settima della decima giornata, trattano dei grandi temi de *Il Decameron*, ossia l'ingegno, la fortuna, fino ad arrivare alla celebrazione della cortesia, supremo valore nella misura in cui coincide con l'arte del saper vivere la sprezzatura, affidata alla settima novella; le altre quattro, invece, sono collocate nelle giornate dedicate all'amore: la quarta e la quinta novella della quarta giornata, la sesta e la settima della quinta giornata. Il numero sette, come nel caso delle arti liberali e delle virtù, corrisponde alla somma di quattro e tre; l'analisi di questa alternanza è stata condotta da Vittore Branca nell'opera «Boccaccio medievale» (Branca 3). Si possono individuare altre simmetrie e corrispondenze che mettono da parte la tesi di un esclusivo movimento ascensionale fra le novelle e la loro responsività (Tartaro, 661).

La prima novella della serie (II, 6) si svolge, infatti, nell'ultima parte, dopo i Vespri siciliani, al tempo del re Pietro d'Aragona, come la settima novella della decima giornata, l'ultima della serie. Gianni da Procida, nominato nella prima delle nostre novelle, è zio dell'omonimo personaggio protagonista della quarta delle nostre novelle, cioè la sesta della quinta giornata. Seguendo ancora il ritmo ternario, la seconda novella della serie, cioè la quarta della quarta giornata, si svolge durante il regno di Guglielmo II il Buono, come la quinta (V,7), mentre la terza novella (IV,5) si inserisce in un'epoca quasi contemporanea, come accade nella sesta novella, cioè la decima dell'ottava giornata. Se si assume l'anno 1300 come elemento di demarcazione tra passato e presente, si denotano tre novelle contemporanee di impronta borghese (IV,5; V,6; VIII,10) e quattro collocate nel passato (II,6; IV,4; V,7; X,7), di carattere prevalentemente cortese-cavalleresco. Ritorna, pertanto, il sistema tre più quattro.

Nell'economia del nostro studio, le novelle sesta della quinta giornata, decima dell'ottava giornata e settima della decima giornata, si presentano ricche di aspetti multietnici che inseriscono *Il Decameron* entro ed oltre i confini del Mediterraneo.

Nella «quinta giornata: sotto il reggimento di Fiammetta, si ragiona di ciò che ad alcuno amante, dopo alcuni fieri o sventurati accidenti, felicemente avvenisse». La sesta novella della quinta giornata, narra che nell'isola di Ischia viveva Marin Bòlgaro con la sua bellissima figlia Restituta. Gianni, abitante di Procida, andava tutti i giorni a Ischia persino a nuoto pur di vederla. Un giorno però ella venne rapita da un gruppo di ragazzi che la portarono al re Federigo d'Aragona che la chiuse nel palazzo arabo-normanno che ha nome Cuba. Sulle tracce della donna amata, Gianni arrivò a Palermo e intravide Restituta dietro una finestra del palazzo. Durante la notte Federigo scoprì i due amanti addormentati e ordinò che fossero legati ed esposti nudi sulla pubblica piazza, prima di essere arsi vivi. Grazie alla testimonianza dell'ammiraglio Ruggeri di Lauria, i due giovani furono perdonati, perché identificati come il nipote di Gian di Procida, un partigiano degli Aragonesi e uno dei capi della rivolta dei Vespri del 1282 e come la figlia del famoso Marin Bòlgaro.

L'amore tra Gianni e Restituta segue i canoni della tradizione cortese appagandosi della vista della persona amata ed è messo subito a rischio dalla Fortuna che interviene per stravolgere i piani umani: alcuni marinai siciliani, infatti, capitano ad Ischia e rapiscono Restituta, consegnandola al re Federico II. Il potere del sovrano è significativamente rappresentato da due luoghi: il castello della Cuba nel quale è tenuta prigioniera Restituita e la piazza di Palermo in cui i due amanti sono esposti alla folla in attesa di essere arsi sul rogo. La Cuba, il cui nome deriva dall'arabo qùbbah che significa «cupola», è l'ultimo monumento creato dai Normanni a Palermo che fu già capitale dell'emirato Kalbita e del regno normanno e, insieme a La Zisa, costituisce l'edificio che più rappresenta l'architettura fatimita in Sicilia. Nel 1180 l'edificio fu fatto costruire da Guglielmo II che si avvalse di architetti arabi. Nel luogo in cui sorse la Cuba vi era un grande parco chiamato Genoardo, parola che deriva dall'arabo giànnatu-l-àrd, cioè il «paradiso della terra» perché ricco di acque e di magnifici giardini, il luogo dove Federico II ordinò che Restituita «fosse messa in certe case bellissime d'un suo giardino». La costruzione era ad un solo piano, diviso in tre parti, ma priva, a differenza da quanto sostenuto da Boccaccio, di appartamenti privati. Era circondata da un grande padiglione dove il re soggiornava nelle ore diurne, assisteva a feste e cerimonie, si riposava e si rinfrescava durante le ore più afose della giornata. L'edificio, esternamente si presenta in forma rettangolare, lungo 31,15 metri e largo 16,80. Al centro di ogni lato sporgono quattro corpi a forma di torre e i muri esterni sono ornati con archi ogivali. Nella parte inferiore si aprono alcune finestre separate da pilastrini in muratura: lo spessore dei muri e l'esiguità delle finestre offrivano in tal modo maggiore resistenza al calore del sole. Inoltre, si ritiene che la maggiore superficie di finestre aperte fosse sul lato nord-orientale, perché meglio disposta ad accogliere i venti freschi provenienti dal mare. L'interno della Cuba era diviso in tre ambienti allineati e comunicanti tra loro. Al centro dell'ambiente interno un impluvio a forma di stella a otto punte serviva come bacino di raccolta delle acque piovane. *Muqarnas* (stalattiti delle quali oggi ne rimane solo una) abbellivano la sala centrale; vi erano quattro colonne e le stanze laterali erano adibite a luoghi di servizio e come corpo di guardia. Nella sala, ubicata sul lato nord, si trova un'iscrizione araba, datata 1180 che così viene tradotta: «...nome di Dio clemente e misericordioso. Bada qui, fermati e mira! Vedrai l'egregia stanza dell'egregio tra i re di tutta la terra Guglielmo II. Non v'ha castello che sia degno di lui. ...Sia lode perenne a Dio! Lo mantenga ricolmo e gli dia benefici per tutta la vita». Lo splendore della Cuba e del suo parco, dopo la dominazione normanna, si spense: gli Angioini infierirono sugli alberi e sulle vigne che erano stati coltivati con tanta cura e così La Cuba cadde in un oblio dal quale la liberò solo la mirabile penna di Giovanni Boccaccio. Durante la peste del 1575-1576, La Cuba fu trasformata in Lazzaretto; il governo borbonico successivamente vi insidiò la cavalleria e nel 1680 tutta l'area militare e La Cuba divennero proprietà dello Stato Italiano. Recentemente La Cuba è stata ceduta alla Regione Siciliana che l'ha restituita al suo antico splendore.

La decima novella della ottava giornata è ambientata a Palermo, nella zona del porto e narra di una bellissima siciliana, madama Iancofiore, che beffa rubando i guadagni ad un mercante fiorentino, ma poi è da questi ripagata con la stessa moneta e viene alleggerita di una somma ancora maggiore. Come nella novella precedente, l'elemento arabo è fortemente inserito nel tessuto narrativo della novella: il primo incontro galante tra Iancofiore e il mercante avviene in un Bagno Pubblico, molto simile ad un hammam, luogo di una raffinatezza incredibile. A Palermo giunge Salabaetto da Firenze per vendere dei pannilani che gli sono avanzati alla fiera di Salerno e la città di Palermo si delinea così per Salabaetto, quasi come la città divoratrice che rivela un lusso di ascendenza orientale: Madonna Iancofiore fa preparare nel bagno pubblico in cui incontra Salabaetto «un paio di lenzuola sottilissime listate di seta», «una coltre di bucherame cipriana bianchissima con due origlieri lavorati a meraviglie», «oricanni d'ariento bellissimi e pieni qual d'acqua rosa, qual d'acqua di fior d'aranci, qual d'acqua di fior di gelsomino e qual d'acqua nanfa» (Boccaccio 2012: 726-27). Questo sontuoso bagno, protagonista nella scena di seduzione del mercante toscano, era il più famoso di Palermo, si chiamava «bagno d'oro» e si trovava in Via Marmorea, oggi Corso Vittorio Emanuele (Sciascia). Aperto da un potente eunuco musulmano della corte di Guglielmo, godeva di tutte le raffinatezze tecniche della tradizione igienica musulmana.

«Finisce la terza giornata de *Il Decameron*: incomincia la quarta, nella quale, sotto il reggimento di Filostrato, si ragiona di coloro li cui amori ebbero infelice fine» (Boccaccio 1996).

Dagli influssi dell'arte e del folklore arabo, nella quarta novella della quarta giornata e nella settima della quinta giornata, gli elementi multietnici si individuano nei rapporti commerciali che intercorrono con Tunisi e con l'Oriente. Alla base delle vicende della quarta novella della quarta giornata che affronta il tema cortese dell'amore per fama, vi sono, infatti, i rapporti che, sempre durante il regno di Guglielmo II, la Sicilia intrattiene con Tunisi, fatti di grande attualità al tempo di Boccaccio, in cui i commerci fra i porti siciliani e quelli tunisini sono assai fiorenti nonostante le azioni di pirateria (Trasselli). Perciò il re di Tunisi chiede motivatamente a Guglielmo II la garanzia che la nave sulla quale è imbarcata sua figlia, indicata sempre come «la figlia del re di Tunisi» e non con il suo nome come se fosse un oggetto di scambio, possa liberamente attraversare i mare. Gerbino, inoltre, le fa conoscere il proprio amore per mezzo di un suo amico che le fa vedere gioielli «come i mercanti fanno». I due protagonisti rispecchiano i principi del mondo cortese: Gerbino, oltre ad essere bellissimo, è «famoso in prodezza e in cortesia» (Boccaccio 2012b: 368), la figlia del re di Tunisi è «una delle più belle creature che mai dalla natura fosse stata formata, e la più costumata e con nobile e grande animo» (Boccaccio 2012b: 369). La donna però si innamora di Gerbino grazie al potere della parola di lui, potere nel quale si manifesta la virtù, tutta borghese, dell'uomo, ma la logica delle alleanze e dei giochi di potere e il codice cavalleresco, valgono più dei sentimenti e degli esseri umani: infatti, il padre manda in sposa la figlia al re di Granata, considerandola come mezzo di un'alleanza politico-economica; i marinai saraceni, dopo aver dichiarato che non avrebbero dato nessuna «cosa che sopra la nave fosse», senza considerare che si tratta della figlia del re, la uccidono e la gettono in mare, dicendo a Gerbino: "Togli, noi la ti diamo qual noi possiamo» (Boccaccio 2012b: 372). In nome della logica economica, trova giustificazione la conclusione della novella: re Guglielmo, per onorare l'accordo stretto con il re di Tunisi, il quale si mostra addolorato più per l'inosservanza dei patti che per la morte della figlia del re di Tunisi, uccide personalmente il nipote Gerbino. Dal punto di vista strettamente economico-politico, le tre città di Palermo, Messina, Trapani occupano un posto di rilievo nella novella. Palermo è la capitale, Messina è la base navale militare del regno ed è proprio a Messina che Gerbino si dirige per armare due galee, Trapani è il porto commerciale, la città più protesa verso Tunisi, quasi a costituirne un ponte. Per questo motivo Gerbino fa seppellire la bella figlia del re di Tunisi nell'isoletta di fronte Trapani, che non è identificabile con Ustica come erroneamente sostiene Boccaccio sulla base di quanto affermato dall'arabo Idrisi nel suo Libro di Ruggero, ma molto probabilmente, Favignana.

Avvolta dal mito e dalla storia, la città di Trapani continuò per tutto il Medioevo ad essere presente nei momenti storici più importanti: fu attiva nella cacciata degli Angioini durante i Vespri, anzi fu la prima città dell'Isola ad accettare Pietro d'Aragona e nelle acque di Trapani gli Angioini furono sconfitti nel 1284. I successivi tentativi della casa d'Angiò di impadronirsi della città fallirono miseramente, sia nel 1314 con Roberto d'Angiò che assediò per più di un anno la città per mare e per terra, sia nel 1432, anno nel quale Luigi d'Angiò tentò un nuovo assedio.

Ritorniamo alla quinta giornata. Nella settima novella «Teodoro, innamorato della Violante, figliuola di messere Amerigo suo signore, la 'ngravida ed è alle forche condannato; alle quali frustandosi essendo menato, dal padre riconosciuto e prosciolto, prende per moglie Violante» (Boccaccio 1996: 579).

La settima novella della quinta giornata e la sesta della stessa giornata, dimostrano la continuità tra passato e presente, l'uguaglianza fra nobili e borghesi sul piano delle capacità naturali. Teodoro e Violante sono, infatti, condannati a morte come Gianni di Procida e Restituita; il riconoscimento ha un grande rilievo in tutte e due le novelle che evocano due storie d'amore della tradizione classica. La separazione dal gruppo da parte di Teodoro e Violante a causa di un temporale può richiamare a Didone ed Enea (*Eneide*, IV, 165-169), mentre il percorso a nuoto che Gianni compie per vedere almeno le mura della casa di Restituita può essere un riflesso di Ero e Leandro, tramandata da Ovidio. Anche in questa novella, come nella settima della quinta giornata e nella quinta della seconda giornata, la potenza motrice è l'amore, grazie alla quale Violante si innamora di Teodoro, un ragazzo che svolge le mansioni di servo. Tra i due, però Violante dimostra uno spiccato ingegno a tal punto da inventare una storia per giustificare la nascita del figlio mentre Teodoro vorrebbe fuggire al timore che la sua relazione possa essere scoperta. Il servo Teodoro si dimostra inferiore anche a Giovanni di Procida che, invece, fa armare una fregata ed affronta pericoli pur di ritrovare Restituta. L'atteggiamento dei nobili viene poi stigmatizzato: Amerigo, pronto a far uccidere la figlia e Teodoro ed acconsentire alle nozze solo quando vengono svelate le origini nobili di Teodoro, si rivela più legato alle convenzioni sociali che agli affetti. Di grande interesse è la realtà economico-politica che la novella delinea: l'acquisto da parte di Amerigo del servo Teodoro da corsari genovesi, i quali con le loro galee hanno rapito dall'Armenia vari fanciulli, testimonia gli intensi traffici commerciali del Mediterraneo in cui è coinvolta Trapani, in perfetto accordo con i genovesi, secondo l'orientamento politico inaugurato dal re Guglielmo II d'Altavilla. Boccaccio, in modo particolare, precisa che i corsari si recano nella zona di Laiazzo, località nella quale si trasferiscono Teodoro e Violante, a voler dimostrare il legame di Trapani con questa città, «emporio all'incrocio delle vie della Siria e dell'Egitto, della Persia e dell'Armenia» (Branca 148). Se la ricchezza di Trapani non è dovuta solo al commercio ma anche alla terra, come provano i possedimenti di Amerigo, le relazioni positive con l'Oriente sono ulteriormente attestate dal fatto che tre ambasciatori armeni, per spezzare la lunghezza del viaggio, si fermano a Trapani per una sosta prima di riprendere il cammino per incontrare il Papa, informati anche della buona ospitalità che la città forniva agli stranieri. Trapani rappresenta anche il luogo del riconoscimento e del ritrovamento: i tre ambasciatori son arrivati lì per caso e il caso gioca sempre un ruolo importante nelle vicende umane e richiamati dalle grida della folla che seguiva il povero Teodoro battezzato da Amerigo con il nome di Pietro, si affacciarono e uno di essi, uomo di grande autorità, notò sul petto di Pietro una grande voglia rossa, come quella del figlio che era stato rapito anni prima dai corsari. Gridò istintivamente il nome di Teodoro e gli rivolse delle parole in lingua armena; la risposta del giovane nella stessa lingua fu la conferma che Pietro era suo figlio Teodoro.

In un noto saggio giovanile del 1929, Auerbach considerava che nel Medioevo il genere novellistico non poteva affermarsi, se è vero che esso coglie spunto dalla realtà immanente che nell'Alto Medioevo non era stata considerata degna di attenzione, infatti, così affermava: «Il mondo, trascurato per tanto tempo, aveva voltato le proprie spalle all'uomo così come l'uomo aveva voltato le proprie spalle al mondo» (Auerbach). Giovanni Boccaccio, da questo punto di vista, si colloca fuori dal Medioevo perché poiché sa guardare alla realtà sensibile, ne sa cogliere accidentalità e contraddizioni, trasferendo la casualità degli eventi in una società ideale, dove le donne si presentano con una nuova immagine che sta alla pari con quella dell'uomo. In questo modo, l'autore con la cornice che contiene le cento novelle del Decameron contrappone al caos e alla dissoluzione prodotti dalla peste del 1348 una società ideale, dove la cortesia e la gentilezza prevalgono sulla violenza e sulla brutalità e dove l'amore, secondo Italo Calvino, è considerato una forza naturale che solo se rispettata in quanto tale può essere governata da ragione e morale. Boccaccio, però, si situa al di là del Medioevo anche per le aperture multietniche di natura socio-politica e folkloristica, come l'analisi di queste novelle siciliane ha cercato di evidenziare.

OPERE CITATE

Auerbach, Erich. *Dante als Dichter der irdischen Welt (1929)*. Tr. Maria Luisa De Pieri Bonino e Dante Della Terza, in *Studi su Dante*, introduzione di Dante Della Terza. Milano: Feltrinelli, 1963.

Boccaccio, Giovanni. *Decameron*, a cura di Mario Marti. Milano: Rizzoli Editore, 1996.

Boccaccio, Giovanni. *Decameron*, vol.1, a c. di Vittore Branca. Milano: Oscar Mondadori, 2012a.

Branca, Vittore. *Boccaccio Medioevale*. Firenze: Sansoni, 1968.

Cavallini, Giorgio. «Postilla sulla geografia del Decameron». In *Rivista di letteratura italiana*, vol. 20 (2002): 91-104.

Sciascia, Laura. «Per una storia di Palermo nel Duecento (e dei toscani in Sicilia): La famiglia di Ruggero Mastrangelo». In *Come l'oro della Fiaba* (Firenze: Sismel ed. del Galluzzo, 2010).

Segre, Cesare (a c. di). *Le opere di Giovanni Boccaccio. Decameron*, Milano: Editoriale Vita, parte prima, 1963.

Tartaro, Achille. «La prosa narrativa antica». In *Letteratura italiana*, Vol. 3, t. 2. Torino: Einaudi,1992.

Trasselli, Carmelo. *Privilegi di Messina e Trapani*. Messina: Intilla editore,1992.

From «Gazing» to «Cruising»
Ferzan Özpetek's *Mine vaganti* and the Re-genderization of Laura Mulvey

RYAN CALABRETTA-SAJDER
University of Arkansas, Fayetteville

«Cruising» or «Gazing»—is there a difference to the average spectator? When does a simple «glance» or «gaze» cross over into the realm of 'fixating,' 'staring,' or 'cruising?' How much importance lies with the cruiser? The first two definitions listed under «cruising» in the official Urban Dictionary offer a homosexual connotation: 1) «a: to search (as in public places) for a sexual partner; b: to go about the streets at random but on the lookout for possible developments and 2) trying to pick up someone for anonymous gay male sex.»[1] Yet the list of definitions does not terminate so quickly. Through a more international perspective, «cruising» is not solely related to the homosexual community, for example, in Australia a heterosexual male can easily «cruise» for a woman. «Cruising» in Australia is a practice involving local men who drive around in cars searching for young, underage or nearly underage girls. Once a man or a few find and pick up a girl, they drive her around and eventually consummate their encounter. The girl is «marked» as the «cruiser» and with that title comes the connotation of a whore; she typically continues a prostitute's lifestyle, however, she is the one responsible for paying for gas, alcohol, and drugs.[2] In both these communities, the general concept of cruising remains similar—cruising concerns random acts of sexual encounters. The gay community is no longer as it was when Vito Russo wrote one of the first books on homosexuals in the cinema.[3] Rather, the representation of homosexuality has greatly evolved, in particular through the media, and thus cruising has returned to the forefront of scholarly interest. In this piece, in fact, I argue that much of

---

[1] http://www.urbandictionary.com/define.php?term=cruising. December 16, 2013.
[2] http://www.urbandictionary.com/define.php?term=cruising. December 16, 2013.
[3] Vito Russo is attributed as the first scholar of homosexual cinema. He wrote *The Celluloid Closet: Homosexuality in the Movies* in 1981.

From: *Europe, Italy, and the Mediterranean* (Bordighera Press, 2014)

Laura Mulvey's conception of gaze theory may not be completely dead, but heavily changed through the analysis of Ferzan Özpetek's *Mine vaganti*, considering the evolution of gazing to cruising.

Cruising is by no means a new concept. One can choose the diction he prefers; however, the idea of cruising, as currently considered, was already prevalent in the British Victorian novels mostly due to their reflection of life; homosexual British men would often go «cruising» in certain British parks when they were hoping to consummate a sexual encounter. Moreover, one can easily argue that the two gentlemen of Verona in the famous Shakespeare play were not meeting in the park by chance; rather, one could easily argue a gendered reading of those scenes.[4] Thus, to return to one of the accepted definitions of cruising, the act of movement, whether it be walking, driving, etc., in hopes of physically finding a mate, usually for anonymous, casual sexual relations, is not a novelty; yet, still remains pertinent for the queer community and critical for queer theory. Pier Paolo Pasolini could be considered Italy's most (in)famous, or at least well known, «cruiser.» In fact, the night Pasolini was killed, he «cruised» Pino Pelosi at the Stazione Termini.

In the 1970s, cruising became a type of argot, a secret, slang code used among homosexuals to understand who was available to «hook-up.» It was a way in which homosexual males could assure themselves that their recently discovered sexual partner was interested in a homosexual encounter. Today, the gay community no longer uses the term «cruise» in such rigid terms. It can and is still used to check out and later «hook-up» with an individual; there still exist many «cruisy bars.» However, it is also used in a more general sense for homosexual males «checking out» other homosexual males. For example, one gay male can cruise another in the gym, or if a group of gay men are out together and one guy in the group is staring at another, his friends might tell him to stop cruising. It is through this lens that I will examine the diverse aspects of vision or looking in Ferzan Özpetek's *Mine vaganti*. Through an examination of diverse modes of looking, I will argue that Laura Mulvey's concept of the gaze, although a tad outdated, still proves relevant

---

[4] According to historian Rictor Norton, author of *Mother Clap's Molly House*, the birth of cruising for homosexual sexual encounters began in the early 17th century in England. In addition for cruising areas of a city, he claims that certain theatres were also known for this type of activity.

on some levels as I merge the concept of cruising with her concept of spectatorship. Mulvey's rather rigid definition lacks flexibility with the inclusion of new, diverse groups in this film for example, the homosexual. Now that openly homosexual directors create films, Mulvey's concept must be tweaked to include a larger conceptual framework.

According to the traditional gaze theory, three levels of interpretation exist. As Jeremy Hawthorn notes, «gaze» theory has never evolved from a critical movement or school. Hawthorn, along with other critics, has, however, overlooked the influence of Hegel in the overall understanding of contemporary gaze theory. Peter Wollen in his article, «On Gaze Theory» (2007), discusses the importance of Hegel's student, Alexandre Kojève's interpretation of *Phenomenology of Spirit*. Kojève's interpretation of Hegel's theory of the gaze and the master-slave relationship plays a pivotal role in the evolution of this theory.[5]

Hegel's work is grounded in the fact that human beings are self-conscious, conscious of themselves and their human reality and dignity. He argues that man understands his own consciousness the first time he says the word 'I' but that man must speak to understand his being and that desire brings man back to himself. Hegel notes that human desire is only human when directed towards another desire, rather than an object. Kojève explains Hegel's theory in the following manner:

> In the relationship between man and woman, for example, desire is human only if the one desires, not the body, but the desire of the other … that is to say, if he wants to be 'desired' or 'loved' or, rather, 'recognized' in his human value, in his reality as a human individual. Likewise, desire directed toward a natural object is human only to the extent that it is 'mediated' by the desire of another directed towards the same object; it is human to desire what others desire, because they desire it.[6]

Thus in Kojève's reading of Hegel's conception of the gaze, «the slave desires to occupy the place of the master and the master desires the recognition of his mastery from the slave.»[7] Lacan later takes Kojève's

---

[5] I was first introduced to this aspect of the gaze theory through Peter Wollen's article entitled «On Gaze Theory». Most of my Hegel research from this piece stems from this piece.
[6] Kojève, *Introduction to the Reading of Hegel*, 6.
[7] Wollen, «On Gaze Theory,» 2.

understanding of Hegel and adds another layer of meanin.[8] Lacan focuses on both self-recognition (Lacan used the term 'misrecognition') otherwise known as the creation of the 'I' but adds the 'social I', a process whereby one's own desires reflect those of another thus forcing the subject into adverse relationships with others.

A series of theorists from the 1970's grounded the cinematic voyeuristic gaze in psychoanalysis, particularly Lacanian psychoanalysis, which pays homage to Hegel's philosophical models. Christian Metz (1964), Laura Mulvey (1975), and Teresa de Lauretis (1984; 1987) were among the first to interpret cinema through Lacanian psychoanalysis.[9] Jeremy Hawthorn argues, however, that John Berger's pivotal work *Ways of Seeing* (1972) paved the way to discussing visual pleasure.[10] Berger suggests that «seeing» or perspective is highly affected by both social class and gender.

In «Visual Pleasure and Narrative Cinema» (1975)[11] Laura Mulvey uses Lacan's early understanding of psychoanalysis to discuss pleasure and displeasure as seen through the narrative cinematic form. Mulvey declares that the camera assumes a scopophilic instinct (pleasure which derives from erotically objectifying another human) and «in contradistinction, ego libido (forming identification processes) act as formations, mechanisms, which mold this cinema's formal attributes.»[12] Mulvey's concept of the male gaze involves three levels of interpretation, which remains fundamental in this analysis:

> there is the look of the camera in the situation where events are being filmed (called the profilmic event)—while technically neutral, this look, as we have seen, is coherently voyeuristic and usually 'male' in the

---

[8] It is critical to note that Jacques Lacan was a student in Kojève's seminars on Hegel. Lacan had a quasi-mystical interest in Kojève and as one can easily see, adopted information from Hegelian theory to create his concept of the mirror phase.

[9] It is important to note that this 'new' wave of film studies was introduced by Christian Metz in 1964 with his famous article entitled «Le cinéma: langue ou langage?» Please see the bibliography to note the foundational works of this period.

[10] Hawthorn in Waugh, *Literary Theory and Criticism*, 509.

[11] Laura Mulvey originally published with seminal piece, «Visual Pleasure and Narrative Cinema» from *Screen*, Vol. 16, no. 3 (1975). This piece has been republished with permission in numerous readers and theoretical cinema collections. The version cited here comes from *Feminism & Film*, edited by E. Ann Kaplan.

[12] Mulvey in Kaplan, *Feminism and Film*, 46.

sense of a man doing the filming; there is the look of the men within the narrative, which is structured so as to make women objects of their gaze; and finally there is the look of the male spectator that imitates (or is necessarily in the same position as) the first two looks.[13]

Thus, Mulvey demonstrates through citing Lacan's early stages of psychoanalysis that men dominate women in cinema through the gaze. Following Mulvey's framework, feminist scholar E. Ann Kaplan takes her reading one step further in an article entitled «Is the Gaze Male?».[14] In this piece, Kaplan declares:

> their gaze [male] carries with it the power of action and possession that is lacking in the female gaze. Women receive and return a gaze, but *cannot act on it*. Second, the sexualization and objectification of women is not simply for the purposes of eroticism; from a psychoanalytic point of view, it is designed to annihilate the threat that woman (as castrated, and possessing a sinister genital organ) poses.[15]

Kaplan adds to Mulvey's theory the notion that a woman cannot reciprocate the gaze. Still, I concur with scholars who struggle to accept Kaplan's interpretation, which suggests a distorted reality. Mulvey's general approach to spectatorship has dominated film theory for more than thirty years with little to almost no dialogue.

In response to Mulvey's long-standing approach, European cinema scholar Fabio Vighi revisited psychoanalytic cinematic criticism based in Lacanian philosophy and proposed a new approach to spectatorship. Vighi attempts to «unravel the Real of film—film's unconscious presuppositions—[...] to bring the political potential of Lacanian theory to full fruition».[16] Vighi moves beyond Lacan's early years and introduces his idea of *jouissance* or «enjoyment» dealing with the feminine. Nonetheless, he admits not being in concert with the two most accepted readings of Lacan concerning the role of women, namely the readings of Luce Irigaray and those of Jane Gallop and Judith Butler (1990), etc., but rather

---

[13] Kaplan on Mulvey in Kaplan, *Feminism and Film*, 120-121.
[14] Kaplan in Kaplan, *Feminism and Film*. «Is the gaze male?» was originally published in *Women and Film: Both Sides of the Camera*. London: Routledge, 1983 (23-35) and was reprinted in *Feminism & Film*, edited by E. Ann Kaplan (119-138).
[15] Kaplan, *Feminism and Film*, 121. My italics.
[16] Vighi. *Sexual Difference in European Cinema*, 1.

he supports Slavoj Zizek's interpretation. Zizek and Vighi hold that «*no part of woman resists the phallic order,*» i.e. she is fully submitted to the phallus. Woman is immersed in the symbolic order «without exception.»[17] Thus, Vighi continues to uphold the tradition of a powerless, dominated woman, a role similar to that which Kaplan defined.

Although Vighi proposes a unique way of examining women in cinema, his narrowly focused interpretation of Lacan excludes both an emphasis not only upon women, but also on the power of the «other.»[18] Judith Butler and her school of feminist scholarship render Lacan most accurately by including the possibility of an «other.»[19] In this way, the voyeuristic gaze could also be adapted to a wider theoretical perspective.

Little attention has been directed towards the intersection between queer theory and gaze theory. In fact, very few articles have been written which address this topic, especially during the height of gaze theory in the late 1970s and the 1980s. The most noteworthy article, «The Gay Gaze, or Why I Want My MTV» by Steven Drukman, examines gaze theory from a gender perspective stemming back through psychoanalysis of Freud and Lacan. Drukman argues the importance of discussing queer theory based in psychoanalysis. In his piece, Drukman summarizes the preceding critics already mentioned in this piece, with the exception of Vighi because of the chronology of publications. Drukman confirms:

> I would suggest that gay/male/gazing pleasure resides in the id's scopophilic faculty as well as the ego's mode of identification (Mulvey). I would argue that there is room for resistance within transnational, heterosexual diegesis, but that narrative is still propelled via the phallic gaze (Doane). Finally, I maintain that gay men are historical subjects and that 'films images are not neutral objects of a pure perception' (de Lauretis) but that images have different valences as filtered through the sensibility of the gay male spectator.[20]

---

[17] Vighi. *Sexual Difference in European Cinema*, 13.
[18] When I use the idea of *other* I am referring to non-traditional/canonical artists for example migrants, homosexuals, transgendered persons, women, etc.
[19] See Judith Butler in the bibliography.
[20] Steven Drukman, «The Gay Gaze, or Why I Want My MTV,» in *A Queer Romance: Lesbians, Gay Men and Popular Culture*, Paul Burston and Colin Richardson, eds., (New York: Routeldge, 1995), 86.

Drukman's citation, as most of his article, serves as a thorough summary of the evolution of gaze theory, yet he does touch on a diverse spectatorship.

Drukman asserts the importance both Richard Dryer and Vito Russo, the two scholars responsible for studying gender and cinema, added to the field. Vito Russo categorized diverse roles homosexual characters (and at times actors) have assumed and how Hollywood has manipulated these characters, while Richard Dryer has analyzed individual aspects of homosexuality within the cinematic realm.[21] Drukman's analysis focuses primarily on MTV and follows closely the methodology of Laura Mulvey, dialoging with her concept of spectatorship, substituting solely the heterosexual male spectator with the homosexual male spectator. In order to evidence his argument, Drukman uses the music video «Open Your Heart» (Madonna, 1986), a music video from George Michael,[22] and others to justify his argument. Drukman's article has become noteworthy due to its originality, mainly for the introduction of the homosexual spectator; however, the article lacks a thorough analysis and in moments seems superficial. To begin with, the article considers the level of the spectator only, leaving aside the level of the protagonist and director. His examples do not incorporate feature-length films and thus do not adhere to the original structure Mulvey introduced.[23] My objective thus is to reexamine gaze theory through a gendered perspective, properly adopting the gay gaze on each level. Only through this type of analysis

---

[21] Richard Dryer è uno dei primi critici che ha studiato il cinema gay. Si vedonon i seguenti testi:
Richard Dryer, *The Culture of Queers*. (London: Routledge, 2002).
Richard Dryer, *Now You See It: Studies on Lesbian and Gay Film*, 2nd ed. (London: Routledge, 2003).

[22] George Michael è un cantante britannico di musica pop e soul. Era parte del gruppo Wham! E dopo ha iniziato una carriera da solo nel 1987 con l'album «Faith». È conosciuto anche per la sua omosessualità specialmente negli anni 2000 quando è venuto fuori da una crisi personale.

[23] Steven Drukman, «The Gay Gaze, or Why I Want My MTV,» in *A Queer Romance: Lesbians, Gay Men and Popular Culture*, Paul Burston and Colin Richardson, curatori, (New York: Routeldge, 1995), 88. L'applicazione dello sguardo gay in questo articolo è dimostrato soltanto con i video musicale. Nella mia lettura, un video musicale è diverso da un lungometraggio. Il video musicale funziona con una canzone e ha obiettivi diversi da un lungometraggio. Inoltre, un lungometraggio utilizza una struttura narrativa completamente differente dal video musicale.

can one truly consider the contemporary validity of Mulvey and company.

Thus, who dominates the gaze in *Mine vaganti*? The answer seems obvious at first glance; however, with a second glance, it is quite ambiguous. The opening gaze of the film does not come from, nor is directed at, a homosexual protagonist, but rather Özpetek uses a strong female character to become the inspiration of change for others.[24] The first gaze within the film examines the *nonna*'s wedding photo, which leads the spectator into a flashback scene helping the protagonist enter into the film; the flashback scenes fill in helpful background information to assist the spectator in comprehending the family's rich history.

Even if *nonna*'s gaze and history serve as a guiding point for the film, it is the homosexual gaze that truly highlights the film's beauty and originality. Borrowing from Mulvey's concept of the gaze, three levels of interpretation still exist; however, woman is no longer dominated, rather each level as prescribed by Mulvey remains gay. Within the context of the film, our narrator is a young, quasi-declared homosexual male. Özpetek, the director is a declared homosexual and thus Özpetek has an enormous following of international homosexual spectators. Through this methodological approach, the original concept of Mulvey has shifted; although the structural aspects remain intact, one can examine the evolution of subject, from that of woman to homosexual. This article serves to demonstrate a new paradigm, which is a shift from the dominated heterosexual woman to the empowered homosexual.[25]

Although Özpetek has claimed the film is solely about the relationship between a father and son, film viewers recognize that the plot is more complex; both brothers are gay, and each attempts to come out before the other:

> Però ci tengo ancora una volta a sottolineare che *Mine vaganti* non è un film sull'omosessualità. E' una commedia che cerca di rifarsi alla grande commedia all'italiana di una volta - e a giudicare da quanto hanno scrit-

---

[24] Many scholars have noted the importance of the female lead characters in Özpetek's films, often serving as inspiration models for the homosexual characters. For a detailed analysis of this concept in Özpetek's early films, please see Gabriele Marcello's *Ferzan Özpetek: La leggerezza e la profondità*.

[25] When I argue empowered homosexual, I refer to the gaze on each level: the homosexual director, spectator, and protagonists in the case.

to a Berlino sembra proprio che sia andata così ma non voglio sembrare presuntuoso e lascio il giudizio al pubblico - che ha al centro una famiglia, con tantissimi elementi, ognuno particolare e con i suoi problemi, il suo carattere... E, fondamentalmente, ho cercato di sviscerare - insieme allo sceneggiatore Ivan Cotroneo - il rapporto padre e figlio.[26]

Tommaso and Antonio are brothers and in fact the sons of Vincenzo Cantone, yet the story is hardly black and white. Tommaso, a declared homosexual, lives with his partner in Rome and secretly wants to become a writer so is not studying business; his family is ignorant to his actual lifestyle. Tommaso returns to his native Lecce, because his father has created a partnership at the pasta factory started by his *nonna* and *zio* Nicola. Tommaso is present to sign the contracts and meet the new partners; however, he has a plan up his sleeves. At the dinner party, Tommaso plans to declare himself as gay, be thrown out of the family and return immediately to Rome to continue his lifestyle as a homosexual author. Tommaso shares his plan with his brother, Antonio, and during the dinner party, Antonio beats Tommaso to the punch declaring himself before Tommaso. Consequently, Antonio is sent away from the family, and Tommaso assumes Antonio's role both in the factory and in the family until *nonna* commits suicide through gluttony and the family reunites. The film has multiple layers of meaning and Özpetek as usual manipulates both the camera and color in an extraordinary way.

Although Özpetek's films are rich in meaning, this essay focuses primarily on the gay gaze and its function within the film and its importance for gaze theory.[27] As previously mentioned, the initial gaze in the film is that of *nonna* viewing her wedding photo and creating the entire background story for the film. This gaze introduces a motif often present in Özpetek's films—memory. The spectator understands *nonna*'s openness and tolerance because the viewer, as spectator, is collectively privy to her past life. Her tolerance inspires her homosexual grandsons to follow their own dreams, as she had inspired *zio* Nicola.[28] Her pres-

---

[26] Nicoletta Gemmi, «Intervista a Ferzan Özpetek per le sue Mine vaganti.»
[27] It is possible to discuss the female gay however it is different here because the protagonists are all homosexual. It is possible however to discuss the importance of the nonna, zia, and Alba, who all have pivotal roles within the film.
[28] It is unclear as to the reality of the triangular relationship between *nonna*, her husband, and *zio* Nicola. The spectator understands that she is in love with *zio* Nicola but why she

ence remains pivotal for the narration of the film as noted through flashback scenes and the fantasy wedding day celebration in which she begins the voice over and Tommaso finishes it, as though he is recounting the family story. Tommaso's passion for writing brings the memory motif full circle at the end of the film demonstrating the importance of family, one of the major messages of the film.

Even within the category of «gay» gazes, a variety exists throughout the film. The first type of gay gaze that arises deals with the two homosexual brothers, as evidenced in both the factory scene and later at the first dinner scene. In turn, the first type of gaze that the spectator encounters is the gaze between two homosexual protagonists, brothers who fight to control the scene; this type of gaze does not exist in Mulvey's structure. The gaze is by no means «cruisy»; rather, it seeks to control—through power or liberty—depending on the interpretation. Both brothers long to liberate themselves sexually, and declare their homosexuality allowing them to live happy, independent lives. Ironically, yet simultaneously, through «coming out,» the brothers are able to free themselves economically from the family, which they both long for. In this reading, one can comprehend the theory of Rosemary Hennessy and Elisa Glick when they argue how social class (Marxism) and queer theory intersect.[29]

The second type of gaze present in the film focuses on woman, unique from most films—the homosexual male «gaze» upon woman, in particular Alba Brunetti. This gaze however does not follow Mulvey's concept—the homosexual protagonists are not voyeuristically looking, rather, they are *homosexually* looking, highlighting the difference between voyeuristically gazing and playfully observing. In this scene, Tommaso is actually frightened of Alba because of the aggression she projects while keying the car. When Tommaso first encounters Alba, she is dressed very elegantly, in high heels, as she is throughout the film. Tommaso watches her in shock as she keys the car of a probable ex-lover and then takes off her shoe and breaks the mirror of the car with her heel. She swaggers around the car and for the heterosexual spectator, sex

---

did not marry him is unclear; she may have had a pre-arranged marriage or he may have been homosexual.

[29] Although this interpretation is very important to the overall film, this piece assumes a strict interpretation of the gay gaze.

appeal exists. Although elegant, she controls and dominates the scene; she struts with so much confidence that Tommaso is taken aback and quickly ends his phone call with his boyfriend. Tommaso is not voyeuristically gazing at Alba, but rather observes her elegant fashion. This same reading functions for the spectator, who according to the structure of Mulvey would be a homosexual audience and the director Özpetek.[30]

When Alba arrives at the Cantone house for a party, Tommaso watches her as she prepares for the party, the camera focuses directly on her: Alba searches her car trunk for the perfect pair of shoes to match her outfit; in fact, she tries on two pairs before deciding. When the camera *cruises* Alba, in this case panning vertically downward, very little attention is paid to her face or chest; rather, the camera highlights her shoes. Once the pan ends at her feet, the shoes are the focus of the shot. The camera quickly pans up again, Alba swirls around like a model, and the camera captures Tommaso smiling at her self-modeling show. Once again, the camera pans vertically downward, remaining on her switching shoes again. This time Tommaso nods to himself in agreement; she has chosen properly and meets the homosexual fashion palette. This brief scene is playful and completely unvoyeuristic; Tommaso enjoys what he sees because it is cute and playful, in part because Alba models for herself.[31]

This homosexual gaze continues. When Alba finally meets Tommaso face-to-face at the party, he does not recognize her as his childhood friend. As Tommaso physically passes Alba, he stops and whispers in her eyes, «Belle scarpe.» In that moment, Alba already understands Tommaso's sexual orientation, which the spectator understands as Alba looks at Tommaso over her shoulder and smiles. The tone of the scene is playful, as Tommaso whispers his comment in her ear rather than announce it to all present. His whispering highlights his own 'closeted' homosexual nature; both can only be shared between the characters and by nature

---

[30] It is possible to argue however that the heterosexual male gaze still exists on the spectator level, although this does not follow Mulvey's structure.

[31] It is important to remember that, she believes she is only modeling for herself; in reality, as noted, she models also for Tommaso and the protagonist. The main aspect of this particular analysis of the scene remains the focus on the homosexual protagonist and homosexual spectatorship; they are not voyeuristically looking but rather making a judgment call on her fashion sense, a gaze which in itself is unique and suggests a diverse reading.

of cinema, the spectator. His comment and the method of delivery mimics the nature of his lifestyle. Little attention is given to Alba's figure, rather, the camera focuses on her shoes. The gaze remains homosexual on each level and Alba enjoys the compliment, as noted by her smile.

Another central aspect to the gaze pertaining to women happens at the party Tommaso's parents host at their villa. As soon as Alba enters the scene, note that Tommaso's gay friends are trying to 'hide' their homosexual tendencies. When Alba enters the scene, passing Andrea, the camera assumes Andrea's perspective, panning vertically and following Alba walk across the group and sit next to Tommaso. The camera assumes an ironic perspective; as it pans vertically, there is a brief pause on Alba's derriere. As soon as she turns to face the camera, and thus Andrea, the spectator notes that Andrea is looking only at Alba's face. As she turns, Andrea says, «Alberta» and Alba responds, «No, Alba,» and he insists, «No, the dress, Alberta Ferretti» and *nonna* just looks at him and smiles as he claims that, «My fiancée' has one just like it.» Once again, the gaze is misleading—Andrea is more interested in Alba's dress than her physical body; the gaze remains homosexual, and unvoyeuristic. Thus, this film demonstrates the evolution of the gaze; the viewing of woman has completely changed: these homosexual men are not voyeuristically suppressing woman but rather celebrating their beauty and elegance. Part of this celebration is being in tune with the feminine nature of woman. The *nonna* understands Andrea's sexual orientation immediately after his comment, if not before. When he attempts to correct himself stating his fiancée has one just like it, *nonna* snickers, shakes her head, and smiles. Her playful tone and warm smile creates a welcoming, tolerant environment for Andrea and his homosexual friends. Alba's dress is interestingly yellow, the color of friendship; as if Alba already understood her audience at the party and did not bother with a red dress because Tommaso and his friends are not interested in consummating any type of relationship. Although the men do look upon Alba Brunetti, they do so with tact, warmth, and in a spirit of camaraderie; their comments and gaze compliment her beauty rather than disrespect her body.

The third and most important type of «looking» that exists throughout the film is that of cruising, which can be interpreted on all levels of the gaze. Numerous scenes highlighting the homosexual protagonists voyeuristically invite homosexual spectators to cruise. The first chronological example within the film occurs when *zia* Luciana wakes the entire house with her crazy screams. Both homosexual brothers exit their bedrooms: Tommaso in sexy underwear with a tight fitting tee shirt while Antonio wears a tight pair of boy shorts without a tee shirt, showing his muscular chest. This scene does not add to the storyline of the film but rather adds to its gayness or voyeuristic nature. If the two beautiful, nude men were not enough eye candy, Özpetek places a classical nude statue, which resembles cupid, in between the brothers. The camera captures them both straight on and frames them within respective doorjambs. This scene attempts to satisfy the homosexual spectator's appetite; it has very little significance for the plot of the film. Rather, it becomes a voyeuristic moment for the homosexual protagonist; he just gazes at the attractive men in their underwear. In fact, the spectator wants to see more of the boys especially given the context and the 'time' of the scene; they practically serve as a dream come true. Moreover, the brothers positioning within the door jams, as they both exit, holding their respected doors open, quasi invite the homosexual spectator to enter the bedrooms with them. The spectator remains in a rather *good* position.

Later in the film, Tommaso has a moment in front of his mirror. He is preparing for the big night, the dinner in which he will declare himself a homosexual to his parents therefore he is ecstatic because he will soon be free from his parents' control. In front of his mirror, Tommaso begins to dance and sing «50 milla» by Nina Zilli. This song becomes a cornerstone for the soundtrack of the film and simultaneously highlights the scenes of the friends of Tommaso, gay gentlemen living in Rome. The importance of the mirror however renders a more profound reading. From a Lacanian interpretation, this scene is fundamental for Tommaso's sexual awakening from child to adult. According to Lacan, the moment in which one identifies oneself through one's reflection in the mirror, when one can say «I,» he can distinguish himself from his mother/parents. For Tommaso, this distinction is pivotal because he can break the control of the family. In this moment, Tommaso dances in a very 'gay' manner because he looks forward to returning to his 'normal' identity, his gayness, in Rome with his boyfriend and without the control and suppression of his parents.

The scene serves as a comic moment for both the protagonist and spectator; however, in reality remains humorless. Once Tommaso finds the courage to come out to his parents, he knows he will break off relations due to their intolerant nature. For Tommaso however, «freedom» remains a top priority. Although the viewer laughs with and at Tommaso and gaze at him as he does himself, the laughing is not comical, rather satirical because the situation is unpleasant for both the homosexual children.

The importance of the scene however continues. The position of the camera, which remains behind Tommaso, is critical to another layer of interpretation. The camera focuses on the mirror, and the spectator sees his reflection only through this means, highlighting the fact that as spectator, we collectively dominate Tommaso through a Lacianan reading of power and position. Because Tommaso is male and the film, according to the theory of Mulvey, would have been made for a homosexual audience, there is no castration theory present, rather, once again, the spectator wants to dominant Tommaso sexually. Although this interpretation may seem to be a stretch, when one examines the lyrics of «50 milla,» this interpretation becomes much more plausible, especially since the scene ends with Tommaso singing, «sei tu dentro di me» as he flutters around in front of the mirror, hopping and dancing. Within the context of the song, it is the music that is inside of him; however, the symbolism present within the film paired with the fact that this song represents his homosexual friends, including his boyfriend Marco, is suggestive, at the very least, of a sexual signifier.

Once Tommaso's homosexual friends arrive in Lecce, the cruising intensifies. There are various scenes in which all levels cruise the characters. One of the most interesting and *true* cruising examples within the film is the behavior Massimilliano, Tommaso's friend who continually stares at Tommaso's brother-in-law, Salvatore, to the extent that his sister must constantly interfere and physically «break the cruise.» Massimilliano initiates his cruising at their first encounter. Salvatore notices that Tommaso's boyfriend, Marco, is Neapolitan, as he is. When Salvatore approaches Marco and begins a conversation in Neopolitan dialect, Massimilliano begins his own discourse without the utilization of words—the cruise. The cruising nature of Massimilliano escalates to a topic of conversation amongst the homosexual friends in private.

Although his friends inform him he must stop, Massimilliano says that he cannot control himself and continues his gazing at the party.

Each time the camera pans horizontally, the spectator and Salvatore's wife, Elena (Tommaso's sister), notices the intense gaze delivered by Massimilliano. He is literally fixated on Salvatore and Salvatore remains completely oblivious to the attention. Massimilliano decides to sit directly across from Salvatore and continues his fixation. The camera continues to cut from Salvatore and Massimilliano's perspectives as Salvatore invites everyone over for a dinner party and Massimilliano supports the idea. Elena however catches wind of Massimilliano's glances and the camera continues to cut, showing the gaze divided amongst the three characters until Elena becomes overwhelmed and slaps her hands together in front of Salvatore's face in order to break the gaze given my Massimilliano, blaming her action on a mosquito.

Massimilliano's cruising although playful sends a noteworthy message to the homosexual spectator, that of the unwanted glance. Although Salvatore remains completely ignorant to the situation, this unreturned gaze creates a social commentary. There exists a craving by homosexual men to consummate relations with a virgin male, even a heterosexual male. The dynamic between these characters demonstrates that aspect, which is truly present in the homosexual world. In fact, Massimilliano states that he cannot control himself while speaking with his friends after dinner; his desire has gotten the best of him.

Another noteworthy aspect of this dynamic is the heterosexual chosen to be cruised—Salvatore. This choice of cruising is very interesting because Tommaso's brother-in-law would not be considered a typical model type, but rather a plain, overweight heterosexual male. The homosexual spectator would probably not partake in cruising Salvatore, yet Massimilliano remains enthralled with him. Özpetek, through the choice of Salvatore as gazed, demonstrates that beauty is in the eye of the beholder, drawing similarities between the homosexual and the heterosexual communities. Through this same reading however, one can suggest that homosexuality is not a choice: i.e., one does not choose his/her attraction in life.

In addition to the random framing of the homosexual brothers in their underwear, another essential cruising scene with no attachment to the plot happens when Andrea begins singing in the shower, but for whom or to whom does he sing? When one examines the scene, it seems clear—for the homosexual spectator. There is no other protagonist within the scene; the camera takes a full frontal still image of Andrea, the shower door allows only his torso and head to be observed. If this is not enough evidence, Andrea looks directly into the camera. As spectator, we are confused—who is cruising whom? Davide eventually enters the bathroom and shouts at Andrea: «Smettila, è una canzone frocissima!» (Stop it, it is a very gay song!). In this moment, Andrea changes his song to «The Way We Were.» Much to his surprise though, Giovanna, one of the housekeepers takes over and dominates the song. Andrea and Davide ask simultaneously, «Ma chi è?» and with this question, it seems that Özpetek opens a larger discussion on gender identity.

Besides the obvious cruising on the part of the spectator, the scene calls into question gender identity. Andrea, a homosexual male, takes pride in singing a song that could be considered a tad «frocchino» while showering. Davide has to order him to stop. When he switches to a different song, the maid dominates as the true diva. The boys exit the shower attempting to gaze at her and see who it is; they fail. All they can hear is her glorious voice. This scene highlights a return to «gender norms,» meaning that the female diva still dominates even though the homosexual diva attempted first. It appears as if Özpetek is trying to put the homosexuals back into their societal place through the ending provided in this scene.

The final example cited in this work remains the most visually pleasing of all in the film, the beautifully choreographed dance scene in the sea. This scene truly demonstrates the gay gaze on each level of the theory: protagonist(s), director, and spectator; all become voyeurs: Tommaso, Özpetek and the spectators. Andrea, Massimiliano, and Davide are all wearing sexy, skin-tight bathing suits and begin a choreographed dance together. The dancing and our characters are obviously gay and Marco and Tommaso are the first to gaze at them while resting on a cliff from shore. The camera initially focuses on the three guys opening their dance; the camera remains still. As soon as they actually begin to dance, the camera pans vertically downward, highlighting Andrea's swimwear, and cuts to show Davide's. As the dance continues, the characters move close to one another, boxing Davide in between the two other guys, showing three muscular chests, and the camera once again pans vertically downwards reminding the spectator of their bathing suits, and eventually zooms outward to frame the entire bodies of all three. Eventually Marco and Alba enter the sea and Tommaso is the voyeur of his friends. Although the scene begins overly sexual, it changes, especially when the spectator observes Tommaso cruising his friends in the sea. Tommaso is longing to, what some might call «act out,» or «be queeny,» but in reality, he only longs to *be himself*. In Lecce, he was forced to mask his identity, both sexually and creatively. He smiles while gazing at the group in the sea. This scene is pivotal for Tommaso's sexual development. It is in this moment that he understands who his true family is—his homosexual friends in the sea, including Marco. The tone of the scene represents the sentiment shared by Tommaso. The highly sexual gazing has transformed the tone into an intimate longing. The idea of cruising, which on a very superficial level suggests playfulness and joy, for Tommaso creates a sense of longing and sadness, which he realizes he must overcome in order to be happy. Thus, Tommaso is initially happy while gazing, then his facial expression changes to melancholic as he considers his current living situation. By the end of this scene however, Tommaso's tone changes once again because he too enters the sea and lets loose with his friends.

In fact, in the subsequent scene, Tommaso tells his parents he wants to be a writer and will no longer run the pasta factory. To conclude, Mulvey's concept of the three levels of observation are still real and function in this analysis, however, the gendered aspect has been superseded. With the introduction of a new style of cinema with new spectators, new thematics are alive and well. Although cruising in this film can be truly entertaining on each level of observation, does it remain so for the closeted individual forcing himself to be suppressed for his family, his religion, for fear of gay bashing or even death? What is the true message of this comedy? Are we to read it as Millicent Marcus reads *La finestra di fronte* when the camera gazes directly into Giovanna Mezzogiorno's eyes and asks the spectators to follow their own desires and vocations?[32] Are we being collectively asked to take a stand for those unable to do the same?

BIBLIOGRAPHY
Berger, John. *Ways of Seeing*. London: BBC and Penguin Books, 1972.
Butler, Judith. *Undoing Gender*. New York: Routledge, 2004.

---

[32] Millicent Marcus, *Italian Film in the Shadow of Auschwitz*, 152.

_____. *Gender Trouble*. New York: Routledge, 1990.
Corrigan, Timothy, Patricia White, eds., with Meta Mazaj. *Critical Visions in Film Theory: Classic and Contemporary Readings*. Boston: Bedford/St. Martin's, 2011.
de Lauretis, Teresa. *Technologies of Gender: Essays on Theory, Film, and Fiction*. Bloomington: Indiana UP, 1987.
_____. *Alice Doesn't: Feminism, Semiotics, Cinema*. Bloomington: Indiana UP, 1984.
Drunkman, Steven. «The Gay Gaze, or Why I Want My MTV.» in *A Queer Romance: Lesbians, Gay Men and Popular Culture*, Paul Burston and Colin Richardson, eds. New York: Routledge, 1995.
Dyer, Richard. *The Culture of Queers*. London: Routledge, 2002.
_____. *Now You See It: Studies on Lesbian and Gay Film*, 2nd ed. London: Routledge, 2003.
Gemmi, Nicoletta. «Intervista a Ferzan Özpetek per le sue Mine vaganti.» http://www.primissima.it/cinema_news/scheda/intervista_a_ferzan_ozpetek_per_le_sue_mine_vaganti/. February 18, 2014.
Glick, Elisa. *Materializing Queer Desire: Oscar Wilde to Andy Warhol*. Albany: SUNY UP, 2009.
Hawthorn, Jeremy. «Theories of the Gaze.» In *Literary Theory and Criticism: An Oxford Guide*, edited by Patricia Waugh, PAGES. Oxford: Oxford UP, 2006.
Homer, Sean. *Jacques Lacan*. New York: Routledge, 2005.
Kaplan, E. Ann. *Women & Film: Both Sides of the Camera*. London: Routledge, 1983.
Kaplan, E. Ann, ed. *Feminism and Film*. Oxford: Oxford U P, 2004.
Kojève, Alexandre. *Introduction to the Reading of Hegel: Lectures on the Phenomenology of the Spirit* (1947). New York: Basic Books, 1969.
Marcello, Gabriele. *Ferzan Ozpetek: la leggerezza e la profondità*. Genova: Le Mani, 2009.
Marcus, Millicent. *Italian Film in the Shadow of Auschwitz*. Toronto: U Toronto P, 2007.
Metz, Christian. *Cinema e psicanalisi*. Venezia: Tascabili Marisilio, 2006.
Mulvey, Laura. «Visual Pleasure and Narrative Cinema» in *Feminism and Film*, ed. E. Ann Kaplan. Oxford: Oxford University Press, 2000. 34-47.
Norton, Rictor. *Mother Clap's Molly House: The Gay Subculture in England 1700-1830*. London: Gay Men's Press, 1992.
Russo, Vito. *The Celluloid Closet*, New York: Harper & Row Publishers, Inc., 1981.
Vighi, Fabio. *Sexual Difference in European Cinema: The Curse of Enjoyment*. New York: Palgrave Macmillan, 2009.
Wollen, Peter. *Signs and the Meaning in the Cinema*. Bloomington: Indiana UP, 1969.

La comunità siciliana di Tunisia durante il protettorato francese (1881-1956)
La Goulette, un esempio di tolleranza

ALFONSO CAMPISI
Université de la Manouba

Fino alla metà del 19° secolo, la comunità italiana in Tunisia è costituita da ricchi mercanti ebrei toscani e italiani catturati durante le operazioni di corsari tunisini attraverso il Mar Mediterraneo. Possiamo dividere in varie fasi della storia la presenza italiana in Tunisia tra il 19° e il 20° secolo.

Tra il 1815 e il 1861, la comunità italiana è composta da diverse migliaia di attivisti politici, massoni, intellettuali, dalle regioni centrali e settentrionali della penisola, rifugiantesi nella Reggenza di Tunisi. Ci sono tentativi di organizzare la prima scuola italiana (1821), una prima stampa nata (1829), un giornale in lingua italiana appare, *Il corriere di Tunisi* (1838).

Tra il 1861 e il 1881 la popolazione italiana aumenta, questa volta con l'arrivo di immigrati non qualificati da diverse isole (Sicilia, Pantelleria, Sardegna, Procida, ecc.) e da altre regioni svantaggiate del Mezzogiorno. Nella Reggenza di Tunisi, la colonia italiana, attraverso le sue istituzioni—scuole, giornali, società filantropiche ecc. svolge un ruolo politico attivo, per contrastare la crescente influenza della Francia che impone il protettorato nel 1881. Tuttavia, la comunità siciliana continua a crescere e nel 1896, quando l'accordo franco-italiano che conferma lo status quo degli italiani così come era stato definito dal trattato italo-tunisino del 1868 (concluso per 28 anni tra l'Italia e il governo bellicale, garantendo all'Italia un certo numero di privilegi come la giurisdizione consolare, scuole, e uffici postali e nazionali), i rapporti tra le due comunità sembrano rilassarsi fino alla fine della prima guerra mondiale. Tra il 1870 e il 1885, gli emigrati siciliani aumenteranno del 400 per cento.

Gli Italiani continuano a sfidare il protettorato francese col pretesto della vicinanza geografica, ma anche per motivi storici, e soprattutto per il peso di una colonia che è numericamente di gran lunga più importante tra tutte quelle presenti in Tunisia: nel 1901, ci sono 72.000 italiani in Tunisia contro solo 24.000 francesi (Loth, 1905: 162, 488). Il periodo 1925-1943 ha visto la fascistizzazione della diaspora italiana, rafforzando gli antagonismi politici e lo scoppio della Grande Guerra (Mussolini, *Ridateci indietro Savoia, Corsica, Nizza e Tunisia*).

Tra il 1943 e il 1970, dopo gli sconvolgimenti della seconda guerra mondiale e post-coloniale la comunità italiana scompare quasi del tutto.

UNA COLONIA MULTIFORME

La colonia di espatriati italiani in Tunisia si caratterizza per l'eterogeneità dei suoi cittadini, l'ambivalenza del loro rapporto nei confronti della madre Patria e dei colonizzatori francesi. Attori reali della colonizzazione del paese o semplicemente rifugiati economici e politici, apolidi o quasi, beneficiari passivi della manna del colonialismo? Perseguitati dai colonizzatori francesi, eroi coloniale, nazionalisti o fascisti, o eroi sfortunati dell'imperialismo italiano? Ritratti diversi possono essere offerti in base allo sguardo dell'osservatore. Albert Memmi, per esempio, nel suo celebre «Portrait du colonisé», assimila gli italiani di Tunisia ai «mistificati» del colonialismo:

> La povertà degli italiani é tale che può sembrare ridicolo parlare di privilegi. Tuttavia, se sono spesso miserabili, gli infimi privilegi che gli vengono accordati a volte non volutamente, aiutano a differenziarli, e a separarli seriamente dal colonizzato. Più o meno avvantaggiati rispetto alle masse colonizzate, tendono a stabilire con loro dei rapporti di colonizzatore-colonizzato [...] Resta inteso che per quanto miseri essi siano, avranno nei confronti del colonizzato diverse linee di condotta comuni a quelle del colonizzatore. (1957: 42, 43).

Memmi non menziona però la presenza di un'élite italiana in cui emerge precocemente una componente italiano-ebraica. Se questi ebrei italiani sono una minoranza—sono solo 1333 su 4744 nazionali italiani nel 1871 e 1867 su 67.420 nel 1900—Tuttavia rimangono influenti nella Tunisia coloniale e in posizione di quasi parità con i colonizzatori francesi. Del resto nella sua opera, Memmi ha tendenza a mettere in scena dei personaggi italiani e dei clichés, che ritroviamo in *La statue de sel*, in cui un certo Giacomo, italiano o maltese, è l'attore di giochi sessuali con i ragazzi del Lycée Carnot.

Questo sguardo non può che confermare l'immagine peggiorativa della comunità italiana e dunque siciliana: «Se gli italiani in Tunisia hanno sempre invidiato ai francesi i privilegi giuridici e amministrativi, restano superiori ai colonizzati. Essi sono protetti dalle leggi internazionali e dalla presenza in loco di un forte consolato, sotto lo sguardo costante di una metropoli attenta» (1984: 42, 43).

Ma era davvero vergognoso essere italiano? Se ci atteniamo alla testimonianza di Cesare Luccio che scrive per dimostrare che gli italiani non sono una sottospecie di uomini, si è tentati di rispondere affermativamente: «Dopo i francesi non c'è nulla, poi ancora tre volte nulla, e infine volendo veramente scavare più in fondo, scopriamo una sorta di popolo italiano, che mette al mondo degli individui pieni di pidocchi e abitanti nei tuguri»[1]

La spiegazione risiede probabilmente nelle animosità intercomunitarie, che vedono opporsi gli ebrei tunisini abitanti del ghetto della Hara a Tunisi (il Touensa), da cui proviene Memmi, e gli ebrei italiani (Grana), che, come gli altri Italiani benestanti, mostrano una mancanza di considerazione per gli altri. «In questa diversità, in cui chiunque si sente a casa propria ma nessuno a proprio agio, ognuno rinchiuso nel suo quartiere, ha paura del vicino, lo disprezza o lo odia. La paura e il disprezzo li abbiamo conosciuti dal risveglio della nostra coscienza, in questa città puzzolente, sporca e fatiscente. E per difenderci, per vendicarci, ci disprezziamo gli uni gli altri .... sperando un giorno di essere temuti....» (Memmi: 1985, 111).

Adrien Salmieri parla di una sorta di frattura nella colonia italiana, a livello sociale e culturale, tra una minoranza di insegnanti, dirigenti, artigiani e commercianti che orbitano intorno al Consolato italiano e la associazione culturale Dante Alighieri- che si rivendica italiana a tutti gli effetti—e una massa popolare indifferente, spesso dalle identità fragili, sradicati e disorientati, e potenziali candidati alla naturalizzazione francese, perché trova in seno alla nazione del colonizzatore, i mezzi per soddisfare le necessità quotidiane che vengono loro negate. Ma a parte la grande massa di lavoratori non qualificata e proletaria in tutti i settori, i pochi italiani che beneficiano della situazione economica più avvantag-

---

[1] Cesare Luccio, «La Tunisie dans la littérature et presse italienne dans» in *Les relations tuniso-italiennes dans le contexte du protectorat* (Tunis 1999).

giata, sono a capo di reti associative, scuole, banche e ospedali italiani creati in Tunisia alla fine del 19 ° secolo. (Ospedale Garibaldi, Clinique Saint Augustin...)

Punto linguistico

Questa classe borghese parla l'italiano letterario, si dichiara diversa dai propri compatrioti, spesso analfabeti (stimato al 40% dei cittadini della colonia, dopo la prima guerra mondiale). Questa minoranza italiana borghese a prevalenza ebraica (Grana) conduce una campagna di acculturazione parallela a quella dei colonizzatori francesi, per le classi italiane tra le più demunite. Adrien Salmieri scrive che i «Livornesi, nazionalisti patriottici, i gestori unici e reali della colonia, tireranno verso l'italianizzazione le grandi masse di immigrati siciliani completamente estranei, se non ostili a tutto ciò che è italiano, e che in terra d'Africa si sono naturalizzati italiani».

Infine Memmi sottolinea che la condizione degli italiani è in qualche modo a metà strada tra «colonizzatore» e «colonizzato». Egli chiarisce questo concetto nel seguente passo: «lungi dall'essere rifiutati dal colonizzatore, sono loro stessi che esitano tra l' assimilazione e la fedeltà alla loro patria [...] Beneficiando della colonizzazione solo per imposizione da parte del colonizzatore, gli italiani sono più vicini al colonizzato di quanto non lo siano i francesi» (Memmi, 1985: 42, 43). Questa posizione intermedia e ambivalente gli è anche scomoda. Gli Italiani vivono la sensazione di insicurezza e di precarietà, in particolare di fronte alle circostanze politiche che sfuggono al loro controllo. Ad esempio, dopo l'invasione italiana della Libia nel 1911, gli italiani che vivono nella Medina di Tunisi sono stati uccisi durante i giorni di rivolte anti-italiane. Nell'opera « Le Faraon » Memmi, romanzo ambientato nel periodo di disordini che anticipa l'indipendenza della Tunisia, dei cittadini scongiurano i loro carnefici prima di essere uccisi: «Siamo italiani e non vi abbiamo fatto niente!» (1981: 178).

Nel dilemma tra l'essere fedeli alla nazione italiana, che spesso appare loro molto distante e l'assimilazione francese imposta dal colonialismo, l' italo-tunisino si ritrova diviso tra la sua corrente nazionalista che lo spinge verso un patriottismo intransigente, addirittura alla gallofobia, e il protettore francese che vuole invece imporre la sua influenza nel paese, nel tentativo di aumentare la propria presenza demografica con una politica di incoraggiamento alla naturalizzazione di tutti gli europei.

Se la colonia italiana di Tunisia è caratterizzata da un ibridismo identitario, essa subisce più particolarmente una forte influenza da parte della cultura francese, percepita in concorrenza con la propria. Eterogenea espressione linguistica, questo parlare siciliano locale moltiplica i prestiti linguistici dall'arabo popolare diventando così la lingua di una buona parte della comunità costituendosi come gergo popolare parlato nei luoghi pubblici dove «tutti parlano a modo loro e tutti si capiscono.» Ma è ovvio che molti artisti e intellettuali italiani scelgono il francese, è il caso del poeta Mario Scalesi francesizzato in MARIUS SCALESI che scrive: «Sarà proprio la lingua francese che darà ai popoli abitanti questo paese l'unità intellettuale, perché è solo in essa che si fondono tutte le diverse culture e mentalità. La lingua del colonizzatore diventa così la lingua dell'espressione, della libertà per poter così sfuggire all'oppressione e alla miseria in cui la comunità siciliana del tempo viveva».

La Goulette

Il mélange comunitario, religioso, culturale e linguistico è particolarmente evidente a La Goulette, città costiera a pochi Km da Tunisi. La Goulette è la trascrizione francese dell'italiano Goletta, che proviene dall'arabo HALQ AL-OUED (Goulet-Gola). La Popolazione della Goulette è inizialmente composta esclusivamente da turchi e mori nel 1830 e pochi italiani e maltesi che vengono a stabilirvisi nel quartiere che sarà chiamato «La Petite Sicile». Gli Italiani di cui parlo sono quasi esclusivamente dei piccoli artigiani e pescatori siciliani. A queste comunità si aggiungono ebrei italiani e alcuni francesi che vengono invece a trascorrere le proprie vacanze estive in questa località balneare tranquilla. Questo mélange è testimoniato dal film «Un été à La Goulette» Ferid Boughdir.

Vediamo come questo mélange si manifesta in pratica. I Siciliani provengono per la maggior parte dalla Sicilia occidentale e in particolare dalla zona di Trapani, le isole Egadi (Favignana ...), Marsala (Marsa Allah, il porto di Allah), Mazzara, Erice, Pantelleria ... (Bent Riha, figlia del vento). A questo proposito vorrei aprire una parentesi sulla toponomastica siciliana di origine araba come Calascibetta, Caltabellotta, Caltagirone, Caltavuturo ... derivati dall'arabo Qalah che vuol dire castello-fortezza. Oppure Misilmeri di «Al Manzil emir» casa dell'Emiro, o Alcantara (al-Qantar) ponte, o Racalmuto, Regalbuto (Rahl) quartiere posto. Gibellina Gibilrossa, Gibilmanna di «Gebel» collina, montagna. Ma anche Salemi, dall'arabo Salem, la pace, Mezzoiuso (menzel el Youssef) villaggio di Giuseppe ...

Il siciliano si mescola con i tunisini senza grande complesso, rispetto invece al francese, che quindi, come afferma Adrien Salmieri , i siciliani costituiscono il trait d'union o il «CUSCINETTO» tra il colonizzatore e il colonizzato. Tra il 1876 e il 1885, più di 5.000 siciliani si stabilranno a La Goulette. Essi supereranno di gran lunga il numero degli indigeni. A questa cifra va aggiunto il numero di immigrati clandestini che arrivava in Tunisia attraverso piccole imbarcazioni per sfuggire alla giustizia italiana.

RELIGIONE ELEMENTO D'UNIONE.

Il quartiere de « La Petite Sicilie » alla Goulette nasce intorno alla chiesa della Madonna di Trapani, celebrata dai trapanesi il 15 agosto giorno della processione.

Il 15 Agosto 1909 a la Goulette (secondo i registri della parrocchia), si svolge la processione della Madonna di Trapani .. uno dei più grandi avvenimenti nella storia della Goulette. Secondo gli archivi da me consultati, la Madonna usciva dalla chiesa attraversando le stradine de La Goulette accompagnata da una banda musicale. La giornata si concludeva con i giochi d'artificio e un concerto sulla piazza principale di La Goulette, Ahmed Bey. Passo ora a leggere le parole con cui FRANCOIS DORNIER, parla di questa processione:

> La processione della Madonna di Trapani, a La Goulette, non é un semplice corteo dove si cammina in fila, cantando inni o recitando il rosario. La Vergine è portata su un carro da una dozzina di uomini che si alternano. E tutto intorno alla Vergine c'è una folla eterogenea, che vuole toccare la statua, chi con un fazzoletto, o chi con la mano.[2]

---

[2] Padre Bianco all'IBLA (Institut des belles lettres arabes), nato il 28 AGOSTO 1913 a Montlebon vicino a Morteau dipartimento del Doubs, è morto 2008/05/22 a Bry-sur-Marne).

Lo stesso rito viene praticato ancora oggi a Trapani, dove uomini e donne passano un fazzoletto sulla statua della Vergine. Questo tessuto verrà poi dato a un malato per essere guariti.

Ma l'unica differenza fondamentale tra Trapani e la processione di La Goulette è la folla : «A questa folla si mescolano velata musulmane, ebrei praticanti, che erano venuti anch'essi a pregare la Madonna. Alcuni seguono la processione scalzi per esaudire un voto, andando da La Goulette a Tunisi ... Nelle ore serali intorno alle 20:30, saranno le prostitute accompagnate dai loro protettori, a fare il rito chiamato "Le rite de la Madeleine" prostrandosi ai piedi della croce...» (DORNIER).

Ma i francesi non vedono affatto di buon occhio questa celebrazione e per affermare la propria supremazia sugli italiani anche sul campo della fede, l'8 maggio 1910, Jeanne D'Arc sarà eletto protettrice di La Goulette (Enzo Tartamella in Emigranti Anomali, maggio 2011, ed. Maroda).

Il popolo francese considererà l'italo-tunisino come una minaccia, facendo riferimento al termine «danger italien» pericolo italiano a causa dei disegni coloniali che il governo italiano aveva sulla Tunisia. Il numero esorbitante degli italiani in Tunisia e nella realtà culturale e commerciale era tale che «La Tunisia è una colonia italiana amministrata da funzionari francesi » Laura Davi nelle sue « Memorie italiane di Tunisia. »

Alla fede cristiana si mescolano tracce pagane tradizioni che non avevano niente a che fare con la religione. Era il caso di alcune donne siciliane e tunisine assunte per lavare i morti e vestirli prima della loro sepoltura. Oppure «l'affitto di donne piangenti» (Ar. Neddabet), affittate per piangere i morti. Questa tradizione di origine greca, era in uso anche a Trapani. Le «prefiche» fanno la loro comparsa a Trapani, nel XVIII secolo per poi scomparire alla fine del XX.

«Oltre alle donne che lavavano i morti, si trovava un gruppo di donne piangenti «pleureuses» come nelle tragedie greche, che, tra due conversazioni, o l'arrivo di una parente o del prete gridavano simulando scene di isteria. Queste donne andavano a volte in trance, svenivano, o ancora si aggrappavano alla bara (tabbutu derivato dal Ar Tabbut.) per impedire di portare fuori il corpo del defunto». (DORNIER)

Un altro elemento molto importante che univa le tre comunità principali della Goulette, la musulmana, l' ebraica e la cristiana, era la cucina.

Cucina

Le feste religiose, più importanti, come il Natale, la Pasqua ebraica o L'Aid e il Ramadan musulmano, venivano seguite da tutte le comunità e si concludevano con la degustazione di pietanze specifiche alle tre grandi comunità , la musulmana, cristiana ed ebraica. Tutti riuniti per celebrare L'Aid, Natale e Pasqua senza che nessuno si sentisse offeso, superiore o inferiore. Ricordiamo che durante la Domenica di Pasqua, i siciliani offrono soprattutto ai più piccoli delle uova di cioccolata ma soprattutto bambole, o cavalieri di zucchero colorato e dipinto a mano. È ancora possibile trovare oggi in Tunisia e soprattutto a Nabeul.

Uno dei piatti tipici che unisce ancora oggi la città di Trapani a quella della Goulette ma anche di Mahdia per esempio, è il cous cous di pesce. Questo piatto rimane il piatto simbolo di Trapani, ma anche in tutta la Tunisia che lo prepara in maniera uguale, ma a volte con agnello e verdure e a volte con diverse spezie e pesce.

Inoltre, in una conferenza tenuta il 24 MARZO 1975 presso « Le centre d'études et des recherches économiques et sociales» di Tunisi da Umberto Rizzitano, professore di lingua e letteratura araba presso l'Università di Palermo, parla delle grandi somiglianze tra Kairouan e Palermo, Mazara e Monastir, Sfax e Siracusa e Mahdia e Trapani perché avevano una formazione socio-culturale e di complementarità dei prodotti commerciali. A tutto questo venivano aggiunti i prodotti gastronomici tra cui il couscous al pesce.

Un altro elemento importante e comune è la produzione di dolci a base di pasta di mandorla molto zuccherata. Un esempio è la cassata siciliana (Ar Quassat) o con uvetta detto zibbibbu (Ar. Zbib) o con Giuggiulena, sesamo (Ar. Gigilena) o fiori di arancio Zagara (Ar. Zagara), ecc.

Per concludere questa sezione culinaria, faccio un riferimento en passant sulla cucina tunisina e influenza ebraica questa volta. La maggior parte dei piatti tunisini sono di origine ebraica, come Matfouna, lakhod, kabkabou, kabama, tastira.

Altri elementi importanti comuni che troviamo a La Goulette è l'architettura delle vecchie case. Come ho detto all'inizio, gli uomini erano per lo più muratori, falegnami, ebenisti, fabbri, pescatori, meccanici. Queste case costruite da muratori siciliani possiamo trovarle un po' ovunque in Tunisia e in particolare a La Goulette, ma anche a Bizerte e Sousse dove c'è ancora il quartiere di «La petite Sicile». Saranno questi muratori ad insegnare l'arte del costruire ai muratori tunisini. È sempre molto emozionante per me trovare le stesse piastrelle e la stessa architettura in Sicilia e in Tunisia.

Le donne invece erano per la maggior parte delle casalinghe o sarte, ricamatrici, modiste ... passeranno l'arte del cucito alle donne tunisine recandosi, come d'altronde accadeva in passato in Sicilia, dalla «Mastra» per imparare cucito o ricamo. Secondo le testimonianze, le donne che lavoravano fuori delle loro case erano per lo più vedove perché l'atteggiamento dei tradizionalisti italiani nei confronti delle donne, mogli, sorelle, figlie, non poteva tollerare che esse potessero avere altre attività al di fuori da quelle domestiche e familiari.

Voglio finire col leggere queste poche righe dal manoscritto di una sarta siciliana originaria di Trapani, una certa Francesca Tranchida «La storia di Francesca»:

> Lavoravamo dalle otto a mezzogiorno e dalle due alle sei. La Mastra ci dava da dormire anche in boutique, aveva le brande e si poteva anche cucinare. La maggior parte di noi era vedova e di grande età. Io ero fra le più piccole. Poi andavamo a fare le commissioni, comprare tutto, i tessuti e il filo che lo vendevano gli ebrei e il sabato non si poteva comprare...
>
> Per tingere i tessuti invece andavamo dagli arabi, che erano bravissimi, tutto con colori naturali. Noi siciliane eravamo brave, le migliori forse per cucire anche se tutti i modelli arrivavano dalla Francia e la mastra li riproduceva. Ma quello che é sicuro, é che non avremmo mai potuto avere questo successo senza gli arabi e gli ebrei....

D'AUTRES MOTS D'ORIGINE ARABE

Mischinu Ar. Miskin : poverino
Taliari Ar. Talaya , guardare
Tumminu Ar. Tumn, misura agraria
Vaddara Ar. Adara, ernia
Zabbara Ar. Sabbara, agave
Funnacu, Ar. Funduq, fondaco
Balata, Ar. Balat, pietra, marmo
Ciaramita, Ar. Ciaramith, tegola
Giurana, Ar. Grana, rana

Giarra, Ar. Jarra, giara di terracotta
Coffa, Ar. Coffa, cesto
Gebbia, Ar. Jebbia, cisterna per irrigazione
Burnia, Ar. Burniya, barattolo
Bagghiu, Ar. Bahah cortile
Carrubba, Ar. Harrub
Garrusu, Ar Harus, giovane effemminato
Capo, Rais, Ar. Rais
Giufà, Ar. Joha, personaggio popolare
Cubba, Ar. Kobba, cupola
Babbaluci, Ar babbuche
Cuscusu, Ar. cusc-si
Dammiggiana, Ar. Damisena
Dammusu, Ar dammus, cavità caverna

Bibliografia

Alfonso Campisi, *Ifriqiyya et Siqilliyya, un jumelage méditerranéen*. Tunisi : Cartaginoiserie, 2010.

Silvia Finzi, *Memoires italiennes de Tunisie*. Tunisi : Finzi, 2000.

Cesare Luccio, «La Tunisie dans la littérature et la presse italienne» In *Les relations tuniso-italienne dans le contexte du protectorat*. Atti convegno. Tunisi 1999.

Albert Memmi, *La statue de sel*. Parigi: Correa, 1953.

_____, *Portrait du colonisé, précédé du portrait du colonisateur*. Parigi : Buchet/Chastel 1957.

_____, *Le Faraon*. Parigi, 1998.

Mario Scalesi, *Précurseur de la littérature multiculturelle au Maghreb*. Parigi : Publisud, 2002.

Enzo Tartamella, *Emigranti anomali*. Trapani: Maroda, 2011.

Miti dell'Epica e miti del Mediterraneo

Giuseppe Grilli
Università degli Studi di Roma Tre

Probabilmente i due territori pregnanti e densi, capaci di produrre adattamenti, fusioni e rinascite, della mitografia tra antichità e modernità, sono quelli che individuano in un eroe, o in una eroina, il loro epicentro narrativo. Tra quelli che maggiormente divergono, eppure attraggono, simultaneamente, si collocano gli esempi immortali e costantemente richiamati che ritroviamo nell'epica e nella bucolica. In entrambi è possente la doppia impronta dell'occidente mediterraneo. Un occidente che si qualifica nell'allontanamento da Troia, da quel nucleo dell'Asia minore o mediterranea che trova presto la sua prima sponda in terra di Sicilia. Lì Ulisse completa la sua maggiore impresa nello sfuggire alla vendetta di Polifemo. Ma la Sicilia è anche tradizionalmente la radice idillica, la terra di Teocrito, della quotidianità più umile e ripetitiva rispetto all'impresa eccezionale. E se nella prima opzione di genere, l'epica, riscontriamo la disseminazione in episodi o digressioni, nella bucolica o nell'idillio, invece, prevale la concentrazione e la dimensione più essenziale e ridotta. In questo si verifica anche un'altra differenza: la scelta di una delle modalità implica una partecipazione più soggettiva. L'eroe dell'epica ci commuove e ci rende partecipi dei suoi travagli e peregrinazioni, ma ci sovrasta anche, lo si sente lontano da noi. Quando Ulisse, naufrago sulla spiaggia dei Feaci, non appare certo nelle condizioni di potersi presentare a corte o men che mai di sedurre l'ignara Nausica, allora è la dea Atena a porgergli quella parvenza che lo possa poi rendere *imago* del grande destino che gli è stato assegnato e che lo ha portato fino a quella riva per affidargli l'ultima prova, quella del ritorno a casa, alla normalità della vita stanziale, la più eroica delle sue imprese, quella in cui il vero nemico si insinua nel pozzo profondo dei sentimenti inconfessabili. Completamente diverso sarà invece il destino del protagonista delle *Soledades* di Góngora. Qui l'esperienza del poemetto ellenistico, più prossimo all'epillio che al poema epico, agisce infatti come antidoto a ogni intervento del sovrannaturale. E il naufrago ritrova la sua *dignitas* con il solo esporre ai raggi benefici del sole le vesti scampate al naufragio e ai flutti per poi rivestire con esse il proprio sembiante e intraprendere il cammino di esplorazione del mondo raggiunto così fortunosamente. D'altronde anche nel viaggio di Enea, che Virgilio trasforma in un'epopea di nuovo impianto, al servizio di un'ideologia imperiale, ben lontana dalle identità familiari di un ceppo o nucleo di una qualsiasi genealogia egea, si ricorre alla partecipazione di uno o altro dio perché si dia compimento e definizione del destino assegnato. Da questo punto di vista, si può dire che la forza del Fato è ineludibile e poderosa in ogni reincarnazione dell'epica, qualunque siano la sua forma e il suo specifico contenuto narrativo[1].

Qualche secolo più tardi, una rotta ancora più estrema e occidentale, con l'approdo iberico, cioè nella regione più a occidente del Mediterraneo, la regione che sbocca naturalmente nell'Atlantico, consentirà un nuovo sogno di grandiosità significative. E non è probabilmente un caso che proprio quella terra è il luogo della mediazione, della pausa nella diaspora ebraica succeduta alla caduta del secondo tempio nel '70 dopo Cristo, anche se è piuttosto da ritenere che il primo insediamento ispanico sia avvenuto molto prima. D'altronde cos'è mai la prospettiva atlantica che verrà percorsa da Colombo e da tutti i suoi seguaci di mare e di penna se non la metafora di un mito classico incontaminato, quello della Atlantide sempre pronta a inabissarsi e a risorgere? Proprio in questa deriva si iscrive, a mio parere, la più radicale contestazione del genere: lo spostamento dalla centralità del tema alla forma, o arte della narrazione. Con Apollonio si era già innescata quella propensione al racconto come fine piuttosto che come mezzo. Un obiettivo che, problematizzato, produce il capolavoro cervantino del *Quijote*. Se c'è una epicità in Cervantes, e quindi nel suo personaggio imperituro, essa non è data dall'idealità dell'idalgo, dal suo agonismo romantico e squilibrato, indicato dall'approccio dei romantici e sintetizzato nell'estremismo di Unamuno con un intellettualismo quasi pirandelliano[2]. È invece il frutto di una lot-

---

[1] Queste evoluzioni ma anche contorcimenti dell'Epica sono analizzati nel volume a cure di Giuseppe Grilli, *L'epica. Tra evocazione mitica e tragedia*, "Dialogoi", Roma: Aracne editrice, 2013, in particolare nei contributi di Giovanni Cerri e Carles Miralles.
[2] Rinvio alla recente riproposta a cura di Raffaella Valenti Pettino di Miguel de Unamuno, *Fedra*, Bonanno Editore, Acireale-Catania 2010.

ta senza quartiere tra il protagonista e i suoi interlocutori per il possesso del libro. Don Chisciotte lo vuole tutto suo, magari sarebbe disposto a fare a metà con Sancho Panza, essendo quest'ultimo una *hechura* sua, cioè un travisamento parodico (e fortemente critico) della figura del *valido*, di quell'amministratore dello stato o *Res publica* con cui il monarca fa a mezzo nell'esercizio del potere e delle responsabilità. Al compimento di questo proposito che implica la mediazione possibile nella metafora della follia rinascimentale, tanto cara all'altro grande del passaggio tra Cinquecento e Seicento, William Shakespeare, tuttavia si oppongono fieramente i personaggi in cui si imbatte nel corso dell'avventura, in quanto essi intendono attirare su di sé, e sulle proprie storie, l'attenzione del narratore e dei lettori. Eliminarli è impossibile, convivere con loro risulta altrettanto arduo. È questa la tensione epica del romanzo moderno che nasce con Cervantes, il testo in prosa che è primo, e forse il solo, in grado di competere con l'epica[3]. Ma questa novità, la *novedad* (che è anche *noticia*) interpreta la grande innovazione letteraria del Rinascimento, a partire da Erasmo. Si tratta di uno scarto epocale in virtù del quale il personaggio dovrà pagare un prezzo enorme e recidere ogni legame con il passato e il futuro biologici. E cioè, cancellare sia i vincoli con le ossessioni genealogiche dei greci che con quelle della nazione o *gens* difesa dai latini. Don Quijote non avrà figli, ma nemmeno può esibire dei padri. È solo, e in questo egli rivendica, non senza qualche ragione, la sua perfezione di cavaliere restauratore di una ipotetica età dell'oro della *Caballería* che, tessendo un filo di continuità ideale, ingloba i grandi protagonisti dell'antichità nella rinascita della modernità attraverso il *continuum* medievale. Naturalmente, con questa impresa assolutamente inimitabile e unica Don Chisciotte si sottrae alla concertazione e alla confluenza di miti tra antico e moderno, come tutto il Rinascimento invoca. Malgrado le presunte, ed effettive convergenze, nulla dei poemi cavallereschi italiani o delle rinascite dell'epica tra Cinquecento e Seicento, incide davvero nel testo cervantino. Perché se Ariosto vi è presente in dosi massicce, spesso si tratta di un Ariosto non solo intriso di elegante ironia, ma anche di notevoli imprecisioni, visto che il suo richiamo è sovente irriverente e la sua

---

[3] È la tesi esposta in Giuseppe Grilli, *Sobre el primer Quijote*, Academia del Hispanismo, Vigo, 2007.

presenza alterata (o adulterata) de quelle riletture del *Romancero* che riprendono temi e figure della erotica cavalleresca ferrarese[4].

In realtà forse l'idea di una interpretazione meno escludente della vicenda iberica è stata probabilmente il sogno di una sorta di continuità umanistica che attraverserebbe la storia degli intellettuali spagnoli, dal *Diálogo de la lengua* di Juan de Valdés alla *Velada en Bernicarló* di Manuel Azaña[5]. Naturalmente, se il primo fu interprete del momento di auge della Spagna carolina, il secondo è stato il testimone della sconfitta di tutto quanto avrebbe voluto rappresentare il riscatto neoclassico della modernità novecentesca in una penisola iberica, finalmente nuovamente protagonista. Ma è anche possibile intendere che l'impossibilità di ogni ricostruzione unitaria non debba per forza essere intesa e interpretata come una sconfitta. La virulenza del mito gotico, castiglianista—ma si ricordi l'uso diverso che ne aveva fatto nel XV secolo il cardinale Margarit—ha reso palese una pluralità non riconciliata. Infatti, Margarit aveva capovolto il banco concependo la sua Catalogna, già con i segni della differenza e della sconfitta intestina del XV secolo, nel mito di una Gotolania impossibile oltre che improbabile[6].

Su di un piano diverso collochiamo in questo crocevia, in cui si sovrappongono, istanze della contiguità e pulsioni differenziatrici. Non dobbiamo meravigliarci come il mito persistente sempre uguale, e tuttavia sempre diverso, sia proprio quello di Ulisse, dell'Ulisse della vana spedizione troiana, come di colui che sfugge e vince—in quanto eroe senza nome—all'ira del figlio del Dio dell'Oceano. Questo carattere profondamente complesso e ambivalente del mito è stato perfettamente riassunto da un grande interprete della poesia moderna che fu tuttavia un grande ellenista, Joan Ferraté, attribuendolo a sua volta a un maestro riconosciuto e da lui ammirato oltre ogni limite, della poesia come

---

[4] Rinvio ovviamente al classico Maxime Chevalier, *L'Arioste en Espagne (1530-1650)*, Université, Bordeaux, 1966.
[5] Una posizione più rispondente alla prospettiva storica e cronologia è accolta da *El sueño del humanismo*, Alianza Madrid 1993.
[6] Ricordo solo Robert Tate, *Ensayos sobre la historiografía peninsular del siglo XV*, Gredos, Madrid 1970 e soprattutto Id., *Joan Margarit i Pau cardenal i bisbe de Girona : la seva vida i les seves obres*, Curial, Barcelona 1976.

dell'ellenismo, Carles Riba[7]. Vorrei qui ricordare certe sue espressioni che si attagliano perfettamente a questa visione insieme atemporale e trans nazionale:

> Ulisses és l'home que torna. [...] per als grecs el temps és temps natural, temps dramàtic. El temps és retorn. Ja els romàntics alemanys, Schelling en particular, saberen veure en la *Ilíada* i en l'*Odissea* conjuntament aquesta correspondència d'expansió i de retorn que té la seva culminació en la reintegració d'Ulisses a la seva terra i als seus focs. Ulisses és, en tant que home que torna, símbol de la vida de l'home[8].

Saltando da una concrezione filologicamente dosata, e così fortemente ed autorevolmente motivata, a una libera associazione di idee, non risulterà stravagante ricorrere a una delle più suggestive riproposte contemporanee, quella di un Ulisse ramingo, sconsolato, e tuttavia fiducioso, che scommette e si scommette itinerante alla ricerca di una tregua dal *destierro* tra le diverse patrie o etnie che si massacrano nella guerra succeduta alla dissoluzione della Jugoslavia all'indomani dal crollo della cappa protettiva di un mondo diviso ancora secondo le frontiere degli imperi, oppressivi certamente, eppure a loro modo tolleranti di certe irriducibili differenze. In ciò riconosciamo proprio nella sorte dei Balcani, a quasi duecento anni dalla dissoluzione dell'Impero ottomano—quello in cui trovarono generoso rifugio gli ebrei spagnoli allontanati da Sephardad nel 1942—la replica più vera del destino delle *Troiane* della tragedia euripidea.

Perché è sempre nello sguardo curioso del viaggiatore o del naufrago o del pellegrino (le tre identità che mirabilmente Góngora sintetizza nelle sue *Soledades*, a cui si è accennato) che ritroviamo l'essenza stessa dell'eroe classico che volle immaginarsi come greco, innanzitutto, e perciò perennemente in cerca della patria come avventura o come ritorno. In un certo senso si potrebbe dire con Theodoros Angelopulos (il riferimento è al suo mirabile *Lo sguardo di Ulisse,* il film del 1995 che segna uno dei maggiori ritorni del mito nella più recente modernità) che è nella forza

---

[7] Ho indagato su questo doppio profilo in *Carles riba: humanista i viatger* in *Actes del III Simposi Carles Riba*, A cura de Carles Miralles, Jordi Malé i Jordi Pujol Pardell, Institut d'Estudis Catalans / Aula Carles Riba, Barcelona 2012.
[8] Joan Ferraté, *Carles Riba, avui*, Alpha, Barcelona, 1955, p. 83.

dello sguardo che si registra lo smarrimento solitario dello spettatore piuttosto che in quello del protagonista, quando accade che fare l'amore o ballare nella nebbia è invece morire non appena essa di dipana e dà luogo alla crudeltà dei cecchini[9].

Non troppo diversamente si era volto il drammatico confronto tra Didone ed Enea in un clima in cui incombe sul destino individuale la spada di Damocle della vicenda umana in uno scontro che, sul piano della macro storia dei miti, è supposto come titanico e destinato a ripetere all'infinito lo scontro tra Oriente e Occidente, tra i Greci e i Danai, che resistono inutilmente a un assalto venuto da Ovest:

"Immo age, et a prima dic, hospes, prigine nobis insidias", inquit, "Danaum, casusque tuorum, erroresque tuos; nam te iam septima portat omnibus errantem terris et flutibus aestas"	«Anzi, se non t'è grave, —al fin gli disse— incomincia a contar fin da principio e l'insidie de' Greci e la ruina e l'incendio di Troia, e 'l corso intero de gli errori vostri: già che 'l settim'anno
Virgilio, *Eneide*, I,1, vv. 753-756.	e per terra e per mar raminghi andate».

In realtà con Didone si è già compiuta una transizione di genere. Al modello maschile che affonda le sue radici in un universo antico, persino più arcaico rispetto alla configurazione omerica, si era affiancato quello delle eroine dell'ancestralità femminile. La crudelissima Medea e, soprattutto, la irrequieta Fedra. Fedra, simbolo con la mediazione latina dell' *hispanicus* Seneca, di quanto sia vano il ritorno del rimosso, di quel passato represso e dimentico nell'identità dell'io mentre tutta una nuova vita si è dischiusa nella ricollocazione dei personaggi e del contesto[10].

Tra i moderni questo ultimo di Fedra non è stato certo parco di riproposte ed evoluzioni, complicazioni e persino di semplificazioni estreme. Tra esse credo assolva un ruolo di spessore la complessa vicenda delle riprese a quattro mani, negli anni Trenta, e successivi, del XX secolo tra Llorenç Villalonga e Salvador Espriu di un tema che aveva avuto già in Unamuno una sua attualizzazione iberica[11]. Perché in acque

---

[9] Per questo cfr. Giuseppe Grilli, "Seduzioni e auto seduzioni nello spazio mediterraneo", in *Quaderno del Dipartimento di Letterature Comparate*, Università di Roma Tre, Roma, 2010-2011, pp. 97-104.
[10] Francesco Orlando, *Lettura freudiana della "Phèdre"*, Einaudi, Torino 1971.
[11] Quella unamuniana è non a caso esempio presto paradigmatico di quanto sia possibile, e forse, lecito riambientare la tragedia in uno scenario contemporaneo all'autore e alla sue circostanze storiche.

mediterranee e occidentali, tra Barcellona e Mallorca, quel lontano arcano cretese poteva offrire una visione diversa, moderna e insieme retrograda, del mito della decadenza di una stirpe come condannata a farsi interprete di una cultura e di una terra votate alla sconfitta, o alla difficile sopravvivenza.

Nelle primissime battute della *Fedra* villalonghiana del 1936 (la cui prima manifestazione nota è nella versione catalana di Espriu pubblicata in semiclandestinità nel 1955) si legga, in proposito a quanto ho appena annunciato, lo scambio di battute tra Fedra e Enone: «Calla, Enone. Quina nit tan bonica!... On serà Hipòlit? / Seguramnet al ball, anava de smoking». Questo scambio segue la constatazione della solitudine irrimediabile di Fedra dinanzi alla prosaicità di Teseu che pensa alla cena in una notte stellata: «Oh, ets insuportable! Vés, no m'esperis. Jo em quedo amb Enone, mirant la nit de lluna. Ens vols acompanyar?». Proposta a cui il marito inconsapevole o distratto replica senza grazia: «Prefereixo sopar, francament»[12].

Salvador Espriu, rispetto alla crisi che si scatenò nel 1936 in Spagna, ma che aveva già mostrato i suoi effetti mefitici in Portagallo nella scia di quanto annunciato in Italia dall'avvento del Fascismo, mantenne un rapporto assai diverso da quello che stabilì Llorenç Villalonga, schieratosi, dopo la riuscita sollevazione militare franchista, interpretata dal generale Goded a Mallorca, con il fascismo europeo che stabilì proprio nell'isola un'importante base mussoliniana. Un rapporto discosto, discreto, in cui, va detto, a partire da un certo momento la sua posizione personale tende a essere scavalcata dall'uso sociale che ne venne fatto. È possibile che persino certe scelte linguistico stilistiche dei due autori debbano ricondursi a una diversa posizione personale dinanzi all'evento.

Villalonga a un certo punto, però, dopo qualche decennio, prese partito per il catalano e abbandonò lo spagnolo come lingua di creazione, ma quando volle riproporre una sua Fedra in catalano, senza del tutto respingere la versione espriuiana, introdusse due diverse e complementari interpolazioni: la presenza di battute in francese o di locuzioni in inglese, sicuramente plausibili nell'ambiente cosmopolita della Mallorca

---

[12] Per un approfondimento e riferimenti puntuali rinvio al mio saggio specificamente dedicato al tema: Giuseppe Grilli, "Il mito di Fedra tra incontro e confronto: Salvador Espriu e Llorenç Villalonga dinanzi ai classici", *Quaderno del Dipartimento di Letterature Comparate*, Università di Roma Tre, Roma, 2009, pp. 173-215.

evocata, e l'immissione di una leggera patina dialettale, assai depurata per altro, nella morfologia. D'altronde il *pròleg* è sin dall'inizio il segnale che Villalonga consegna in tal senso, indicatore piuttosto esplicito di una sorta di modalità maragalliana in cui traspaiono addirittura echi di una della grandi tragedie catalane dello scrittore minorchino Joan Ramis, la bellissima *Lucrècia*.

Tutta la sua produzione narrativa di quegli anni è infatti sotto il segno dell'espressionismo e della parodia. I riferimenti, espliciti nelle citazioni sovente richiamate, in epigrafe o nel testo, a Quevedo e poi a Cervantes, con un racconto—tra i più suggestivi e difficili—ispirato alla ricreazione del personaggio di Altisidora, si annidano però, anche nei richiami alla letteratura modernista, sia di espressione castigliana che di espressione catalana. In questo clima, come si è già accennato al principio, Espriu svolge un singolare esperimento letterario: si impegna a ridurre in catalano un testo teatrale di Llorenç Villalonga redatto in castigliano, un'opera teatrale che ripropone il tema di *Fedra*. Ma il contatto con gli sperimentalismi di quegli anni e la riscrittura del tema, non si ferma qui. Espriu mentre traduce, riscrive. Dalla traduzione, poi, nasce un racconto, poi trasformato anni più tardi in una serie di ritratti tra il teatrale, il narrativo e il saggistico, tutti in versione ridottissima, quasi aforismatica.

In quest'ultima risoluzione siamo in presenza di un *dramatis personae* che identifica i personaggi principali e li dispone in una sequenza—o *progressio*—significativa: nell'ordine Eone, Teseu, Fedra, Hipòlit, Thanatos. È un ultimo atto che realizza finalmente un'opzione con cui Espriu fa definitivamente i conti con il suo giovanile entusiasmo per il mondo classico. E li esegue contemporaneamente anche con quel classicismo *noucentista* che con Ors era stato invocato quale rinascita ineludibile per la *pàtria*. Il motivo, che nelle prime versioni è sotteso, si esplicita in *Un'altra Fedra, si us plau*, quando il prologo/portico, nella forma del teatro nel teatro, definisce il luogo autentico dell'azione: la confessione della Gran Artista (scopertamente Núria Espert) che aveva affermato nella richiesta di un testo scritto appositamente per lei, una sorta di replica della mariana Pineda lorchiana (che la grandissima Margarita Xirgu aveva interpretato nel 1927 a Barcellona non senza l'apporto dei bozzetti e i pannelli firmati da Salvador Dalí).

Non si può comprendere appieno questo percorso in cui il mito perviene a questa riduzione continua che a un certo punto, attraversata ma non del tutto superata la tentazione della *brevitas*, si concentra addirittura nell'aneddoto e trae da esso le ragioni del suo esistere, non senza però una tappa intermedia[13].

Quella che propongo è ancora il transito, in un certo senso un'ulteriore replica, di nuovo il passaggio verso Ovest. Mi riferisco a una tappa agli albori del Rinascimento e della modernità in un incrocio tra il lembo orientale iberico e la *medietas* italiana e romana. Mi riferisco qui al March dei poemetti lunghi che per complessità narrativa e per estensione, ricordano il modello ellenistico trasmesso anche dalla poesia latina, come a esempio il Catullo de *La chioma di Berenice*. Anzi potremmo aggiungere e precisare che proprio questo modello, che è quello dell'Epitalamio, sarà ripreso da Góngora nella *Soledad Primera* seguendo da presso uno dei grandi rappresentanti dell'ellenismo, anche se espresso in latino, Claudiano. Siamo dinanzi a quello che potremmo interpretare o congetturare come il March *de senectute*, magari accogliendo, seppur *cum grano salis*, certe suggestioni di Joan Ferraté (e in parte di Robert Archer).

Questo March è infatti un poeta dalle forti preoccupazioni teoriche, assolutamente non riconducibili allo scolasticismo ufficiale, prediletto da altri interpreti, in particolare da quel settore della critica che propugna la lettura più tradizionale e medievaleggiante dell'opera del poeta gandiense. L'implicanza platonica (o almeno agostiniana) vi appare inoppugnabile, infatti. Il principio di contraddizione, che peraltro presiede tutta la sua riflessione erotica, ora traspare nettamente in termini che non sono incompatibili con molte delle preoccupazioni di circoli fiorentini e poi romani più o meno coevi. Sono quei circoli in cui le minacce di eresia sono percepite con solerzia di accuse e sospetti. Ma fu proprio Alessandro VI, non appena asceso al trono, a concedere una sorta di ampio lasciapassare a Pico e a tanti di coloro che nell'umanesimo filosofico trovavano radici di ritorno a suggestioni angelicali che non erano state del tutto

---

[13] Per questo procedimento fu fondamentale la mediazione di Orazio, specificamente nella sezione delle *Epistulae* (seguo l'ed. di Mario Scaffidi Abbate, di Orazio Flacco, *Tutte le opere*, New Compton, Roma 2006.

estranee al poeta di Gandia, seppure con indipendenza e autonome ispirazioni e motivazioni. Che si debba o si possa intravedere una linea o una suggestione legata alle spiaggia di Gandia, a quel suo entroterra dolce e sensuale non saprei affermare con certezze assolute. Sicuramente dobbiamo al Cardinale Roderic Borja, ormai diventato Papa di Roma, un atteggiamento di apertura verso certi filoni umanistici non sempre del tutto ortodossi, sostenitori di visioni alternative a quelle fino al suo pontificato inusuali. Comprese tra queste novità possiamo includere il tema della preesistenza delle anime e, correlativamente, della nobiltà della carne, così strettamente connessi con il ritorno di Origene e gli sviluppi più problematici, sul piano teologico, del neoplatonismo e del ficinismo. Certo Pico con l'*Oratio de dignitate hominis*, e poi con l'edizione aldina del 1499, dava una lettura 'compatibile' della filosofia di Origene, motivando le correzioni di rotta di Erasmo e di altri a lui succeduti[14].

Proprio Ausias March mi pare possa essere il riferimento più consono a farci capire un dato essenziale di questo itinerario che abbiamo cercato di tracciare. Si tratta di un percorso che sottolinea come l'eredità indissolubilmente legata al mare di Grecia[15], o tutto quel tratto che tra l'Asia mediterranea e quel che si svolge poi fino alle colonne d'Ercole, approdi in forme davvero nuove e originali nelle letterature in catalano o in castigliano pur conservando una filigrana che ce le rende riconoscibili rispetto alle loro fonti remote o remotissime in latino o in greco. Perché dunque March? Perché nel poeta che fu, o si sentì vicino a Alfonso il Magnanimo, di cui ricoprì l'incarico, cortigiano e prestigioso di falconiere[16], il senso di un ritorno all'antico, a una restaurata o restaurabile identità mediterranea fu sicuramente assai forte, come assai forte era nel monarca a cui si sentiva comunque vicino pur nel suo splendido isolamento va-

---

[14] Cfr. Giuseppe Grilli, "Gandia, els Borgia, Ausias March", in *Da Papa Borgia a Borgia papa. Letteratura, lingua e traduzione a Valencia*, a cura di Nancy de Benedetto e Ines Ravasini, Pensa, Lecce, 2010, pp. 27-42.

[15] Sull'adattamento medievale e moderno del mito marittimo con le sue implicazioni poetiche all'interno della macrometafora erotica che illumina la poesia occidentale cfr. Elisabetta Sarmati, *Naufragi e tempeste d'amore. Storia di una metafora nella Spagna dei Secoli d'Oro*, Carocci Roma 2009.

[16] Rinvio per cogliere il senso dell'allusione a Patrizio Rigobon, Carlos Romero Muñoz (a cura di), *Il falconiere del re*, Atti della Giornata di Studio dedicata ad Ausiàs March, Ateneo Veneto, Università Ca' Foscari, Dipartimento di studi anglo-americani e ibero-americani, Venezia 2004.

lenciano. Nel peculiarissimo *destierro* di Gandia, infatti, si coltivava, in una modalità privata e provinciale, la stessa delizia napoletana di una *Renovatio imperii* utopistica in cui il sogno cavalleresco di Tirant lo Blanch si sovrappone alla nostalgia di una Costantinopoli che parla greco e legge i classici di qualsiasi provenienza, includendo tra essi le più estreme novità francesi[17].

Si è sovente insistito sul suo forte realismo, sull'attenzione ausiasmarchiana agli spazi del reale che si esprimono, nella stragrande maggioranza dei suoi *Poemi*, con delle autentiche finestre aperte sul mondo che occupano tutta la prima metà del testo. Forse in questa tensione verso la natura come miglior chiave per l'introspezione e la scoperta dell'io (l'io come microcosmo che sarà immagine tanto cara a un poeta erroneamente considerato superficiale come Lope de Vega[18]), possiamo rintracciare la vera passione patriottica dei catalani. Il ritorno a Itaca, la riconquista della patria o di Penelope sono allora la disamina in dettaglio di un paesaggio sentito come esclusivo. In proposito, l'esempio più efficace e cogente lo offre Josep Pla, l'ammirato prosista e stilista tanto amato da Claudio Guillén non appena poté scoprirne la forza e la solitudine. Si legga dal *Carrer estret*:

> El nostre país, les carreteres que porten de la marina a l'interior tenen un gran encant. Solen passar primer per un paisatge d'hortes i d'arbres fruiters d'una regularitat lluminosa. Entren, després, en el primer repeu de terres de secà que fan una gra d'aresta. S'enfilen de seguida sobre un pla inclinat més brusc i la carretera fa girarronses suaus entre vinyes, els garrofers i els olivets—i sovint els ametllers. Després es travessa una petita collada que dóna accés a una vall que de vegades és estreta i altres més folgada, tancada generalment, al fons, per un amfiteatre de muntanyes plenes de pins fins a la carena[19].

---

[17] Rinvio, malgrado presenti una qualche estremizzazione, al magnifico saggio di Alberto Varvaro, «*Tirant lo Blanch* nella narrativa europea del sec. XV», in A.M. Compagna *et al.* (ed.), *Momenti di cultura catalana in un millennio*, II, Napoli, Liguori, 2003, pp. 487-500.
[18] Rinvio al ben noto e rivelatore Francisco Rico, *L'uomo come microcosmo. La fortuna di un'idea nella cultura spagnola*, Il Mulino, Bologna 1970 (ed. sp. *El hombre como microcosmos*, Madrid: Castalia, 1970).
[19] Josep Pla, *El carrer estret*, Destino, Barcelona, 1997.

Eppure questa terra catalana ancestrale e idiosincratica, almeno quanto le eroine della più remota antichità mediterranea, persino pregreca, riveste poi, a ben vedere, i panni mai dismessi e mai inventati della macchia mediterranea.

Conclusione

Abbiamo voluto mettere in evidenza quelli che sono i motivi specifici che fanno scaturire le riscritture, gli adattamenti e le diverse rinascite della mitografia classica tra antichità e modernità. Essi sono a nostro avviso quei miti che individuano in un eroe, o in una eroina, il loro polo narrativo. Abbiamo evidenziato fondamentalmente i casi immortali dell'epica e della bucolica. L'impronta dell'Occidente mediterraneo è sempre centrale. La Sicilia è sempre la prima tappa della migrazione verso il nuovo, lì Ulisse completa la sua maggiore impresa; e lì si trovano le radici dell'idillio, la terra di Teocrito. Lì riemergono le radici più profonde, quelle di Pasifae e della sua discendenza.

Il ritorno all'origine, la fine dell'esilio e la riconquista di Itaca, la riappropriazione della casa paterna e della sposa fedele sono allora la disamina in dettaglio di un paesaggio sentito come esclusivo, inalienabile. Sono i catalani, forse, i maggiori interpreti occidentali e moderni di un'identità locale imperniata e incardinata a un paesaggio angusto e fiero al contempo. Uno spazio che fu dei riti familiari, delle tragedie degli eroismi sublimi e vani insieme, delle rotte inconcludenti nei mari più ostili e incomprensibili. Forse è proprio per questo che laddove vorremmo ci attendesse il massimo di specificità e di esclusivismo, la concentrazione del piccolo e del breve, si ripropone il già noto, ciò che ci è stato da sempre segnale dell'incontro/scontro tra noi e l'altro.

Bibliografia

Blecua, J. M., *Lope de Vega, Obras poéticas*, Barcelona: Clásicos Planeta, 1983.
Chevalier, M., *L'Arioste en Espagne (1530-1650)*, Bordeaux: Université, 1966.
Ferraté, J., *Dinámica de la poesía*, Barcelona: Seix Barral, 1968.
Ferraté, J., *Carles Riba, avui*, Barcelona: Alpha, 1955.
Góngora, L. de, *Soledades*, edición de Robert Jammes, Madrid: Clásicos Castalia, 1994.
Góngora, L. de, *Favola di Polifemo e Galatea*. A cura di Enrica Cancelliere, Torino: Einaudi, 1991.

Guillén, C., *El sol de los desterrados: Literatura y exilio*, Barcelona: Quaderns Crema, 1995.
Grilli, G., *Sobre el primer Quijote*, Vigo: Academia del Hispanismo, 2007.
Grilli, G., "Il Mito di Fedra tra incontro e confronto: Salvador Espriu e Llorenç Villalonga dinanzi ai classici", in *Quaderno del Dipartimento di Letterature Comparate*, Università di Roma Tre, n. 5, 2009, pp. 173-215.
Grilli, G., *La scena originaria. Identità e classicità della letteratura spagnola*, Iberica, Roma: Nuova Cultura, 2010.
Grilli, G., "Gandia, els Borgia, Ausias March", in *Da Papa Borgia a Borgia papa. Letteratura, lingua e traduzione a Valencia*, a cura di Nancy de Benedetto e Ines Ravasini, Barcelon: Pensa, 2010, pp. 27-42.
Grilli, G., "Seduzioni e auto seduzioni nello spazio mediterraneo", in *Quaderno del Dipartimento di Letterature Comparate*, Università di Roma Tre, Roma, 2010-2011, pp. 97-104.
Grilli, G., *Carles Riba: humanista i viatger* in *Actes del III Simposi Carles Riba*, A cura de Carles Miralles, Jordi Malé i Jordi Pujol Pardell, Barcelona: Institut d'Estudis Catalans / Aula Carles Riba, 2012.
Grilli G. (a cura di), *L'epica. Tra evocazione mitica e tragedia*, "Dialogoi", Roma: Aracne editrice, 2013.
Marcel Détienne (ed.), *Il mito. Guida storica e critica. RHR*, Roma-Bari: Laterza, 1975.
March, A., *Obra poética*. Traducción de Pere Gimferrer, Madrid, Alfaguara, 1978.
March, A., *Pagine del Canzoniere*. A cura di Costanzo Di Girolamo, Milano/Trento: Luni Editrice, 1998.
Miralles, C., *Lectura de les «Elegies de Bierville» de Carles Riba*, Barcelona, Curial, 1979.
Orlando F., *Lettura freudiana della "Phèdre"*, Torino: Einaudi, 1971.
Orlando, F., *Le costanti e le varianti*, Bologna: Il Mulino, 1983.
Pla, J., *El carrer estret*, Barcelona: Destino, 1997.
Rico, F., *L'uomo come microcosmo. La fortuna di un'idea nella cultura spagnola*, Bologna: Il Mulino, 1994 (ed. sp. *El hombre como microcosmos*, Madrid: Castalia, 1970).
Rico, F., *El sueño del humanismo*, Madrid: Alianza, 1993.
Rigobon, P. & Romero Muñoz, C., (eds.), *Il falconiere del re*, Atti della Giornata di Studio dedicata ad Ausiàs March, Ateneo Veneto, Venezia: Università Ca' Foscari, Dipartimento di studi anglo-americani e ibero-americani, 2004.
Sarmati, E., *Naufragi e tempeste d'amore. Storia di una metafora nella Spagna dei Secoli d'Oro*, Roma: Carocci, 2009.
Scaffidi Abbate, M. (ed.) Orazio, *Tutte le opere*, Roma: New Compton, 2006.
Tate, R., *Ensayos sobre la historiografía peninsular del siglo XV*, Madrid: Gredos, 1970.

Tate, R., *Joan Margarit i Pau cardenal i bisbe de Girona: la seva vida i les seves obres*, Barcelona: Curial, 1976.
Tobar Quintanar, M. J., "«Miré los muros de la patria mía» y la reescritura en Quevedo", *La Perinola*, 6, 2002, pp. 239-2.
Unamuno, M. de *Fedra*. A cura di Raffaella Valenti P., Acireale-Catania: Bonanno Editore, 2010.
Varvaro, A., «*Tirant lo Blanch* nella narrativa europea del sec. XV», in A.M. Compagna *et al.* (ed.), *Momenti di cultura catalana in un millennio*, II, Napoli: Liguori, 2003, pp. 487-500.
Vega, M. J. & Vilà, L. (eds.), *La teoría de la épica en el siglo XVI (España, Francia, Italia y Portugal)*, Vigo: Editorial Academia del Hispanismo, 2010.

SITOGRAFIA

http://www.divusangelus.it/claudianus/claudiano.htm.[9 maggio 2012].

Il Mediterraneo e la "Primavera araba»
la sfida dell'islamismo radicale

ABDELKARIM HANNACHI
Università degli Studi di Enna «Kore»

L'obiettivo di questo contributo è quello di tentare di delineare una delle più importanti sfide che il Mediterraneo euroarabo dovrà affrontare, quella dell'islamismo radicale. Dopo una breve introduzione sull'importanza della regione mediterranea nella storia del mondo e nello scacchiere internazionale, accenneremo alla Primavera araba, ai scenari futuri di queste rivoluzioni, per finire con un'analisi, che non ha la pretesa di essere esaustiva, del fenomeno dell'islamismo radicale.

SUL MEDITERRANEO

Oltre al suo passato come culla delle civiltà e crogiolo di popoli e culture, il Mediterraneo, questo mare aperto su tre continenti è, dal punto di vista geopolitico e geostrategico un'area di grande importanza mondiale. Esso, oggi, è lo scenario di sconvolgimenti politici e sociali, che influenzeranno la storia futura di questa regione e che avranno delle ripercussioni anche molto lontano; è il territorio in cui si stanno consumando i due paesi più importanti della Mesopotamia: il primo, l'Iraq, già distrutto, il secondo, la Siria, in fase di distruzione; è il luogo dell'irrisolta questione palestinese, nodo fondamentale dell'attualità mediterranea e termometro dei rapporti tra l'Occidente e il Mondo arabo.

Questa regione non trae la sua importanza solo dalla storia, dalla geografia e dall'attualità politica ma anche dai suoi giacimenti di oro nero: «Le recenti scoperte di significative, anzi enormi riserve di petrolio e gas nel poco esplorato Mar Mediterraneo, tra Grecia, Turchia, Cipro, Israele, Siria e Libano, indicano che la regione potrebbe diventare letteralmente un «nuovo Golfo Persico» in termini di ricchezza di petrolio e gas. Come per il vecchio Golfo Persico, la scoperta di abbondanti giacimenti di idrocarburi potrebbe anche rappresentare una maledizione geopolitica di dimensioni sconcertanti»[1].

Nella sua storia contemporanea, il Mediterraneo è stato ed è ancora lo spazio di vari tentativi di cooperazione tra le due sponde: dal Dialogo euro-arabo, iniziativa geopolitica lanciata nel 1973 dalla Comunità Economica Europea e dalla Lega Araba, che non ha portato a nessun risultato, alla Dichiarazione di Barcellona del 1995[2], che libera la circolazione dei capitali e vieta quella dei cittadini della riva Sud, all'Unione per il Mediterraneo[3], processo creato dall'Unione europea che segna il fallimento di quello di Barcellona in campo politico, sociale e culturale.

Falliti questi tentativi volti a promuovere la cooperazione, il Mediterraneo ritorna ad essere al centro dell'attenzione grazie al risveglio arabo che avrà delle ricadute sull'ordine regionale e alle implicazioni che quest'ultimo avrà sull'assetto mondiale.

Il Mediterraneo è tutto questo ma è soprattutto, oggi, il cimitero di migliaia di innocenti che scappano dalla guerra e dalla fame, vittime e segno tangibile dell'ingiustizia planetaria. Le sue acque mescolano le lacrime di coccodrillo dei politici delle due sponde con quelle dei sopravvissuti che piangono i loro cari e compagni di viaggio inghiottiti dal mare. I suoi fondali ospitano ormai più di ventimila cadaveri—o quel che ne è rimasto—di uomini, donne e bambini colpevoli di essere nati altrove, di sfuggire dalla guerra e dalla fame e di tentare di raggiungere il benessere della riva Nord; tragedie quotidiane a Lampedusa e sulle coste siciliane che scuotano la nostra coscienza, interrogano la nostra etica e interpellano la nostra politica. Un'altra sfida mediterranea che merita uno studio a parte.

---

[1] F. William Engdahl, *Gas e petrolio nel Bacino di Levante—una nuova maledizione geopolitica?* http://www.geopolitica-rivista.org/16877/il-bacino-levantino-disraele-una-nuova-maledizione-geopolitica (24 settembre 2013).

[2] La Conferenza ministeriale euromediterranea svoltosi a Barcellona il 27 e 28 novembre 1995 si è concretizzata con la Dichiarazione di Barcellona che istituisce un contesto di cooperazione multilaterale tra l'Unione Europea e i paesi del bacino mediterraneo: Algeria, Cipro, Egitto, Israele, Giordania, Libano, Malta, Marocco, Siria, Tunisia, Turchia e Autorità Palestinese. Tale Dichiarazione aveva tre obiettivi: il partenariato politico e di sicurezza, il partenariato economico e finanziario e il partenariato sociale, culturale e umano.

[3] L'Unione per il Mediterraneo nasce a Parigi il 13 luglio del 2008, su proposta dell'allora presidente francese Nicolas Sarkozy per rilanciare il processo di Barcellona che non aveva raggiunto i suoi obiettivi.

Sulla Primavera araba

Prima delle rivolte, i regimi polizieschi e il conseguente soffocamento politico rallentavano l'evoluzione culturale e sociale sulla riva Sud del Mediterraneo. I processi di democratizzazione erano molto lenti o addirittura bloccati. I fattori che pesavano su questi processi sono almeno quattro: 1) la repressione interna ad opera dei regimi dittatoriali o comunque molto autoritari; 2) le politiche dei governi occidentali alleati di questi regimi e complici gli uni e gli altri della marginalizzazione dei popoli arabi dalla storia mondiale in materia di evoluzione della democrazia, di promozione dei diritti umani delle libertà individuali e di miglioramento delle condizioni sociali ed economiche; 3) il conflitto interno tra un'ortodossia conservatrice che frena l'evoluzione e limita la libertà di interpretazione del testo coranico e i modernisti che mettono in difficoltà la lettura teocratica dell'Islam; 4) la questione palestinese, ora strumentalizzata da questo o da quel despota alla ricerca di una legittimazione popolare, ora prova di umiliazione del mondo arabo in seguito alle sconfitte nelle guerre contro Israele.

La Primavera araba irrompe in un contesto di autoritarismo politico, di impoverimento di fasce sempre più allargate della società e di aumento della disoccupazione in tutti i paesi del Nord Africa.

Il 14 gennaio 2011, il raìs tunisino Zine El-Abidine Ben Ali fugge dopo quasi un mese di insurrezione inarrestabile in tutte le città, partita dall'immolazione del giovane Mohamed Bouazizi, come gesto disperato di ribellione, il 17 dicembre 2010, davanti alla prefettura di Sidi Bouzid, città del centro della Tunisia. Il fuoco della rivolta si propaga nel resto del mondo arabo. Meno di un mese dopo, i milioni di manifestanti egiziani che hanno occupato Piazza Tahrir costringono il presidente egiziano Hosni Mubarak a dimettersi l'11 febbraio del 2011. È guerra civile in Libia tra i ribelli e l'esercito del colonnello Gheddafi. Il 19 marzo dello stesso anno cominciano i bombardamenti occidentali che porteranno alla vittoria dei ribelli e alla fine tragica del colonnello Muammar Gheddafi ucciso il 20 ottobre 2011.

Le rivendicazioni di questi popoli in rivolta erano sintetizzate nel nome stesso di questo movimento rivoluzionario: «Rivoluzione della dignità e della libertà». Le ragioni delle sommosse non erano soltanto economiche ma erano anche e soprattutto politiche. Nelle loro manifestazioni quotidiane, le masse tunisine che avevano rotto il muro della paura non chiedevano al presidente Ben Ali di creare posti di lavoro o di fare delle riforme politiche ma di andarsene. I popoli egiziano e libico ripetevano nelle loro contestazioni gli stessi slogan tunisini[4] e cantavano anche loro per le strade il verso famoso in tutto il mondo arabo del poeta tunisino Abu-l-Qàsim Ash-Shabbì[5]:

> Se il popolo alla vita vuole ambire
> il destino non può che ubbidire
> la notte non può che dissiparsi
> e le catene devono spezzarsi[6].

Le rivolte che si sono diffuse in quasi tutti i paesi della riva Sud del Mediterraneo promettevano inizialmente una rapida radiosa primavera. Pochi mesi dopo, il cammino della libertà si è rivelato pieno di spine e di insidie e la Primavera araba sembra trasformarsi in un lungo inverno di stampo islamista[7]. Finora, soltanto tre regimi arabi mediterranei sono stati rovesciati.

Comunque sia, il risveglio arabo ha avuto come primo risultato quello di sfatare il pregiudizio diffuso secondo cui i popoli arabi non erano maturi per ribellarsi contro le loro dittature e per rivendicare la democrazia e che a causa di questa immaturità sarebbero rimasti in margine alla storia ancora per lungo tempo. Questi popoli, invece, sono rientrati nella storia attraverso la sua porta più grande e più moderna: sono le prime rivoluzioni che usano le reti sociali dall'inizio alla fine. Il tempo di viaggio della notizia è stato praticamente annullato. I manifestanti sapevano la sera prima quali erano le mosse del giorno dopo in tutte le altre città. Le immagini delle sommosse e dei tumulti arrivavano in

---

[4] Gli slogan erano: «Il popolo vuole rovesciare il regime», «Vattene», «La dignità prima del pane».
[5] È il più grande poeta tunisino del Novecento (1909-1934), autore della raccolta «I canti della vita», famoso e apprezzato in tutto il mondo arabo per i suoi versi che sono un inno alla vita e il grido dei tunisini contro la colonizzazione francese prima e contro i despoti poi. Nelle rivolte della Primavera araba, i suoi versi diventano il grido dei giovani contro l'oppressione.
[6] Questi versi sono tratti dalla poesia intitolata «La volontà di vivere» della raccolta «I canti della vita» e fanno parte dell'inno nazionale tunisino. La traduzione dall'arabo è nostra.
[7] Aggettivo relativo non all'Islam ma all'islamismo che è l'ideologia politica dell'Islam.

tempo reale e le reazioni erano concordate e immediate. Il web interattivo e partecipativo era lo strumento essenziale di queste rivoluzioni e la rete televisiva satellitare Al-Jazeera diffondeva le immagini e le notizie quasi in diretta in tutto il mondo. Anche quando i suoi corrispondenti sono stati cacciati dai paesi in rivolta, quest'ultima ha continuato a ricevere e a diffondere immagini e interviste riprese dai telefoni cellulari trasformando così cittadini comuni in corrispondenti nei luoghi delle contestazioni. Grazie ad internet, queste rivolte sono riuscite ad aggirare la censura e a sfuggire ai controlli.

Le rivoluzioni hanno colto di sorpresa sia i regimi arabi che i governi occidentali. I primi non hanno nemmeno preso in considerazione l'ipotesi che le manifestazioni potessero provocare rapidamente la loro fine. I secondi hanno tardato a prendere una posizione a favore dei popoli in rivolta per i diritti e la democrazia che la stessa Europa continua a sbandierare ma stenta a difendere quando le vittime delle dittature e delle violazioni dei diritti sono gli altri.

SCENARI FUTURI

Che cosa succederà domani, è difficile prevederlo. Ma una cosa è certa: non si tornerà indietro. Il destino dell'altra riva, dalla Tunisia all'Egitto passando dalla Libia, è nelle mani dei popoli. La Siria, per l'estrema complessità delle sue vicende, è un caso a parte.

Cosa cambierà ora che la transizione democratica nei paesi del Sud mediterraneo si è avviata? Gli scenari futuri dipenderanno da tante variabili. Per esigenza di semplificazione ne elenchiamo qui le cinque più importanti. In primo luogo, la capacità dei giovani, che si sono ribellati contro le dittature, di mantenere—qualunque sia il partito o la coalizione al governo—lo stesso fervore rivoluzionario nonché la capacità della società civile di non abbassare la guardia e di non perdere lo zelo dell'impegno politico anche dopo il raggiungimento degli obiettivi della rivoluzione. In secondo luogo, la capacità dei governi che hanno vinto o che vinceranno le elezioni di contribuire a risolvere i problemi economici e sociali dei loro paesi e di realizzare i cambiamenti politici attesi da questi popoli che hanno fatto la rivoluzione. La terza variabile è la capacità dei nuovi parlamenti eletti dai popoli di intervenire sui loro governi per emancipare i loro paesi dall'egemonia economica, politica e militare occidentale e per promuovere una cooperazione alla pari tra le due sponde. La quarta è la capacità di questi governanti di convincere i loro omologhi europei a rinunciare alla politica dei due pesi e due misure adottata finora nell'affrontare il conflitto israelo-palestinese. La quinta variabile che è la più importante è relativa al conflitto interno alle società arabe tra, da un lato, gli estremisti islamici e i neofondamentalisti che vogliono l'instaurazione di regimi teocratici con l'applicazione della cosiddetta «legge islamica» e dall'altro, i musulmani moderati che accettano la secolarizzazione della società insieme ai laici che rivendicano una separazione totale tra religione e stato.

Se tutte queste variabili andranno nella direzione di sostenere la nascita di una società progressista con uno stato moderno fondato sulla democrazia, la cittadinanza, la laicità e l'autonomia politica, i rapporti con la riva Nord, impregnati di subordinazione, di egemonia culturale e di neocolonialismo, saranno messi in discussione. La volontà di essere trattati alla pari dal punto di vista economico, politico e culturale metterà in crisi un sistema che finora ha agevolato la ricchezza del Nord che continua ad alimentarsi dalla povertà del Sud grazie alla complicità dei governi e della borghesia locali nel Sud del Mediterraneo.

L'IMPATTO DELLA PRIMAVERA ARABA SULLA REGIONE MEDITERRANEA

La cosiddetta Primavera araba, anche se incompiuta, potrebbe e dovrebbe avviare un processo di riavvicinamento delle due sponde, di contatti più frequenti e di confronto più impegnativo tra le culture, premessa indispensabile per un dialogo tra i popoli mediterranei che mira alla pace e alla prosperità.

Vista da un'altra prospettiva, la democratizzazione della sponda Sud rischia di mettere in discussione questa prosperità sostenuta grazie a un ordine mondiale in cui le regole sono dettate dalle potenze occidentali, dalla Banca Mondiale, dal Fondo Monetario Internazionale e dall'Organizzazione Mondiale del Commercio. Paradossalmente, essa avrà conseguenze negative sull'economia dell'Occidente in generale e della riva Nord in particolare, soprattutto se questa economia vorrà continuare ad essere accecata dal suo egoismo.

Per rendersi conto della conseguenza negativa sull'economia europea basterebbe ricordare come tutto era perfetto prima delle rivolte arabe. I despoti della riva Sud erano considerati politici lungimiranti, moderati e affidabili. Le democrazie occidentali facevano affari con i regimi autoritari del Nord Africa. La democrazia e i diritti umani non erano requisiti necessari per i rapporti economici e politici. La società civile araba era inascoltata e repressa. Per i paesi europei in particolare, e occidentali in genere, il risveglio arabo non era previsto né prevedibile in questa proficua situazione di stabilità che durava da decenni. Ora, l'Europa rischia di trovarsi costretta a dialogare con i veri rappresentanti dei popoli del Sud e a fare i conti con le loro rivendicazioni di dignità, di parità e di giustizia.

L'attuale crisi politica europea e le difficoltà economiche che affliggono soprattutto i cittadini dei paesi del Sud dell'Europa stanno provocando un grave malessere economico e sociale. La precarizzazione e la disoccupazione tormentano i giovani e i meno giovani. Secondo alcuni sondaggi, gli italiani che si dichiarano insoddisfatti dei partiti politici sono più del 95%. Le conseguenze sono la disaffezione politica, le manifestazioni antigovernative sempre più frequenti, la nascita di reti e movimenti che esprimono la loro opposizione ad un sistema la cui unica preoccupazione è il profitto e che rivendicano una democrazia partecipativa, che chiedono il recupero del diritto al lavoro ormai messo in discussione o addirittura negato e la salvaguardia dei beni comuni. In una parola, assistiamo alla nascita di una nuova coscienza politica sulla riva Nord che, coniugata con la coscienza che ha provocato le rivoluzioni nel mondo arabo, cambieranno insieme in positivo i rapporti politici, sociali e culturali tra le due sponde.

L'intensificazione dei contatti e l'interazione tra, da un lato, i popoli del Sud Mediterraneo che stanno attraversando una fase transitoria per riscrivere le loro costituzioni e realizzare lo stato democratico e, dall'altro, quelli del Nord che vivono in stati in cui bisogna difendere le costituzioni e rilanciare la democrazia indebolita o addirittura malata, produrranno una nuova coscienza mediterranea che determinerà la politica dei paesi rivieraschi e lascerà il segno nella storia futura di questo bacino.

La storia della regione mediterranea è segnata da malintesi, equivoci, incomprensioni, rappresentazioni reciproche fondate su pregiudizi e stereotipi. Talvolta da conflitti, conquiste, colonizzazioni e neocolonizzazioni ma è anche la storia di un intreccio di eventi convissuti, d'incontri felici, di scambi fecondi, d'integrazione, di sincretismi.

Qualunque siano la lettura e l'interpretazione delle vicende storiche di questa regione e qualunque saranno gli sviluppi futuri, le due sponde di questo mare, che non è solo Nostrum ma anche degli Altri, avranno lo stesso destino. Parlando delle rivolte a Sud del Mediterraneo e del forte disagio sociale conseguenza della crisi economica della riva Nord, Michele Brondino e Yvonne Fracassetti scrivono:

> Ambedue i fenomeni—le rivolte a nord e a sud—sono accomunati da istanze democratiche e di giustizia sociale, dettate dagli squilibri provocati dall'ultraliberismo economico dirompente che riteneva il mercato capace di autoregolamentarsi ma che si dimostra invece incapace di risolvere le proprie contraddizioni. Si assiste all'implosione delle società da nord a sud, che, anche se in contesti e modi diversi, esprimono le due facce della stessa medaglia, dello stesso disagio socio-economico che tormenta la regione mediterranea[8].

Di conseguenza, la domanda non è quella di sapere se i popoli mediterranei vogliano convivere o no. La questione inevitabile è di sapere in che modo possono condividere un processo d'integrazione sociale e culturale e una cooperazione economica e politica e quali sono le sfide che accompagneranno questo processo e questa cooperazione. Tanti sono gli interrogativi che interpellano oggi i mediterranei e tante sono le sfide che li aspettano. Per ragioni di spazio ci limitiamo qui ad analizzare, seppure in modo non esaustivo, una delle sfide più importanti: quella dell'islamismo radicale.

L'ISLAMISMO RADICALE: FRUTTO AVVELENATO DELLA PRIMAVERA ARABA

Cacciati i dittatori, i popoli tunisino, egiziano e libico hanno potuto finalmente celebrare con grande entusiasmo e speranze le loro prime elezioni democratiche e trasparenti. A sorpresa di molti, questi primi suffragi hanno prodotto governi con maggioranze islamiste. L'islamismo non è la religione islamica nonostante il vocabolo sia usato nei dizionari italiani come sinonimo di Islam, ma è la tendenza a farne un'ideologia politica. Le formazioni più rappresentative dell'Islam politico sono tre: i

---

[8] Michele Brondino e Yvonne Fracassetti, «Dalla rivolta tunisina alla Primavera araba: tra tradizione e modernità», *Rivista dell'Istituto di Storia dell'Europa Mediterranea*. 8, giugno 2012, p. 206.

Fratelli musulmani[9], i salafiti[10] e i gihadisti[11]. La prima è quella più importante e più presente nel tessuto sociale; rivendica un Islam «liberale» rispetto alle altre due ma rimane comunque una tendenza conservatrice che cerca di conciliare Islam e democrazia, non senza difficoltà nella prassi e ambiguità nel linguaggio. I Fratelli musulmani in quanto rappresentanti del riformismo islamico oscillano tra la tentazione di adattarsi alla modernità e la preoccupazione di preservare l'Islam. Il Partito della Libertà e della Giustizia (*Hizb al-Hurriyya wa al-Adàla*[12]) in Egitto e il Movimento della Rinascita (*Harakat an-Nahdha*[13]) in Tunisia ne sono, con tutte le loro differenze, esempi significativi. La seconda tendenza, quella dei salafiti si presenta come alternativa ai Fratelli musulmani ed è in crescita. Sono, invece, ultra-conservatori e radicali, pretendono di essere i «puritani» dell'Islam e rivendicano uno stato fondato sulla «legge islamica» (*sharia*). Un esempio rappresentativo è il partito egiziano La Luce (*An-Nour*[14]). Infine, la terza, quella del gihad islamico, vuole essere l'alternativa alle altre due tendenze; è più radicale e dichiaratamente rivoluzionaria. Essa non riconosce la democrazia non solo perché è un'invenzione occidentale ma anche perché l'uomo, secondo loro, non deve legiferare e governare ma deve limitarsi ad applicare la legge divina ed essere al servizio della volontà di Allah che è l'unico e il

---

[9] È un'associazione di rito sunnita fondata in Egitto nel 1928 da *Hasan Al-Banna*, assassinato nel 1949. Si è diffusa in tutti i paesi arabi.

[10] Sono i seguaci della *Salafiyya*, termine arabo che deriva da salaf, parola che indica l'insieme dei compagni del profeta e le prime generazioni di musulmani. È una corrente islamica nata alla fine del 19° secolo che rivendica il ritorno all'Islam delle origini e alle sue fonti, il Corano e la Sunna. Precursore di questo movimento è Muhammad Abdu.

[11] Sono i seguaci del *gihad*, termine arabo che deriva dalla radice trilettera g-h-d che evoca lo sforzo. Nell'Islam vi è il grande gihad e il piccolo gihad. Il primo è lo sforzo contro le proprie passioni. Il secondo è «lo sforzo sulla via di Allah», cioè la guerra per diffondere la religione e per difenderla dalle minacce esterne che per gli estremisti non sono solo le aggressioni militari ma anche «l'immoralità» (ateismo, sesso, alcool…).

[12] Anche se si è costituito dopo la rivoluzione egiziana, è il partito prosecutore dei Fratelli musulmani egiziani. Alle elezioni legislative del 2011, ha ottenuto 47,2% dei seggi (127 deputati) del nuovo parlamento egiziano denominato Consiglio del Polpolo (Majlis Ash-Sha'b) e che è composto da 498 seggi eletti e 10 seggi nominati dal capo dello Stato.

[13] Questo partito fratellista ha ottenuto alle elezioni del 23 ottobre2011 il 41,47% dei seggi (90 deputati) dell'Assemblea Nazionale Costituente (Al-Majlis al-Watanì at-Ta'sìsi) che è composta da 217 deputati.

[14] È un partito salafita che, a testa di una coalizione con altri partiti salafiti, si è classificato secondo alle elezioni del 2011 con 24% dei seggi (121 deputati).

sommo reggitore della comunità degli umani. Di conseguenza, per i gihadisti, l'unico stato legittimo è quello islamico, fondato sulla *sharia*, da realizzare ad ogni costo, anche con la violenza, in quanto, secondo loro, è dovere sacro del vero musulmano. Questa tendenza comprende i gruppi più estremisti dell'islamismo radicale: i *Talebani* in Afghanistan, *Al-Qaida* in Mesopotamia, *Al-Qaida* nella Penisola arabica, quella del Maghreb, gli *Shebab* in Somalia, *Boko Haram* in Nigeria...

Le forze islamiste hanno ottenuto più del 40% dei voti in Tunisia e più del 70% in Egitto. Gli islamisti, esclusi e fortemente repressi sotto i regimi prima delle rivoluzioni, si sentono finalmente legittimati a governare e a proporre, e in alcuni casi a imporre—visto che hanno la maggioranza dei seggi nei parlamenti—la loro visione dello stato e della società. I laici che hanno anche loro sofferto la repressione dei governi dittatoriali vedono la loro speranza nel cambiamento trasformarsi in una delusione. Nascono così due progetti di società, conflittuali e, a volte, inconciliabili, tra chi vuole lo stato teocratico e chi rivendica lo stato laico.

Tentare di risolvere questo conflitto è la prima sfida che i paesi del Sud del Mediterraneo sono chiamati ad affrontare. Si tratta di una sfida di estrema importanza perché è una questione di vita o di morte visto che ha già fatto e continua a fare tante vittime in Egitto e non solo.

La sfida dell'islamismo radicale pone, soprattutto ai popoli egiziani e tunisini, un quesito politico di non facile risoluzione: è la questione della legittimità elettorale. Ci si chiede come bisogna comportarsi dinanzi ad un governo che, se è vero che ha vinto in modo trasparente le elezioni, è altrettanto vero che, secondo l'opposizione, sta ledendo i diritti e gli stessi valori democratici. I partiti dell'opposizione e buona parte delle masse popolari nei due paesi nordafricani contestano la legittimità delle forze islamiste ricordando all'Europa, che critica la loro posizione chiedendo il rispetto per l'esito delle elezioni, che anche Hitler prese il potere attraverso le urne. Per gli anti-islamisti, i Fratelli musulmani, i salafiti e tutti coloro che sognano uno stato islamico fingono di accettare le regole democratiche ma usano la democrazia e la loro vittoria politica per somministrare a piccole dose norme e regole che limitano le libertà individuali e lo stato di diritto. Essi sono accusati dai loro avversari politici di dividere il mondo tra musulmani e non musulmani e di alimentare la discriminazione tra credenti e non credenti col fine ultimo di istituire una dittatura teocratica, come fece il nazismo—dicono alcuni intellettuali tunisini—che riuscì attraverso l'indottrinamento del popolo tedesco a istituire una dittatura nazista e a dividere il mondo in ariani e non ariani alimentando il razzismo e la discriminazione che rendeva la differenza una colpa meritevole della pena capitale. Il tentativo delle forze islamiste di trasformare il mandato elettorale in autorità esclusiva che detiene sia il potere legislativo che quello esecutivo e il fallimento della loro politica sociale ed economica sta provocando delusione e rabbia. In Egitto, l'intervento dell'esercito a sostegno di milioni di egiziani che non riconoscono più la legittimità degli islamisti al potere sta complicando tragicamente la situazione. Le forze islamiste accusano l'esercito e gli oppositori di quello che chiamano un «colpo di stato», si sentono giustificati a reagire e si scontrano ogni giorno con i soldati, violenze queste che causano morte e instabilità. La situazione tunisina, partendo dalla stessa delegittimazione del partito islamista maggioritario, sta conoscendo, almeno per il momento, un esito totalmente diverso. Sotto la pressione dei deputati dell'opposizione che si sono dimessi e delle continue manifestazioni pacifiche che chiedevano le dimissioni del governo e lo scioglimento dell'Assemblea Nazionale Costituente, gli islamisti si sono arresi e hanno accettato di iniziare un dialogo nazionale con i partiti dell'opposizione, proposto dall'UGTT (Union Générale Tunisienne du travail), con la partecipazione delle organizzazioni più rappresentative della società tunisina: l'UTICA (Union tunisienne de l'industrie, du commerce et de l'artisanat), la LTDH (Ligue Tunisienne des Droits de l'Homme, l'ONAT (Ordre National des Avocats de Tunisie). Il dialogo è stato avviato il 5 ottobre 2013 invitando i partiti politici à prenderne parte per uscire dalla crisi.

Questo dialogo si è concluso dopo tre mesi dopo con le dimissioni preannunciate degli islamisti al potere e la nomina di un governo di tecnici che dovrà preparare il paese alle prossime elezioni previste entro la fine dell'anno.

Sapranno, queste società che stanno attraversando una fase post-rivoluzionaria e di transizione democratica, integrare l'islamismo radicale in un processo di democratizzazione? Sapranno le tendenze estremiste riformarsi ed adattarsi alla secolarizzazione e alle esigenze politiche della modernità i cui principi sono la cittadinanza, la democrazia, la laicità e le libertà individuali?

L'analisi di questa sfida ci porta a riflettere sulle motivazioni che hanno spinto milioni di elettori a scegliere i partiti islamisti. Essi hanno vinto perché erano quelli che avevano più risorse finanziarie, erano i più organizzati, abili a strumentalizzare l'identità arabo-islamica e promettevano sicurezza e rispetto delle tradizioni. «L'Islam è la soluzione», «Il Corano è la nostra costituzione» sono gli slogan sempre presenti nei loro discorsi per convincere le masse che la religione di Muhammad è l'unica protezione dai «mali» provenienti d'Occidente: l'amoralità, il consumismo, l'egemonia culturale, il neocolonialismo economico e la prepotenza militare.

Qualunque siano le colpe dell'Occidente nell'alimentare, col suo comportamento, l'islamismo radicale, la sfida islamismo-modernità grava tutta sulle società islamiche. Oltre alla rivoluzione politica, quella che attende i popoli della riva Sud è una rivoluzione sociale, culturale e religiosa.

Una nuova rilettura della storia islamica e una diversa interpretazione del Corano e della Sunna diventano imperativi nel futuro dell'Islam se questa religione vuole sopravvivere alla modernità e tendere, come le altre religioni, all'universale. Occorre rivedere il rapporto tra la religione di Muhammad e i diritti dell'uomo e soprattutto della donna, rinunciare all'esclusività nel detenere la verità assoluta e accettare il confronto con altre visioni del mondo, conciliare religione e politica.

L'esito di questa sfida dipende anche dalla rivisitazione del pensiero islamico che è, in realtà, un processo già avviato, come lo dimostra anche la ricca e fiorente letteratura del pensiero islamico contemporaneo.

Dalle sue origini, l'Islam ha avuto i suoi sapienti, unici detentori dell'interpretazione dei testi sacri. Dopo il fallimento dei tentativi di rinascita nel 19° secolo e fino a metà del 20° e con l'intensificare dei rapporti e delle relazioni tra i popoli e le culture in un mondo sempre più villaggio globale grazie alla riduzione delle distanze geografiche e culturali, ai movimenti migratori e ad internet, è emersa la necessità di rinnovare il pensiero islamico. Molti sono gli intellettuali musulmani impegnati in questo rinnovamento: Mohamed Arkoun, Mohamed Talbi, Olfa Youssef, Abdelmajid Charfi, Abdou Filali-Ansary, Tariq Ramadan, Hasan Hanafi, Nasr Abou Zayd per citarne soltanto alcuni.

La Primavera araba spinge la sfida dell'islamismo radicale al suo parossismo. È l'ora della scelta tra laicità e islamismo scriveva Fouad Zakariya. Abdelwahab Meddeb qualifica l'integralismo islamico di «malattia dell'Islam». Hamadi Redissi parla di eccezione islamica ponendosi diversi interrogativi:

> Qu'est-ce que cette culture religieuse qui fournit périodiquement, à grande échelle et sur une si logue période, des contingents entiers de gens impatients de rejoindre le Paradis? Ceci pour le fondamentalisme. Mais plus sereinement, d'autres questions se posent qui ne risquent pas moins de froisser l'ego islamique : pourquoi l'islam est-il l'une des dernières religions, sinon la dernière, qui refuse de libérer le politique de son emprise envahissante? Pourquoi est-il seul à demeurer en dehors de la vague de démocratisation qui a gagné presque tout le reste du monde? Pourquoi reste-t-il l'unique système qui s'estime en conflit permanent avec l'Occident, dont il jalouse la gloire impériale, conteste les valeurs cosmopolitiques et minimise la civilisation planétaire qu'il a initiée? Bref, il est la dernière religion qui se refuse à la banalisation du religieux. J'appelle cette somme d'inquiétudes l'«exception islamique»[15].

Tra, da un lato, i modernisti arabi che parlano di «eccezione islamica», di »malattia dell'Islam» e di incompatibilità di questa religione con la democrazia, la laicità e i diritti dell'uomo e, dall'altro, i riformisti —come i Fratelli musulmani—che affermano il contrario sostenendo che l'Islam è compatibile con tutti questi principi e che per abbracciare la modernità non occorre abdicare ai principi islamici ma basterebbe proseguire la via del riformismo religioso, il pensiero islamico continua la sua evoluzione attraverso un dibattito interno al mondo arabo-islamico. Anche se il dibattito riguarda in primo luogo la religione, la questione è propriamente politica, sociale e culturale perché l'islamismo è, per definizione, un'ideologia politica che determina un modo di vita sociale e una cultura. Questo fa si che nella maggior parte dei paesi islamici, l'Islam è religione di stato e fonte principale o, a volte, esclusiva della legislazione. Questo connubio inscindibile tra politica e religione nell'Islam porta ad accusare i governi che hanno introdotto qualche forma di modernizzazione, come la Tunisia, di essere filo-occidentali o addirittura di tradire la fede in Allah.

La Primavera araba accelera i tempi, porta sulla riva Nord la preoccupazione dell'islamismo radicale e migliaia di immigrati che fuggono dalla guerra, che chiedono asilo politico e un minimo di dignità umana.

---

[15] Hamadi Redissi, *L'exception islamique*, Cerès Editions, Tunis 2005, p. 9.

È fin troppo evidente che questa Primavera ha incrociato i destini delle due sponde in modo irreversibile, tranne per coloro che non vogliono vedere.

La sfida dell'islamismo radicale, interna al mondo arabo e portata all'esasperazione grazie alla Primavera sulla riva Sud, è una questione che riguarda anche i dirimpettai dei popoli in rivolta. La riva Nord del Mediterraneo dovrà assumersi il ruolo di mediatrice tra un Occidente che, col suo comportamento alimenta l'islamismo radicale, e la Primavera araba che vuole vincere la battaglia contro questo stesso islamismo. Sono le due facce della stessa sfida. Condividere la sfida significa assumersi delle responsabilità nei confronti di coloro che condividono lo stesso destino mediterraneo; significa mettere in discussione il fondamentalismo economico, rinunciare alle armi, alle guerre, all'ingerenza e alla politica dei due pesi e due misure, ridurre il consumo e l'inquinamento, rivedere la propria egemonia culturale e la pretesa superiorità. Accettare questa sfida vuol dire anche rivedere la propria modernità.

> Se la modernità ha fatto compiere all'umanità passi da gigante nel campo tecnologico e scientifico, ha terribilmente fallito, in quel che è, in ultima analisi, l'indice primo e il vero criterio del progresso umano, cioè il consolidamento della pace. La modernità va di pari passo con il proliferare delle armi, con la violenza, con le disparità di sviluppo[16].

La strada del cambiamento epocale nella regione mediterranea è ormai tracciata. Evolve il pensiero islamico e cambiano i musulmani. Il confronto, a volte anche scontro, tra coloro che sostengono che bisogna islamizzare la modernità e coloro che pensano che occorre modernizzare l'Islam è in una fase avanzata . Molti sono ormai convinti che la laicità non sia la negazione della religione e che è piuttosto l'unica garanzia della libertà di fede.

Sulla riva Sud del Mediterraneo, la rivoluzione politica e sociale è in corso e quella culturale è già avviata ma gli innocenti che cadono ogni giorno in nome dell'Islam sotto le grida di *Allahu akbar* (Dio è grande) e le rivoluzioni arabe impantanate nel dilemma tradizione-modernità e nella dicotomia religione-politica, sono la prova che questa Primavera è solo all'inizio. La sfida continua. La rivoluzione anche.

---

[16] Brondino e Fracassetti, *Dalla rivolta tunisina alla Primavera araba*, p. 245.

In viaggio con Rosi e Visconti nella Sicilia di Verga

Gaetana Marrone
Princeton University

1. Immaginando Verga

Che cosa conta Giovanni Verga per il cinema italiano? L'influsso sul nostro cinema dei letterati del *verismo* (da Verga a Nino Martoglio, Grazia Deledda, Roberto Bracco, e Matilde Serao, fra gli altri) è inizialmente offuscato dall'estetismo dominante di D'Annunzio. Bisogna attendere il neorealismo affinché la tradizione letteraria verista, ed in particolare la narrativa verghiana, diventi punto di riferimento rappresentativo e fonte di identificazione estetica e politica per diversi registi. Gli scritti del narratore siciliano sono di particolare interesse per Luchino Visconti che nel 1948 gira *La terra trema*, liberamente tratto da *I Malavoglia*. Realizzato con la collaborazione di un gruppo di giovani esordienti, il film intreccia in maniera originale elementi storico-sociali, letterari, linguistici, ed espliciti richiami ideologici.[1]

Visconti non fu il solo a interessarsi a Verga e a parlare di un ritorno al realismo. A partire dal 1940-1941, Cesare Zavattini, Giuseppe De Santis, Mario Alicata, Gianni Puccini, Antonio Pietrangeli già avevano pubblicato i loro articoli sulla rivista del regime ‹‹Cinema››, un quindicinale di divulgazione cinematografica diretto da Vittorio Mussolini. In quegli anni si andava sviluppando una tendenza a valorizzare un cinema che puntasse a rappresentare situazioni, personaggi e fatti della vita quotidiana. Si ambiva a riscoprire l'Italia popolare e autentica, a sviluppare un nuovo discorso estetico e insieme politico. Scrivono De Santis e Alicata:

---

[1] Per uno studio esaustivo del film, si veda in particolare *La terra trema di Luchino Visconti: analisi di un capolavoro*, a cura di Lino Miccichè, Torino, Lindau, 1990 (2a edizione 1994). La troupe di Visconti comprendeva Francesco Rosi, Franco Zeffirelli, il fotografo di scena G. R. Aldo (Aldo Graziati) e l'operatore alla macchina Gianni Di Venanzo. Aldo e Di Venanzo, leggendari per la fotografia in bianco e nero e per le soluzioni luministiche d'avanguardia, sono tuttora considerati i migliori direttori della fotografia del cinema italiano successivo, che farà sapiente uso del loro tipo di illuminazione, per lo più a scopi espressivi.

> Giovanni Verga non ha solamente creato una grande opera di poesia, ma ha creato un paese, un tempo, una società: a noi che crediamo nell'arte specialmente in quanto creatrice di verità, la Sicilia omerica e leggendaria dei *Malavoglia*, di *Mastro don Gesualdo*, de *L'amante di Gramigna*, di *Jeli il pastore*, ci sembra nello stesso tempo offrire l'ambiente più solido e umano, più miracolosamente vergine e vero, che possa ispirare la fantasia di un cinema il quale cerchi cose e fatti in un tempo e in uno spazio di realtà, per riscattarsi dai facili suggerimenti di un mortificato gusto borghese.[2]

In *La terra trema*, Visconti si avvicina a questo mondo così alieno dalla sua formazione culturale con l'occhio attento di chi vuole scoprire una realtà che porta i segni d'una violenza sociale atavica. L'ambizione è di affidare lo spettacolo a personaggi autentici, di sposare il tempo del mito classico con quello del presente storico.

La proposta di un cinema corale che sia la spietata critica di una terra dove «la solitudine e le oppressioni deturpano e viziano l'uomo» trova quindi nella grande lezione di Verga l'asse portante di tutto il suo universo poetico.[3] Saranno proprio gli intellettuali di *Cinema* a proporre un'arte rivoluzionaria che portasse la macchina da presa in mezzo alla gente, nelle strade. Ma a Visconti si deve attribuire l'esemplare assimilazione dello spirito profondo del messaggio verghiano. Questo saggio ripercorre l'avventura viscontiana in Sicilia nella geografia del viaggio iniziatico. Nei ricordi di Francesco Rosi, si ricostruiscono le ragioni, le intenzioni, e tutti i particolari di un metodo di lavorazione che farà storia.

2. Un brano di *cronaca* paesana:
Il viaggio dell'autore in uno scenario primitivo e violento

L'idea di una traduzione del romanzo verghiano traspare già nello scritto *Tradizione e invenzione*, uscito nel 1941 con disegni di Renato Guttuso. Visconti interviene sulla polemica dei rapporti tra letteratura e cinematografo, auspicando un ritorno alle grandi costruzioni narrative dei clas-

---

[2] Giuseppe De Santis-Mario Alicata, «Verità poetica: Verga e il cinema italiano», *Cinema*, VI, n. 127, 10 ottobre 1941, p. 217.
[3] La citazione è tratta dall'articolo di Giuseppe De Santis, «Il linguaggio dei rapporti», *Cinema*, VI, n. 132, 25 dicembre 1941, p. 388.

sici del romanzo europeo, la fonte più vera d'ispirazione. «Con la testa piena di questi pensieri», confessa,

> ... girando un giorno per le vie di Catania e percorrendo la Piana di Caltagirone in una mattina sciroccosa, m'innamorai di Giovanni Verga.
> A me, lettore lombardo, abituato per tradizionale consuetudine al limpido rigore della fantasia manzoniana, il mondo primitivo e gigantesco dei pescatori di Aci Trezza e dei pastori di Marineo era sempre apparso sollevato in un tono immaginoso e violento di epopea: ai miei occhi lombardi [...] la Sicilia di Verga era apparsa davvero l'isola di Ulisse, un'isola di avventure e di fervide passioni, situata immobile e fiera contro i marosi del mare Ionio.
> Pensai così ad un film su *I Malavoglia*. Da quando ho deciso di non scartare questo pensiero come il frutto improvviso di una commozione solitaria, ma di cercare in tutti i modi di realizzarlo, gli intimi dubbi, i suggerimenti della prudenza, il conto delle difficoltà hanno sempre ceduto dinanzi all'entusiasmo di poter dare una realtà visiva e plastica a quelle figure eroiche che hanno del simbolo tutta la forza allusiva e segreta senza averne l'astratta e rigida freddezza.[4]

Visconti sembra ancorato ad una visione prettamente letteraria della realtà. La suggestione del romanzo verghiano è tutta nell'intimo ritmo musicale, «un ritmo che dà il tono religioso e fatale dell'antica tragedia a questa umile vicenda della vita d'ogni giorno, a questa storia fatta apparentemente di scarti, di rifiuti, di cose senza importanza, a questo brano di "cronaca" paesana».[5] Nota il critico Gianni Rondolino che l'incontro del regista con Verga si prospetta come un viaggio dell'io estetizzante.[6] Ma le trattative con gli eredi dello scrittore siciliano, per l'acquisto dei diritti cinematografici, si rivelano così estenuanti da fare accantonare il film sognato su *I malavoglia*.

Tra l'ipotesi di un adattamento del romanzo e la sua realizzazione postbellica passano sei anni. Nel frattempo Visconti lavora ad altri soggetti di opere verghiane, grazie soprattutto alla stretta collaborazione con

---

[4] Luchino Visconti, «Tradizione e invenzione», in *La terra trema: un film di Luchino Visconti dal romanzo* I Malavoglia *di Giovanni Verga*, a cura di Sebastiano Gesù, Lipari, Edizioni del Centro Studi, 2006, pp. 269-270. Pubblicato originariamente in AA.VV., *Stile italiano nel cinema*, Milano, Daria Guarnati, 1941, pp. 78-79.
[5] Ivi.
[6] Gianni Rondolino, *Visconti*, Torino, UTET, 1981, p. 93.

Alicata e Pietro Ingrao.[7] Un sodalizio, questo, per lui formativo anche sotto l'aspetto politico e ideologico. Quando si presenta l'opportunità di realizzare il progetto, lo schema narrativo di *I Malavoglia*, frutto di un lungo lavoro collettivo, guida l'operazione di presa diretta sperimentata dal regista con il contributo corale dei pescatori di Aci Trezza. Il 10 novembre 1947 iniziano le riprese di *La terra trema*, che si protraggono fino al 26 maggio 1948. Dopo una pausa dedicata ad impegni teatrali, Visconti può confrontarsi con quello «scenario favoloso e magico dove le parole e i gesti dovranno avere il religioso rilievo delle cose essenziali alla nostra umana carità».[8] Si affida al linguaggio delle immagini come forma di conoscenza di quella terra primitiva, riuscendo a superare ogni barriera di separazione linguistica e sociale. Visconti fissa con splendide inquadrature brani di vita vissuta, di passioni intense. Usa la profondità di campo in modo drastico. Obbliga il direttore della fotografia, G.R. Aldo, al suo primo film, a diaframmi dell'ordine di 8, 11 in interni, e a due obiettivi (il 25 e il 28) che erano considerati estremi. Con la magia delle sue lampade, Aldo scolpisce volti, ambienti e paesaggi, colti dal vero in maniera rivoluzionaria. Era una rivoluzione che sfidava l'egemonia delle luci e degli obiettivi usati dal cinema hollywoodiano e europeo del tempo.[9] La fotografia gioca un ruolo fondamentale per capire meglio il mondo povero che abitano i pescatori acitrezzani.

La terra trema segna il punto di arrivo di quel processo di trasformazione che il cinema italiano stava sperimentando, nelle tecniche e nei contenuti, durante gli anni quaranta. Concepito come il primo episodio di una grande trilogia (da qui il sottotitolo *Episodio del mare*), il film si

---

[7] Ivi, pp. 94-99. *L'amante di Gramigna* costituisce il soggetto della prima sceneggiatura viscontiana, a cui seguono i trattamenti di *Jeli il pastore* e *Rosso malpelo*. Il gruppo di sceneggiatori che gravitavano intorno a Visconti nel periodo 1941-1948, è passato alla leggenda per il gran numero di treatments, proposte e progetti scritti, e mai tradotti in film. Tra questi, Michelangelo Antonioni e politici di professione come Antonello Trombadori, Maurizio Ferrara e Franco Calamandrei. Ricorda Carlo Lizzani che già nel 1947 il gruppo si era disperso, e così per *La terra trema* Visconti si arrischiò quasi da solo, anche perché il film inizialmente doveva essere un documentario di natura elettorale. Carlo Lizzani, *Attraverso il novecento*, Torino, Lindau, 1998, p. 163.

[8] Visconti, «Tradizione e invenzione», p. 270.

[9] Gli obiettivi più usati erano il 32, il 35, il 40 e, per i primi piani, il 75. Il 25 e il 28, scelti da Visconti, danno una maggiore profondità di campo in sé, e aiutano attori non professionisti a muoversi liberamente nell'ambiente. Si ottiene una messa a fuoco già da un metro circa a infinito.

rivela, nelle parole di Gian Piero Brunetta, come «un grande viaggio di catabasi-un ritorno alle origini, una discesa alle radici della cultura popolare nazionale».[10]

3. UN FILM COMUNISTA CON I DENARI DEI DEMOCRISTIANI

All'inizio, Visconti progettava di fare tre documentari: uno sui pescatori, uno sui contadini ed uno sui minatori. Tutti e tre in Sicilia, su aspetti diversi della stessa lotta titanica degli uomini contro la violenza delle forze naturali e le avversità delle cose. Ha un piccolo finanziamento (sei milioni) dal produttore Alfredo Guarini, per conto del Partito Comunista su proposta di Antonello Trombadori. Quando i soldi finirono, Visconti dovette trovarne altri, e non più dal PCI. Vende gioielli e azioni di sua proprietà, finché l'architetto Salvo D'Angelo interviene e finanzia il film per l'Universalia, con garante il Banco di Sicilia. Mentre il regista lavora alle riprese del film, si profila un clima di restaurazione in Italia che avrebbe portato alla sconfitta elettorale del Blocco del Popolo il 18 aprile 1948. È il trionfo della Democrazia Cristiana e della destra conservatrice. La militanza di sinistra passa all'opposizione.

Ai primi di settembre del 1947, Visconti comunica all'ispettore di produzione, Claudio Forges Davanzati, che il film avrebbe dovuto avere «il tono e il significato di un *pamphlet sociale*».[11] Ma, il documentario da girarsi in Sicilia subisce modifiche nelle settimane a venire, perché il regista comincia a rivisitare le sue fonti culturali, attingendo sempre più a *I Malavoglia*. Quando a novembre iniziano le riprese, la composizione della troupe è molto ridotta (appunto quella per un documentario), e buona parte non ha mai fatto cinema. Non c'è un piano di lavorazione (perché non c'è sceneggiatura) e neanche un preventivo. Visconti ha portato con sé solo degli appunti. «Per chi pensava al cinema in termini di professione», ammette Rosi, «quella de *La terra trema* sarebbe stata un'avventura pericolosissima destinata a terminare in una catastrofe finanziaria».[12]

---

[10] Gian Piero Brunetta, «Cinema, The Leading Art», in *The Italian Metamorphosis 1943-1968*, a cura di Germano Celant, New York, Guggenheim Museum, 1994, p. 443.

[11] Citato in Lino Micciché, *Luchino Visconti: un profilo critico*, Venezia, Marsilio, 1996, p. 17. Il corsivo è mio.

[12] Francesco Rosi, «*La terra trema*, una felice ed esaltante avventura», in *La terra trema*, a cura di Gesù, p. 13. Il saggio fu pubblicato come «Introduzione» a Luchino Visconti, *La terra*

Anche Visconti sa che il viaggio che sta per intraprendere in Sicilia lungo la strada aperta da Verga, assieme a compagni di strada molto diversi, è rischioso e pieno di ostacoli. Sa inoltre, come scrive al suo montatore Mario Serandrei alla fine del 1947, di doversi impegnare a «dire qualche cosa di nuovo»:

> Il film è tutto girato non solo con personaggi veri, ma su situazioni che si creano lì per lì, di volta in volta, seguendo io soltanto una leggera trama che si viene, per forza di cose, modificando man mano. I dialoghi li scrivo a caldo con l'aiuto degli stessi interpreti, vale a dire chiedendo loro in quale maniera istintivamente esprimerebbero un determinato sentimento e quali parole userebbero. Da questo lavoro nascono dunque i dialoghi ed il testo mantiene di conseguenza un tono non letterario e autentico che mi sembra assai prezioso. [...]
> Non è esatto invece quando tu dici che non esiste il soggetto. Il soggetto esiste e come! È la vita di questa gente - le loro difficoltà, la loro lotta che si chiude quasi sempre in perdita, la loro rassegnazione.[13]

Per i pescatori, il film è la più clamorosa avventura, vissuta dapprima in diffidenza, poi con curiosa partecipazione. Conferma il giornalista Enzo De Bernart: «Ormai per Acitrezza la "pellicola" è diventata vita quotidiana. Considerano Visconti come qualcosa di mezzo tra l'onnisciente e il pazzo, con sfumature di mecenatismo».[14] Andando a ritroso nella memoria, Rosi descrive una tipica giornata di lavorazione, mettendo in risalto l'abilità e la professionalità del regista nel coordinare gli elementi offerti dalla realtà circostante:

> La piazza si animava. Controllo rapido di abiti, barbe, capelli; magari ciascuno si era raso perché la moglie la sera prima glielo aveva imposto; qualcun altro si era vestito diversamente di come serviva per la scena, aveva prestato gli stivaloni e il passamontagna o la giacca impermeabile al cugino che era andato a pescare; raggruppamento degli equipaggi di scena intorno a ogni barca mentre ognuno tendeva invece

---

trema, Bologna, Cappelli, 1977, pp. 7-17; ristampato come «En travaillant avec Visconti. Sur le tournage de *La terra trema*», *Positif*, n. 215, febbraio 1979, pp. 34-38.
[13] La lettera è riprodotta parzialmente in Mario Serandrei, «Lettere dalla Sicilia», in *Bianco e Nero*, IX, n. 1, marzo 1948, p. 50.
[14] Enzo De Bernart, «Luchino pazzo di Acitrezza» in *La terra trema*, a cura di Gesù, p. 279. Apparso originariamente in *Schermi*, I, n. 1, 1948.

a mettersi nella "sua" barca, quella per il lavoro nella vita. [...] e qua mancava la rete sistemata al posto giusto sulla prua o sulla poppa; e là un pescatore che doveva indossare per raccordo un grembiulone di incerata se lo era tolto; e là ancora, i ragazzi si erano scambiati i posti fra loro... Ma l'alba fa presto a venire e Visconti era già lì da un pezzo, dietro la macchina da presa, chiuso in un impermeabile chiaro, il cappelletto militare di lana verde della quinta armata americana ficcato in testa. Mi reclamava al mio posto, dietro le macchine, pronto a rispedirmi con un urlo—non c'erano walkie-talkie e si faceva tutto a correre—a sistemare il passamontagna a uno e a correggere il movimento di un altro. Quando tutto era pronto, si girava il rientro delle barche dalla pesca notturna: un concentrato di movimenti di mare, rintocchi di campana da terra, voci dalle barche annuncianti l'esito della pesca e voci in risposta dal molo, dei grossisti e dei rivenditori. Una magia che durava qualche minuto. Poi, tutto da capo.[15]

La bella testimonianza autobiografica di Rosi tradisce un senso di conquista ininterrotto nel ricreare situazioni e condizioni che modifichino l'esperienza individuale in avventura collettiva. A chi parla di realismo pittorico dopo la presentazione del film alla Mostra Internazionale d'Arte Cinematografica di Venezia il primo settembre del 1948, Visconti obietta: «I siciliani assumono facilmente degli atteggiamenti o degli aspetti un po' figurativi. L'inquadratura delle due ragazze alla finestra, ad esempio. Modigliani? Ma erano loro che si erano messe così! Ed era la loro casa, la loro finestra... No, io ho pensato solo e sempre a Verga».[16]

Nella scelta complessiva di regia, *La terra trema* valorizza la potenzialità dei pescatori di assurgere a protagonisti della propria storia. Il fatalismo dei personaggi verghiani ha lasciato ormai il posto ad una più moderna coscienza dello sfruttamento sociale e dell'isolamento di chi, come 'Ntoni Valasco, si impegna nella battaglia. Un film comunista, diranno alcuni, ma di un borghese degenere che lo aveva finanziato con i denari democristiani (l'Universalia di D'Angelo aveva sede in Vaticano).[17]

---

[15] Rosi, *La terra trema*, p. 17.
[16] Gian Luigi Rondi, «Il primo Visconti», in *La terra trema*, a cura di Gesù, pp. 282-283. L'intervista del 21 gennaio 1976 è stata pubblicata in Gian Luigi Rondi, *Il cinema dei maestri*, Milano, Rusconi Editore, 1980.
[17] Vedi De Bernart, «Luchino pazzo di Acitrezza», p. 280. La critica, tranne pochi, espresse molte riserve; anche quella di sinistra ostentò contrasti e dissensi. A Venezia *La terra trema* provoca un'aperta contestazione e insulti personali a Visconti, costretto a lasciare il Palazzo

4. AL SEGUITO DI UN CAPITANO CORAGGIOSO

Visconti ha come ideali compagni di viaggio Francesco Rosi e Franco Zeffirelli, che si fanno le ossa sul set di *La terra trema* e per anni metteranno tutte le proprie risorse inventive al servizio di Visconti: sono di nuovo suoi assistenti per *Bellissima* (1951) e *Senso* (1954).

Ad Aci Trezza i due aiuto registi hanno incarichi ben definiti. Rosi è responsabile della coordinazione del set, dei movimenti di primo piano davanti alla macchina da presa, e della redazione dei diari di lavorazione dove si registravano i raccordi di scena, di costume, di azioni e gesti: ogni singola inquadratura doveva essere raccontata e descritta;[18] Zeffirelli invece ha avuto affidata la preparazione complessiva degli "attori" presi fra gli abitanti del posto, dall'abbigliamento alla ripetizione dei dialoghi. La dinamica dei rapporti fra gli assistenti e Visconti affascina per il fatto che ci ha dato interventi alquanto dissimili, indice di due personalità di grande talento ma sostanzialmente autonome.

A anni di distanza, scrive Zeffirelli, con una certa nota polemica sul compito designatogli, smantellando l'intero progetto viscontiano «dell'assoluto verismo»:

> Presto mi resi conto che l'intero concetto del neorealismo era alla fine irrealizzabile, ed era in totale contraddizione con l'Arte della Rappresentazione che richiede il contributo decisivo di "artisti della recitazione", gli attori insomma.
>
> Senza il contributo determinante degli attori, il neorealismo era destinato a un sicuro fallimento, e penso che anche Luchino lo sentisse pur non facendo nessuna concessione, anzi, insistendo disperatamente a ri-

---

del Cinema dopo la proiezione sotto scorta della polizia. Qui non si intende entrare nel merito di questa critica, in molti aspetti compatta per anni. Basti un esplicito riferimento a Flaiano che scrive su *Il Mondo*, quando *La terra trema* esce a Roma nel 1950: «Il film risulta alla fine un sapiente ricamo, forse un ex voto. Dove Verga sconsolatamente non vedeva soluzioni, Visconti sembra vedere una soluzione economica che accantona la tragedia originale dell'uomo, la tragedia di Sisifo, per ridurre la storia di padron 'Ntoni ad una vertenza quasi sindacale». Ennio Flaiano, «La terra trema», in Gian Piero Brunetta, *Spari nel buio. La letteratura contro il cinema italiano: settant'anni di stroncature memorabili*, Venezia, Marsilio, 1994, p. 119.

[18] I *Diari*, con i disegni originali, e i *Quaderni dei raccordi* di *La terra trema* sono depositati alla Cinémathèque Française. I primi sono stati pubblicati come Francesco Rosi, «Diari di lavorazione del film», in Gesù, pp. 57-128.

cercare la verità assoluta. Lui poi, grande uomo di teatro com'era, stava vivendo una penosa contraddizione. E io continuavo a chiedermi fino a che punto la realtà possa essere reale, fino a che punto si possano spingere i limiti della verità e della simulazione per sembrare assolutamente veri.[19]

In effetti, anche se molto attenta, la morfologia delle differenze emerse con Visconti colpisce perché limitata a inquadrare *La terra trema* nell'ambito di un'esperienza artisticamente (e politicamente) fallita:

> Il risultato, ahimè, ci regalò due ore e quaranta minuti di cinema molto diseguale, bello per molti versi, sempre egregiamente girato e fotografato, ma che purtroppo aveva mancato tutti i suoi obiettivi. Con la miglior volontà del mondo, i sostenitori di Luchino poterono al massimo lodarlo con riserve. Quando portammo il film al festival di Venezia ci fu battaglia, una vera battaglia, ma alla fine fu decisamente un fiasco.[20]

Dal tirocinio viscontiano, Zeffirelli apprende il gusto estetico per la messa in scena che esalta recitazione e scenografia. Come regista teatrale e d'opera è già considerato l'ideale successore del maestro quando dirige il primo film, *Camping* (1958), un non memorabile esordio di genere comico-turistico-erotico che provoca l'indignazione dell'elitario clan di Visconti.[21] Nel 1994, dopo aver portato in scena con lusinghiero successo di critica *Cavalleria rusticana* e *La lupa* (con un'impareggiabile Anna Magna-

---

[19] Franco Zeffirelli, *Autobiografia*, Milano, Mondadori, 2006, p. 126. Visconti contraddice il senso di incertezza, sull'approccio creativo propostosi, di cui parla Zeffirelli. Ad esempio, dichiara che il risultato ottenuto con i personaggi veri di Aci Trezza avrebbe richiesto molto più tempo di prove con gli attori professionisti. Si veda, Jacques Doniol-Valcroze-Jean Domarchi, «Entretien avec Luchino Visconti», in *Cahiers du cinéma*, IX, n. 93, marzo 1959, pp. 1-10.

[20] Zeffirelli, *Autobiografia*, p. 128. Pochi i riferimenti a *La terra trema*, spesso adombrati dal rapporto personale con Visconti, che ii giovanissimo Franco aveva incontrato in teatro nel 1945. Più ricco di dettagli è il saggio scritto per il volume dell'Associazione Philip Morris, F. Zeffirelli, «Come un toscano insegnò il siciliano per conto di un lombardo», in *La terra trema di Luchino Visconti*, a cura di Micciché, pp. 27-31.

[21] A detta dello stesso regista, il grande clan viscontiano «sventolava orgogliosamente come trofeo il film con cui Franco Rosi aveva fatto il suo debutto nel cinema: IL bandito Giuliano. Un film che mi era molto piaciuto e che tutti mi sollecitavano a tenere ben presente, come l'esempio di un degno debutto per un allievo di Visconti». Zeffirelli, *Autobiografia*, p. 177. Di fatto il film è *La sfida*, non *Salvatore Giuliano*, che è il terzo film diretto da Rosi.

ni), dirige una versione cinematografica di *Storia di una capinera*, il romanzo verghiano che aveva da sempre voluto portare sul grande schermo.

Diverso l'atteggiamento di Francesco Rosi, per il quale Visconti è mentore e padre spirituale leggendario, l'autore che ha maggiormente influenzato la sua estetica personale. L'esperienza professionale maturata sul set di *La terra trema* è un'irrepetibile lezione, di regia e di vita:

> Visconti era un vero maestro, e dava un'importanza enorme al proprio ruolo di didatta. Insegnava a fare cinema a noi, e contemporaneamente lo insegnava a se stesso, perché a quell'epoca aveva fatto solo un film. Ma il suo carattere, la sua personalità orgogliosa e forte non gli avrebbero mai permesso di mostrare dubbi o incertezze, Per cui, richiedendo a se stesso questo tipo di disciplina, di rigore e di sforzo, li richiedeva anche agli altri.
>
> Per quanto mi riguarda, quella è stata la mia Scuola. [...] quel modo di lavorare non esisteva assolutamente nel cinema italiano di allora.[22]

Rosi impara anche il dialetto siciliano, ed a lui sarà delegata la supervisione del doppiaggio dei dialoghi in italiano standard, su cui si basa la sceneggiatura del film trascritta a posteriori. Questo compito lo impegna per la maggior parte del 1949.

La natura del realismo epistemologico di Rosi deriva da questa «avventura sperimentale» vissuta con Visconti.[23] Il regista partenopeo così descrive il loro primo incontro a Roma nel 1947:

> A presentarci fu Giuseppe Patroni Griffi: e Visconti, che amava molto dare incarichi a giovani che poi dovessero inventarselo il lavoro, mi prese con sé. Entrai in quella baracca di pochi fedelissimi al seguito di questo capitano coraggioso, che aveva, dalla sua, tutto: bellezza, intelligenza, denaro, aristocrazia, generosità, crudeltà. [...] In sei mesi di lavorazione ad Aci Trezza, mentre lo guardavo lavorare, adorante, spaventato, ho imparato la base fondamentale di quello che so. Ma Visconti mi ha rovinato. Fu allora che mi convinse definitivamente al suo princi-

---

[22] Franco Rosi, «L'avventura viscontiana di Aci Trezza», in *La terra trema di Luchino Visconti*, a cura di Micciché, p. 23.
[23] Ivi.

pio di fondo: Diceva «aspetta a fare il tuo film quando la scelta che hai fatto è così tua che ti deve far male lo stomaco, ogni volta che ci pensi».[24]

Che questo principio di vita lo mantenga con coerenza si può vedere dando una scorsa ai titoli della sua filmografia. Ancora oggi quello che colpisce di più della carriera di Francesco Rosi è che è riuscito a fare solo i film che gli hanno fatto «far male lo stomaco».[25]

Dieci anni dopo Rosi debutta con *La sfida* (1958), film che si colloca in un quadro di rinnovamento e continuità nell'ambito della tradizione neorealista, anticipando gli elementi di una metodologia di lavoro che parte dai fatti per rivelare il mondo culturale che vi sta dietro. Un approccio «documentato» al soggetto, che consiste nella capacità del regista di usare i vari materiali e documenti, adattandoli alla propria poetica.[26] *La sfida* prende spunto da un episodio di cronaca nera della Napoli camorrista (il famoso caso di Pupetta Maresca); è girato interamente *on location*, con molti attori non professionisti. Il lungo apprendistato con Visconti aveva convinto Rosi di essere dotato dell'immaginazione necessaria per confrontarsi, stilisticamente e contenutisticamente, con un suo progetto cinematografico. Fanno parte dei quadri tecnici, i suoi ex-compagni di viaggio Gianni Di Venanzo, Mario Serandrei, e la sceneggiatrice Suso Cecchi d'Amico.[27]

---

[24] Raffaella Carretta, «Francesco Rosi: *"Mi ha rovinato quel genio di Visconti"*», in *Epoca*, 16 aprile 1987, p. 39. Oltre agli scritti già riportati, Rosi ricorda il suo apprendistato con Visconti in «Ora la terra trema di dolore», in *Tempo*, 28 marzo 1976, pp. 60-61; «Il 'mio' modo di fare cinema», in *La Città nuova* (Padova), X, n. 6, 1996, pp. 103-110. Si vedano anche, Giuseppe Ferrara, *Francesco Rosi*, Roma, Editrice Nanni Canesi, 1965, pp. 39-41; Eugenio Scalfari, «La ricerca multipla del regista: intervista con Francesco Rosi», in Francesco Rosi e Eugenio Scalfari, *Il caso Mattei: un 'corsaro' al servizio della repubblica*, Bologna, Cappelli, 1972, pp. 80-82; Aldo Tassone, *Parla il cinema italiano*, I, Milano, Il Formichiere, 1979, pp. 280-281; Michel Ciment, *Le Dossier Rosi*, Paris, Ramsay, 1987, pp. 112-114.

[25] Rosi stava preparando un saggio su *I Malavoglia* per l'ammissione al Centro Sperimentale di Cinematografia. Sostituisce un vecchio amico, l'attore Achille Millo, inizialmente scelto come uno degli assistenti per il documentario da girare in Sicilia. Per la sua troupe, Visconti cercava, infatti, anche un meridionale. «È stata», racconta Rosi, «un'esperienza fondamentale per me, quel contatto con la realtà, la realtà di un piccolo villaggio in Sicilia, con veri pescatori che diventano i nostri attori». Intervista personale col regista, 10 dicembre 1999.

[26] Si veda Francesco Rosi, «Documentario? No, film documentato», in *L'Unità*, 1 agosto 1999, p. 21.

[27] La Cecchi d'Amico, che collabora anche alle sceneggiature di *I magliari* (1959) e *Salvatore Giuliano* (1962), conferma che Rosi «deve tutto alla scuola di Visconti il quale, maestro

È anche interessante notare che fu proprio Visconti a fare da intermediario con la Lux, affinché il proprio assistente potesse esordire nella regia. In un'intervista degli anni ottanta, Rosi racconta:

> È nato da *Senso* lo scatto che mi ha consentito di poter fare il regista in prima persona. Giravo alcune scene di massa in Trastevere... ad un certo momento arrivò sul set Gualino, cioè colui che impersonava la Lux Film: me lo ricordo come una sorta di condor, magro, pallido, ossuto, frutto di un'alimentazione di sola verdura e acqua minerale, uno che al solo vederlo ti incuteva rispetto. Anche Visconti incuteva rispetto perché era serio, di una serietà quasi bacchettona... Accanto a Gualino c'era l'ingegner Gatti, sempre della Lux. Videro un paio di inquadrature e si complimentarono con Visconti. E lui con un gesto disse «dovete complimentarvi con il mio assistente, è lui che ha fatto tutto». Da qui la chiamata dell'ingegner Gatti: mi chiese se avevo qualche idea per un film che avrei potuto dirigere in persona.[28]

La sfida attesta a una indubbia lezione viscontiana, una lezione che si esprime attraverso un metodo di lavorazione che esercita un indiscutibile controllo sul piano organizzativo e cinematografico, simile a quello del maestro. Guidato da ciò che chiama «la bellezza del rigore»,[29] Rosi vede il regista come un tiranno benevolo, ispirato dal desiderio di canalizzare l'energia creativa attraverso professionalità e severità; qualcuno che si aspetta sul set la massima dedizione, coerenza e responsabilità: «Visconti ha insegnato a me e a Franco Zeffirelli l'importanza dell'intervento totale sulle cose, nel senso che il regista deve sapere tutto, deve essere all'origine di tutto, deve controllare assolutamente tutto».[30] Per Rosi, l'esperienza neorealista di un Rossellini, De Sica o Visconti, ci ha insegnato come l'artista possa diventare testimone del proprio tempo con tempestività e rigore morale, di cui la forma estetica è tutt'altro che un'appendice esteriore, ma parte integrante dei contenuti.

---

inflessibile, gli ha fatto proprio sputare sangue». Suso Cecchi D'amico, *Storie di cinema (e d'altro) raccontate a Margherita d'Amico*, Milano, Garzanti, 1996, p. 88.
[28] Anna Maria Mori, «Rosi: "Mi ha insegnato la bellezza del rigore"», in *la Repubblica*, 15 marzo 1986, p. 23.
[29] Ivi.
[30] Ivi.

5. Eredità e esempio

L'avventura di *La terra trema*, così raccontata, attribuisce a Visconti l'investitura di Autore e Maestro, il rappresentante ideale per una generazione di giovani in evoluzione. Negli anni cinquanta si registra, infatti, l'emergere di un gruppo di nuovi registi, dotati di forte personalità e di esperienza professionale maturata durante un intenso periodo di apprendistato. Il viaggio in Sicilia di Rosi è la tappa iniziatica di una carriera di grande affermazione. Erede luminoso di una grande scuola di cinema.

Nel 1994, quando *La terra trema* viene restaurata e riportata al suo originale splendore sotto la guida di Giuseppe Rotunno (il direttore della fotografia di molti capolavori di Visconti), Rosi viene chiamato a fare da consulente. Per l'occasione, un giornalista gli chiede se gli è mai capitato di ritornare ad Aci Trezza. La risposta è inequivocabile: «Solo un paio di volte, e confesso che mi ha fatto orrore. Ricordavo un paesino di pescatori, un villaggio bellissimo. Ora è un qualsiasi centro di turismo balneare, caciarone e un po' volgare, irriconoscibile. E coloratissimo. Io ce l'ho in testa in bianco e nero. Voglio che mi resti dentro così».[31] Il mitico ed esemplare microcosmo dei personaggi veri di Visconti ha perso di identità, per cui non vi riconosce le tracce di un viaggio aperto agli incontri e alle situazioni più imprevedibili; un viaggio aperto a tutte le possibili esperienze artistiche e ideologiche.

---

[31] Paolo Conti, «A scuola da Visconti», *Sette* [1994], p. 112. Archivio personale del regista.

Il riflesso della cultura mediterranea nel mondo paremiologico italiano e spagnolo

Luisa A. Messina Fajardo
Università di Roma Tre

Introduzione

In questo lavoro ci prefissiamo l'obiettivo di svelare alcuni aspetti della cultura mediterranea attraverso un approccio fraseologico e paremiologico e riflettere su questi aspetti «segreti» di un mondo che ci è consueto per tanti altri motivi.

Le Unità Fraseologiche (UF) italiane e spagnole ci parlano della cultura mediterranea. Si tratta di una cultura che entrambe le lingue condividono per motivi non solo di prossimità geografica. Proprio questa vicinanza che accomuna le due penisole del Mediterraneo, Iberica e Italica, fa sì che aspetti culturali, storici, sociolinguistici, letterari, religiosi, gastronomici, persino giuridici, siano di dominio comune. In generale sappiamo che l'approccio fraseologico e paremiologico è un metodo valido per sviluppare lo studio di una cultura, di una società, di una popolazione poiché ci permette di raggiungere, come sostiene Forgas (1996: 17), «una visión globalizadora de la historia y de la vida de un pueblo». Nel nostro caso, il dato è verificabile anche empiricamente.

Bisogna qui ricordare che gli studi che mettono in evidenza il valore etnografico delle paremie e della sua importanza nell'indagine di aspetti culturali di una comunità sono diversi, così come sono molteplici gli studi che analizzano in modo contrastivo le culture e le interculturalità attraverso le strutture di carattere sentenzioso (Sevilla: 1988, 1998, 2004,2007, 2008; Conde Tarrío: 2008; García Gelo: 2006)

Il nostro approccio, in questa occasione, sarà anche contrastivo[1]: metteremo a confronto (attraverso la traduzione delle UF) entrambe le lingue per cogliere le somiglianze ma anche le differenze culturali tra i pae-

---

[1] A riguardo si veda Carmen Navarro, *Aspectos de fraseología contrastiva. Español-italiano*. Edizione Fiorino, Ispanica, Verona, 2008, pp. 75-92.

si che esse rappresentano: le due lingue si sono infatti costituite come sintesi culturale originale costruite storicamente condividendo il contesto del Mare Mediterraneo che le rende simili e diverse insieme; non si tratta, comunque, di analizzare fattori né testuali né pragmatici, essendo questo l'analisi di un corpus estrinseco, cioè non contestualizzato[2], ma l'obbiettivo è quello di cercare di cogliere identità culturali attraverso le costruzioni fraseologiche.

L'approccio fraseologico, e soprattutto paremiologico, nella nostra analisi, pretende recuperare, analizzare, definire scientificamente le UF e le paremie, ovvero le strutture di carattere sentenzioso che si caratterizzano per il loro carattere breve, stabile, e che conformano l'universo sapienziale di una popolazione. Sevilla e Cantera a proposito del «refrán», ma vale anche per tutte le paremie di carattere popolare, affermano che esso si caratterizza per possedere una struttura che ha come elementi distintivi la brevità, diversi gradi di stabilità e di idiomaticità, una tematica di carattere generale e pratico, uno schema ritmico, una disposizione quasi sempre bimembre, in cui emerge la presenza di elementi mnemotecnici, un lessico semplice e la eventuale presenza di arcaismi e di volgarismi (Sevilla e Cantera, 2008[2002]: 19).

In modo particolare vogliamo prendere in esame, quindi, le paremie di carattere popolare ('refranes', proverbi, frasi proverbiali, wellerismi); viceversa non saranno qui analizzate le paremie di carattere colto (aforismi, massime). Sono le paremie popolari quelle che maggiormente mettono allo scoperto la vera anima, lo spirito, la vitalità di un popolo, nonché il proprio universo culturale, vale a dire le tradizioni, il passato, la storia di una collettività.

In questa sede intendo studiare anche un altro genere di fraseologismi, cioè le locuzioni (verbali, avverbiali, aggettivali), le quali si caratterizzano per la loro indole stabile, per l'alto grado di idiomaticità, per il loro carattere metaforico, il cui significato è riconosciuto dai parlanti di una stessa lingua, poiché sono strutture fisse che non si elaborano durante la conversazione o atto comunicativo, ma si ereditano grazie alla loro ripetizione di generazioni in generazioni. È chiaro che la lingua ha un valore

---

[2] Per questo genere di approccio si veda M. J., Barsanti Vigo, *Los refranes en El Quijote. Estudio lingüístico y literario*, en J. Sevilla, Mª T. Zurdo y C. Crida (eds.), *Los refranes y El Quijote*. Atenas: Takalós keímena, 2008, pp. 49-72.

culturale aggiunto che per questioni ovvie non si può far a meno di accettare e riconoscere.

1. SOMIGLIANZA CULTURALE: APPROCCIO ETNOLINGUISTICO

L'antropologa Mercedes Fernández-Martorell, nel suo saggio *La Semejanza del Mundo* (2008), studia le culture e le somiglianze che le accomunano. L'autrice sostiene che gli essere umani, rappresentanti di diverse culture, elaborano delle strategie per poter sopravvivere, che poi vengono custodite e tramandate; nel fare ciò, cioè nell'ideare il modo di organizzarsi, creano cultura. L'uomo, quindi, elabora strategie per vivere e sopravvivere e poi le trasmette di generazione in generazione sotto forma di ricette e norme che vengono assorbite collettivamente e che riguardano il modo come ci si rapporta in una collettività, per cui quando esercitiamo tutte quelle pratiche che rendono possibile la nostra sopravvivenza, stiamo ricreando una maniera di vivere che è condivisa. Generiamo così la nostra logica nel relazionarci usando le regole ideate e gestite da noi stessi.

Possiamo affermare che le paremie sotto la rubrica di «ricette filosofiche» minimali sono condivise collettivamente e guidano da sempre la nostra convivenza. L'etnolinguistica ha dimostrato il nesso esistente tra lingua e cultura, evidenziando, inoltre, che il modo di pensare di ogni comunità determina la creazione del lessico e il funzionamento di tutto il sistema linguistico. Questo sistema rende eterno (o meglio, di lunga durata) il pensiero comune e lo trasmette alle nuove generazioni. L'Etnolinguistica, quindi, ci consente di dimostrare attraverso l'uso dei «refranes» e altre formule paremiologiche, il valore indiscusso della lingua per riflettere, riprodurre, conservare e trasmettere la cultura di un popolo, di una collettività più o meno omogenea e ampia; in modo particolare ciò investe la vita quotidiana, cioè «la cultura material de la sociedad de fijación» (Forgas 1993: 35).

Le paremie costituiscono, in tal senso, uno straordinario mezzo per capire il modo di essere, per penetrare nella cultura, nelle *vivencias* degli esseri umani, per comprendere le abitudini di una società, al tempo stesso guidano i comportamenti fin dalla nascita senza neppure esserne cosciente. Per dar credito a quanto detto, pensiamo all'importanza che in passato hanno avuto i proverbi meteorologici che guidavano le azioni dell'uomo quotidianamente, quando non esistevano i mezzi tecnologici di oggi per pronosticare i movimenti climatici e metereologici. Nell'esempio che segue si diagnostica il tempo e l'avvicinarsi della bufera che può essere favorevole (se si verifica a novembre), oppure sfavorevole per l'esercizio dell'agricoltura stagionale:

> Si en noviembre oyes que truena, la cosecha será buena
> Se di novembre tuona, l'annata sarà buona

Anche la paremia che segue è di carattere meteorologico; segnala che quando fa buon tempo a marzo, farà brutto tempo a maggio. In italiano la paremia allude al mese di aprile, non a quello di maggio, infatti a causa della conformazione orografica del territorio si teme di più l'instabilità del mese di aprile piuttosto che quello di maggio, come accade invece in Spagna:

> Cuando marzo mayea, mayo marcea
> Quando Marzo fa Aprile, Aprile fa Marzo

Non solo le paremie metereologiche o climatiche, come abbiamo appena visto, hanno sedimentato le abilità umane fin da tempi remoti, ma esiste un altro genere di paremie che tuttora condiziona le scelte di molte persone; mi riferisco alle paremie di carattere superstizioso.

Prima di entrare nel tema centrale del nostro studio, pensiamo che valga la pena soffermarci su questa tipologia di paremie, per l'interesse che esse capitalizzano in tutte le culture. Possiamo osservare che per la cultura spagnola (ma anche quella egiziana e turca), il giorno sfortunato è il martedì; invece, per Italia sono ben due i giorni disgraziati: innanzitutto il venerdì, poi anche il martedì. Vediamo gli esempi:

> En martes, ni te cases ni te embarques.
> Né di venere né di marte, né si sposa né si parte.

Il martedì (*martes*) sappiamo essere consacrato a Marte, il dio della guerra nella mitologia grecolatina; forse è questo il motivo per cui martedì è considerato un giorno sventurato per alcune culture. Tanto è vero che tuttora nei giornali possiamo incontrare variazioni allusive in espressioni come:

En tiempos de crisis... *ni te casas ni te embarcas*
(Arancha Cuéllar, Qué, 11 de diciembre de 2008, p. 2).
In tempi di crisi... *né si sposa né si parte*

La giornalista per richiamare l'attenzione del lettore sul fatto che la crisi economica è causa dell'annullamento dei matrimoni, magari a vantaggio delle convivenze, e quindi della riduzione di spese per viaggi di nozze, spese di ristoranti, ecc., adotta una tecnica molto efficace, impiegata in maniera magistrale da tutta una tradizione letteraria che da *La Celestina* (1499) di Fernando de Rojas, passa por *El Quijote* (1505-1515) di Miguel de Cervantes, fino a *La Dorotea* (1632) di Lope de Vega por poi essere recepita e riproposta da tanti altri scrittori. Essa consiste nell'impiego solo di una parte della paremia. Naturalmente, il lettore competente non avrà difficoltà a riconoscere la struttura sentenziosa: «*En martes, ni te casas ni te embarcas*» (che replica al modello tradizionale *Né di venere né di marte, né si sposa né si parte*).

Il venerdì, invece, è considerato sfortunato in Italia, perché Cristo fu crocefisso in quel giorno; mentre, per esempio, il venerdì per i musulmani è sfavorevole perché è il giorno in cui Adamo ed Eva mangiarono il frutto proibito. Al giorno, spesso viene associato un numero, il 17 o il 13. Il venerdì 17 è ritenuto sfortunato in Italia e in altri paesi che seguono la tradizione culturale occidentale di impronta greco-latina e poi cristiana. L'origine di questo pregiudizio si rapporta all'unione di due elementi negativi, ovvero il Venerdì Santo, giorno della morte di Gesù, e il numero 17, la data di inizio del diluvio universale. Curiosamente quella di venerdì 17 è una superstizione sentita fortemente solo in Italia, addirittura a Napoli il 17 è sinonimo di disgrazia. Nel resto del mondo i numeri negativi sono altri. Nei paesi anglosassoni, infatti, il giorno sfortunato è venerdì 13, mentre in Spagna, Grecia e Sudamerica è il martedì 13.

Tuttavia, le paremie danno spazio anche alla gioia; negli esempi che seguono si consiglia di essere ottimisti, poiché le avversità, le calamità, le tragedie, si alternano spesso alla fortuna, felicità, allegria; anche se, purtroppo, ci sono casi di persone che nascono proprio sfortunati, come affermano le paremie. Inoltre possiamo osservare che l'equivalente, o «correspondencia», nella paremia in italiano è solo concettuale poiché non si attribuisce la causa della disgrazia o sfortuna a un giorno della settimana, come avviene invece in spagnolo, perché si insiste con il martedì come causa di sofferenze e si aggiunge un altro giorno, la domenica come giorno di serenità e riposo.

> Cada martes tiene su domingo.
> Dopo la pioggia viene il sereno
>
> Para los desgraciados todos los días son martes.
> Chi è nato disgraziato, anche le pecore lo mordono.

Sono molti i pregiudizi che riguardano le cultura popolare, le superstizioni individuali e spesso collettive. Frequentemente si arriva a casi estremi di persone che di venerdì 17, o *martes* 13, non vorrebbero nemmeno uscire di casa per recarsi al lavoro; si arriva persino a tentare di scacciare la negatività con l'aiuto di amuleti e altri stratagemmi.

2. ANALISI CONTRASTIVA

Esiste un'ingente produzione scientifica che rielabora diverse teorie riguardo l'approccio della fraseologia contrastiva che conviene tenere in conto. Si considera in esse l'opportunità di trovare un equivalente o la corrispondenza di una UF in una o più lingue di lavoro. La traduzione delle UF, nella ricerca che si effettua per trovare un equivalente, ci permette al tempo stesso di fare un'analisi contrastiva e recuperare così analogie e differenze tra le culture di famiglie linguistiche diverse.

A seguire vogliamo mettere a confronto aspetti tipologici e cognitivi nella costruzione fraseologica delle due lingue[3], il che ci permetterà di enunciare la pregnanza dei così detti *Universales Fraseológicos*[4], vale a dire quelle nozioni la cui universalità è percepibile in lingue diverse, in diverse culture.

Possiamo osservare, negli esempi che seguono, che l'equivalenza tra lo spagnolo e l'italiano è totale (c'è coincidenza tanto nella forma come nel contenuto), possiamo difatti parlare di «sinonimia interlingual» (Navarro, 2008, 85). Gran parte di queste nozioni universali riguardano i sentimenti, l' amore, la paura, la felicità, la libertà, l'onore:

---

[3] Véase Iñesta E. M. –Pamies Bertrán A., *Fraseología y metáfora: aspectos tipológicos y cognitivos*, Granada, Método Ediciones, 2002.
[4] Sevilla Muñoz a questo riguardo impiega l'espressione «universales de alcance universal y reducido« per rifferirsi alle paremie; io adotto la terminologia in rapporto alla fraseologia (locuzioni, collocazioni). Cfr. Sevilla Muñoz 2004a, *op. cit.*

Tema o idea chiave	spagnolo	italiano
Felicità	*Más contento que unas pascuas* *Tener la moral por las nubes* *Estar en el séptimo cielo*	Contento come una pasqua, Avere il morale alle stelle Essere al settimo cielo
Onore, Orgoglio	*Salir con la cabeza bien alta*	Uscire a testa alta
Libertà	*Cuando el gato no está, los ratones bailan.*	Quando non c'è il gatto, i topi ballano
Infelicità	*Amargarse la vida* *Quedarse con mal sabor de boca*	Guastarsi la vita Rimanere con l'amaro in bocca
Burla	*Ser el hazmerreír de todos,* *Tomar a alguien el pelo*	Essere lo zimbello di tutti Prendere, qualcuno in giro
Codardia	*Tirar la piedra y esconder la mano*	Tirare il sasso e nascondere la mano
Disgrazia	*Caer en desgracia*	Cadere in disgrazia

Possiamo affermare, tuttavia, che non sempre si dà questo carattere universale; non sempre tra le lingue si trova una corrispondenza totale nella costruzione delle UF, come possiamo evincere dagli esempi successivi.

In essi si può osservare la diversità che esiste tra le due lingue per esprimere uno stesso pensiero. Nella cultura ispanica come segno scaramantico, si suole «toccare legno», mentre in Italia si «tocca ferro»; in Spagna gli ignoranti non «sanno una J», mentre in Italia non «sanno un'H»; per facilitare l'allontanamento delle persone «non grate» o addirittura dei nemici, in Spagna si costruiscono «ponti di argento (*plata*)», in Italia pur di sbarazzarci di certe genie siamo capaci di fare i ponti addirittura d'oro; in Spagna per parlare di un futuro impossibile si aspetta al giorno che le «rane avranno i peli» (*críen pelo*); mentre l'immaginazione dell'italiano rende ancora più lontano il futuro poiché si dovrà attendere il giorno che gli «asini avranno le ali»; quando qualcuno si sente fuor di luogo, in Spagna si dice che si trova come una «gallina in un cortile altrui», mentre in italiano la metafora o di carattere ittiologico[5], si dice pertanto che è «un pesce fuor d'acqua» poiché l'immagine appartiene al mondo marino. Gli esempi sono tanti e ci indicano come anche la somiglianza marca comunque una differenza: qui riprendo il pensiero di Mercedes Fernández-Martorell (2008).

Spagnolo	Italiano
Tocar madera	Toccare ferro
No saber una jota	Non sapere un'acca
A enemigos que huyen, puente de plata	A nemico che fugge, ponti d'oro
Cuando las ranas críen pelo	Quando gli asini voleranno
Estar como gallina en gallinero ajeno	Come un pesce fuor d'acqua.
Cada cual sabe donde le aprieta el zapato, o de que pie cojea	Ognuno sa dove gli duole il dente
Sacar agua de las piedras	Cavar sangue da una rapa
Mover Roma con Santiago	Smuovere mari e monti
Más claro que el agua	Chiaro come il sole
Verse negro	Vedersela brutta
Meterse donde no le llaman	Ficcare il naso nei fatti altrui

3. PAREMIE SPAGNOLE E ITALIANE DEL MONDO ANIMALE, VEGETALE, GASTRONOMICO

Parlando di aspetti culturali che riguardano Italia e Spagna, proponiamo alcuni esempi di paremie che parlano del mare e che hanno un approccio molto simile nei due ambiti linguistici che mettiamo a confronto; si tratta di raccomandazioni che suggeriscono un atteggiamento di prudenza nell'approcciarsi alla navigazione e persino alla balneazione:

> Quien teme el peligro, no vaya a la mar
> Chi teme l'acqua non entri nel mare

Addirittura il mare merita il rispetto di una donna[6] e in italiano, persino del fuoco:

---

[5] Cfr. Iñesta y Pamies Bertrán, *Fraseología y metáfora: aspectos tipológicos y cognitivos*, 2002.
[6] Ricordiamo che il tema della donna è stato trattato ampiamente da diversi fraseologi e paremiologi per la gran quantità di strutture fraseologiche che prendono di mira il sesso femminile: Calero Fernández (1991); Carlos Crida (2001, 2006); Messina Fajardo (2012).

> A la mujer y al mar has de respetar
> Col fuoco, con la donna e con il mare c'è poco da scherzare

Le paremie hanno un'importanza dal punto di vista biologico, descrivono la flora mediterranea e offrono diverse informazioni utili, come la robustezza della quercia,

> Al alcornoque, palo que le quiebra la costilla
> Con un colpo si scure non s'abbatte una quercia

Nell'area del Mediterraneo l'abbondanza degli alberi di olivo è diffusa nei tre continenti; ciò accade anche con il vitigno dell'uva; le paremie parlano della loro importanza dal punto di vista economico, del modo come le proprietà si trasmettono di padre in figlio:

> Casa del padre, viña del abuelo y olivar del bisabuelo
> Casa de padre, viña de abuelo y olivar de rebisabuelo

> Quien tiene olivares y viñas, bien casa a sus niñas
> Por casar, mandé mi viña; casé mi hija, negué mi viña

La vigna, e anche l'olivo, hanno un ruolo importante nella fissazione dei rapporti di convivenza, nelle formazioni giuridiche e nella strutturazione stessa della civiltà mediterranea, come si evince dal numero assai elevato di paremie che si costruiscono con la parola «olio» (*aceite*) e che ne consigliano e dimostrano il suo impiego determinante nella dieta quotidiana:

> El aceite de oliva todo mal quita
> L'olio d'oliva porta via tutti i mali
> L'olio è la miglior medicina
> Olio e rosmarino, balsamo divino

> La ensalada, bien salada, poco vinagre y bien oleada
> Per condire l'insalata vola col sale, canta coll'olio, fuggi coll'aceto

> La verdad, como el aceite, quedan encima siempre
> La verità e l'olio vengono sempre a galla
> L'olio e la verità tornano alla sommità
> La mancha de aceite, paso a pasito se extiende

> Quien el aceite mesura, las manos se unta
> Quien anda con aceite o con dineros, se pringa los dedos
> Difícil es con el aceite tratar y no se mancillar
>
> Aceituna, una es oro, dos plata, la tercera mata
> La prima oliva è oro, la seconda è argento, la terza non val niente
>
> Aceite y vino, bálsamo divino
> Olio e vino, / medicamento sopraffino
> Olio e rosmarino, / balsamo divino
>
> El vino calienta, el aceite alimenta.
> Con la ensalada, vino o nada

Oltre all'olio d'oliva e al vino, anche il pane[7] è fondamentale nella gastronomia mediterranea:

> Quando in cucina c'è l'olio, il sale e il pane non manca nulla
>
> Con pan y vino se anda el camino
> Buon pane e buon vino aiutano il cammino
>
> Los duelos con pan son menos
> Tutti i dolori con pane son buoni
>
> Pan de trigo, aceite de olivo y de parra el vino
> Sin pan ni vino no puede haber amor fino
> El vino es pan y medio
> Pan a hartura y vino a mesura

Il clima mediterraneo è ideale per la produzione di agrumi, il loro consumo è molto elevato, d'altronde, così ce lo raccontano le paremie, anche se esse avvertono di avere precauzione nel loro uso:

> L'arancia la mattina è oro, il giorno argento, la sera è piombo
> L'arancia la mattina è oro, il giorno medicina e la sera è veleno

---

[7] Si veda a riguardo l'eccellente lavoro di Esther Forgas (1996) *Los ciclos del pan y del vino en las paremias hispanas*.

> L'arancia la sera è piombo
> Arancia e mandarino infiamman l'intestino

Anche i fichi fanno parte dei prodotti agricoli maggioritari nell'area mediterranee, come si evince dalla loro presenza nelle strutture sentenziose le quali alludono metaforicamente alla falsità e ipocrisia):

> En tiempo de higos no hay amigos
> Al tiempo del higo, no hay pariente ni amigo

> En tiempo de higos, no conozco parientes ni amigos
> In tempo di fichi, non si conoscono né parenti né amici

> Quando il villano è sul fico, non conosce né parente né amico
> Amico o non amico, scendi dal fico
> Chiunque tu sia, lascia star la roba mia

La pesca è una fonte importante per l'economia mediterranea; il pesce costituisce la materia prima per l'industria peschiera e delle conserve. I proverbi essendo di carattere popolare, parlano dei prodotti di una classe popolare con condizioni economiche non sempre elevate, quindi è ovvio che tra i loro cibi predominano quelli non eccessivamente costosi come le sarde; difficilmente le paremie parlerebbero di pesci più costosi:

> Si quieres mal a tu vecina, dale en mayo a comer sardina
> De jóvenes, sardinas, y de viejos, espinas

> Quien no come gallina, come sardinas
> Chi non può avere la carne, beva il brodo

CONCLUSIONI

In questo studio ci siamo posti l'obiettivo di avvicinarci alla cultura mediterranea attraverso l'analisi delle paremie presenti sin da tempi della formazione delle lingue nazionali, nelle lingue italiana e spagnola. Abbiamo voluto svelare il simbolismo culturale mediterraneo, in particolare italiano e spagnolo, presente nelle strutture linguistiche di carattere sentenzioso. Abbiamo potuto osservare, grazie all'analisi contrastiva, che entrambe le lingue condividono un universo paremiologico similare che però proviene da due culture diverse e che conferma caratteri specifici e idiosincratici propri. Il risultato al quale siamo arrivati, analizzando alcuni elementi presenti nelle strutture sentenziose che riguardano il mare, la flora, la fauna, la gastronomia, le superstizioni, che nell'insieme appartengono a una comune cultura mediterranea, è quello che sia la cultura italiana sia quella spagnola custodiscono nel loro sistema linguistico fraseologico e paremiologico meccanismi similari per riorganizzare il loro modo di vivere.

Esistono molte affinità tra i due paesi e le due culture nello sviluppo delle strategie, anche linguistiche, come abbiamo potuto osservare attraverso l'analisi fraseologica e paremiologica, per far si che le rispettive culture si conservino e si tramandino nel corso del tempo, malgrado l'alternarsi delle generazioni. L'approccio analitico ci ha permesso di svelare i valori comuni e al contempo diversificati. Il nostro approccio ha voluto essere un metodo interdisciplinare che ha visto coinvolte varie discipline: la Fraseologia e la Paremiologia, in prima istanza, poi la Traduttologia e l'Etnolinguistica. Questo intreccio infatti risulta valido nella ricostruzione di aspetti culturali di ieri di oggi.

BIBLIOGRAFIA

Barsanti Vigo, M. J. *Los refranes en El Quijote. Estudio lingüístico y literario*, en J. Sevilla, Mª T. Zurdo y C. Crida (eds.), *Los refranes y El Quijote*. Atenas: Takalós keímena, 2008, pp. 49-72.

Calero Fernández, M. A., «Los sexos y el sexo de los tacos. Una cuestión etnolingüística», Actas de las VIII Jornadas de Investigación Interdisciplinaria, Universidad Autónoma, Madrid, 1991, pp. 377-386.

Conde Tarrío, G., «El refrán y los tópicos: reformulación de su definición», en H. Beristaín y G. Ramírez Vidal. *Espacios de la retórica (Problemas filosóficos v literarios)*. México: UNAM, 2008, pp. 252-271.

Crida Álvarez, C., «La mujer en los refraneros español y griego. Estudio sociocultural a través de paremias contrastadas», *Paremia*, 10, 2001, pp. 99-110.

Crida Álvarez, C., «Actitudes psico-sociales de la sociedad española ante la mujer, transmitidas por los refranes», *Proverbium*, 23, 2006, pp. 107-120.

Fernández-Martorell, M., *La Semejanza del Mundo*, Madrid: Cátedra, 2008.

Forgas I Berdet, E., *Aproximación paremiológica a la cultura material: los ciclos del pan y del vino en las paremias hispanas*. Universidad de Barcelona. Publicada con el título *Los ciclos del pan y del vino en las paremias hispanas*. Madrid: Mº de Agricultura, Pesca y Alimentación, 1996.

Forgas, E., *Aproximación paremiológica a la cultura material: los ciclos del pan y del vino en las paremias hispanas.* Madrid: Ministerio de Agricultura, Pesca y Alimentación, Tesis Doctoral, 1996.

Iñesta E. M. & Pamies Bertrán A., *Fraseología y metáfora: aspectos tipológicos y cognitivos,* Granada, Método Ediciones, 2002.

Messina Fajardo, L. A. «La mujer y el vestir en *Refranes o proverbios en romance* (1555) de Hernán Núñez», en Martín Clavijo, M.; Bartolotta S.; Caiazzo, M.; Cerrato, D. (eds.), *Las voces de las diosas,* Salamanca: ArCiBel Editores, 2012, pp. 907-938.

Navarro, C. *Aspectos de fraseología contrastiva. Español-italiano,* Verona: Edizione Fiorino, Ispanica, 2008.

Sevilla Muñoz, J., «Gastronomía y paremiología en lengua francesa». Bilbao: *Studia Philologica,* Universidad de Deusto, 1998.

Sevilla Muñoz, J., *Hacia una aproximación conceptual de las paremias francesas y españolas.* Madrid: Universidad Complutense, 1988.

Sevilla Muñoz, J.; Cantera, J. (eds.), *877 refranes españoles con su correspondencia catalana, gallega, vasca, francesa e inglesa.* Madrid: EIUNSA, 1998 = 2000.

Sevilla Muñoz, J.; Cantera, J., *Pocas palabras bastan; vida e interculturalidad del refrán.* Salamanca: Centro Cultural Tradicional *Ángel Carril,* 2002=2008.

Sevilla Muñoz, J.; Sevilla Muñoz, M., «La técnica actancial en la traducción de refranes y frases proverbiales», *El trujamán* Centro Virtual del Instituto Cervantes, [http://www.cvc. cervantes. es/ trujaman], 8 de noviembre de 2004.

Sevilla Muñoz, J.; García Yelo, M., «Estudio contrastivo de la cultura francesa y española a través de los referentes culturales de los refranes y las frases proverbiales», *La cultura del otro: español en Francia, francés en España.* Sevilla: APFUE, SHF, 2006, pp. 937-947.

Sevilla Muñoz, J., «La interculturalidad a través del refrán (francés-español): el día de San Juan», en J. D. Luque y A. Pamies (eds), *Interculturalidad y lenguaje. I. El significado como corolario cultural.* Granada: Granada Lingüística, 2007a, pp. 151-163.

Sevilla Muñoz, J., «El valor etnológico de los refranes», *El componente etnolingüístico de la Paremiología. InterCommunications & E.M.E,* Bélgica, 2007b, pp. 213-249.

Sevilla Muñoz, J.; Ugarte, M. C., «Supersticiones y Fraseología en Castilla», en *Supersticiones y Fraseología.* Madrid: Universidad Complutense de Madrid - Grupo de Investigación UCM 930235 Fraseología y Paremiología, 2008, pp. 39-158.

El mito de Alceste
Recepción del mito en el teatro europeo

TRINIS ANTONIETTA MESSINA FAJARDO
Università degli Studi di Enna «Kore»

INTRODUCCIÓN

El *Mar Nostrum*, antiguo vientre de historia y de cultura, laboratorio de inextinguible búsqueda, espacio mítico de encuentro y desencuentro entre oriente y Occidente, es eterno telón de fondo de múltiples mitos y narraciones mitológicas que resurgen y se vuelven a proponer en un viaje refulgente en el espacio liminal.

En este encuentro de estudio sobre el Mediterráneo nos hemos querido dedicar a la influencia de la mitología en la literatura hispánica y a la recepción del mito de Alceste en el teatro europeo, que con la obra de Galdós representa un hito dentro del rico y complejo mundo de reescrituras y variaciones del mito clásico.

El mito representa una cantera importante para la literatura, y existen mitos como el de Alceste que desde siempre han fascinado a la humanidad. Todos los géneros literarios se han beneficiado de las historias míticas, sea como materia sea como ornato, en todas las épocas, de manera particular en la época contemporánea.

La exigencia del ser humano de contestar a los grandes cuestionamientos sobre la vida, el dolor, la muerte, el destino, acerca del misterio del Universo y la Naturaleza, ha originado narraciones simbólicas que han confluido en un variado sistema de mitos.

Linfa del *Epos* y refugio en momentos de desarraigo o desesperación, el mito palpita en la modernidad y en la postmodernidad. Su ser paradigmático y su «estructura permanente»—de la que habla Levy-Strauss —le confiere la capacidad de reinterpretarse y convertirse en caleidoscopio de la realidad, superando las barreras del tiempo histórico. Porque lo clásico es perdurable y central y sólo cuando se está consciente de la lejanía con el pasado se desea el acercamiento a la cultura de los antiguos que se antepone al saber de los modernos.

From: *Europe, Italy, and the Mediterranean* (Bordighera Press, 2014)

Las culturas griega y romana, transmisoras de lo mitológico como materia y modelo, como afán erudito, las encontramos en la literatura medieval; en los *epilios* clásicos[1] de la fábula culterana y en los poemas burlescos barrocos; en la cultura de *elite* de Góngora, en la erudita de Lope de Vega y barroca de Calderón. Mayor amplitud y libertad de tematización mitológica se hallan en los dramas mitológicos de Lope[2] —*El laberinto de Creta, La bella Aurora, Adonis y venus*—y Calderón[3]—Las *Fortunas de Andrómeda y Perseo, Eco y Narciso, El divino Orfeo.* Encontramos un *Agamenón vengado* (García de la Huerta) y una *Lucrecia* (Nicolás Fernández de Moratín) en los últimos años del siglo XVIII; más adelante, aparece un *Edipo,* romántico, de Martínez de la Rosa.

Todos los personajes de la Antigüedad constituyen, por lo tanto, una fuente inagotable de motivos y temas que recurren en la vida actual, que dan respuesta a una sociedad deshumanizada, pisoteada por el ritmo frenético de las ciudades, abarrotadas de gente, pero inexorablemente sola, aislada, sumergida en sus pensamientos y en infinitas distracciones.

El mito comienza a fortalecerse. Desde finales del siglo XIX se asiste al proliferar de mitemas y mitologemas así como de mitos literarios y literizados. Los ecos en el siglo XX son palpables. La *Odisea* y la *Iliada* se toman como modelo por las vanguardias literarias, como arquetipo de creaciones poéticas. Sentimos el mito desmitificado en la voz de Lorca. Unamuno, Espriu, Villalonga reescriben diferentes Fedras, y en Francia, España e Italia, aparecen adaptaciones y reescrituras de *Alceste* y *Antígona* y también de otros mitos modernos.

El mito se ha definido y se ha analizado en varias esferas; los estudios, varios y convergentes, se han multiplicado en los últimos tiempos. La mitocrítica y el mitoanálisis, que nacen en los años sesenta del siglo

---

[1] Poemas épicos breves de tema mitológico.Sobre la influencia del epilio clásico en la literatura española, léase el volumen de J. M. De Cossio, *Fábulas mitológicas en España*, Madrid, Istmo, 1998.

[2] También en su célebre obra en prosa, *La Dorotea* (1632): síntesis de vida y literatura, el dramaturgo hace gala de su erudición mitológica. Varios mitemas aparecen revisitados repetidas veces, y no sólo en esta joya literaria, también en otras, véase al respecto: G. Grilli, *Intrecci di vita*, Napoli, L'Orientale, 2008.

[3] Calderón revisitó la mayor parte de los temas mitológicos que Lope había llevado a las tablas (unas ocho comedias), según Menéndez y Pelayo: cf. J. Entrabasaguas (1969). "Los estudios de Menéndez y Pelayo sobre el teatro de Lope de Vega", *Revista de la Universidad de Madrid*, vol. XVIII, p. 152.

XX, se encargan de arrojar luz sobre la importancia del mito en las obras literarias.

RECEPCIÓN DEL MITO DE ALCESTE EN EL TEATRO MODERNO Y CONTEMPORÁNEO

Tras estas reflexiones de carácter general, nos centraremos ahora en el mito de Alceste y su recepción en el teatro europeo, a la luz del texto clásico de Eurípides, fuente de inspiración, en casi todas las reescrituras. A través de este estudio se ha buscado configurar y dilucidar, hasta qué punto la problemática de los personajes principales es coincidente en sus aspectos más trascendentes.

El mito de la tierna Alceste, la mujer que decide morir en lugar de su marido Admeto, rey de Tesalia, posee orígenes muy antiguos, proviene de un motivo folklórico. Se han conservado algunos vestigios bajo forma de fábulas en zonas germánicas, en las regiones Bálticas y en Rusia. Se narra en el *Banquete* de Platón, en el que el filósofo ateniense expresa su atención por el «brillante ejemplo» de la hija de Pelias que sólo ella aceptó morir en lugar de su esposo.

La primera versión literaria conocida es la célebre tragedia que Eurípides lleva a la escena, junto con otras tres piezas (*Cretesis, Alcmeone en Psofis* y *Telefo*) en las grandes Dionisias en el 438 a. C. De las cuatro obras que Eurípides presenta en las famosas competiciones sólo *Alceste* ha conseguido sobrevivir hasta la actualidad, llegando hasta nosotros a través de variantes, refundiciones, adaptaciones y reescrituras debido ante todo por el tema que desarrolla: el extremo sacrificio por amor de la heroína y por las múltiples significaciones centradas en esos dos impulsos de la psique humana, eros y thanatos, que en el mito se enfrentan.

Eurípides crea personajes de carne y hueso; acaso pocos creíbles, apuntaba Goethe; sin embargo, el espectador se siente reflejado en esos hombres que aparecen en la escena. La protagonista, personaje trágico, es concebida a la par de los grandes héroes clásicos, es la mejor de las mujeres, la más noble, equiparada a Héctor y a Patroclos. Los hombres mueren aquí y son las mujeres quienes los lloran; en *Alceste* se establece una inversión de papeles que resalta la función femenina en la tragedia eurípidea.

La historia es bien conocida: Alceste, madre y esposa del rey de Feres, Admeto, para salvar a su marido, condenado a muerte, manifiesta su decisión de sacrificarse por él. Apolos había conseguido, convenciendo a las temidas Moiras (Cloto, Láquesis y Atropos) la salvación de Admeto, que no morirá si otra persona muere en su lugar. La muerte es inevitable: Thanathos no otorga concesiones. Admeto, que no se resigna al dictamen, espera que sus progenitores se sacrifiquen por él debido a que los padres les deben todo a sus hijos, no pueden negarles ningún acto de amor, y además ya han vivido muchos años: son ancianos, se hallan más cerca de la muerte. El padre se niega: le dice claramente que él le dio la existencia, una casa, un reino, pero que no debe morir por él; la vida es bella y es una sola. Alceste, entonces, se propone expiar la culpa de su marido pero dicta algunas leyes precisas para su postmortem antes de bajar al imperio de Thanathos.

Admeto podría detenerla y evitar el sacrificio fatídico. En cambio, le promete inmediatamente fidelidad eterna y duelo infinito; de ahora en adelante odiará a su padre para siempre. La reina muere en la funesta noche. Llega Heracles a Feres y Admeto lo acoge en su casa, respetando la ley de la hospitalidad. Cuando se entera de la desgracia, el hijo de Zeus baja hasta el Hades y resucita a Alceste, que debe quedar en silencio durante tres días. Situación que ha sido interpretada como un castigo hacia Admeto por no evitar la muerte de su mujer.

Eurípides concibe una figura de mujer excepcional que renuncia a la vida al igual que Macaria y Policena. Se convierte no sólo en símbolo del amor conyugal como Penélope, su figura se agiganta, su acto de heroísmo le da la gloria.

La forma narrativa del mito que presta mayor atención a la evocación de los hechos, codificada en el texto dramático por mano del dramaturgo griego, es así transformada: emergen en primer plano las motivaciones morales y psicológicas de los personajes, sus ideologías. Éstos enfrentándose originan un juego de fuertes oposiciones, de exhibición de sentimientos divergentes que sustentan la estructura del drama: *Sono appunto questi contrasti che vanno a costruire la trama strutturale su cui si basa l'esperienza tragica del teatro occidentale*, subraya Maria Pia Pattoni (2006:10).

El texto trágico ha gozado a partir de la época moderna de una recepción literaria amplia y universal. Entre las primeras revisitaciones[4] más famosas y de grandes efectos espectaculares cabe recordar la *Antigona delusa da Alceste* (1664) de Aurelio Aureli; l' *Alcesti osia l'amor sincero* (1665) de Emanuele Tesauro; *L'Alceste* de Pier Jacopo Martello (1709-1715)[5]; la *Alceste seconda* de Alfieri de 1798; y las varias *Alcestes* musicadas: la de Lully de 1674; las del siglo XVIII, firmadas por Gluck y Calzabigi, llevada a la escena en 1767; y la *Alkestis* de Wieland, que obtuvo un gran éxito al ser representada en 1773. Estas últimas dos presentan radicales cambios, más en línea con los gustos del público de su periodo. Sobre todo por lo que concierne la dura agresión de Admeto al padre y la aceptación pasiva de la inmolación de Alceste por parte del marido.

Maria Pia Pattoni exalta, además, la consistencia del acontecer amoroso en la pareja de esposos en las reescrituras barrocas y moralizantes del Seiscientos y Setecientos; aspecto que en el texto eurípideo está completamente ausente. Escribe la autora (Pattoni 2010: 24):

> Prevale innanzitutto [en las obras revisitadas] la tendenza all'evidenziazione dei sentimenti amorosi, che talora sconfinano a personaggi esterni alla coppia di sposi. Quinault, per esempio, non solo inventa il personaggio di Licomede, antico pretendente di Alcesti, non ancora rassegnato a vedersi superato da Admeto, ma estende l'amore per Alcesti allo stesso Ercole; e nella versione di Aureli Admeto ondeggia tra l'attuale amore per Alcesti e l'antico affetto per Antigona: sarà in entrambi i drammi la rinuncia all'amore da parte del terzo incomodo a ricostituire nel finale l'unità della coppia.

Cada época lleva aparejada una lectura propia del mito, una escritura distintiva que le proporciona una nueva vida. La figura de Alceste continuará inspirando a varios autores, fascinados por lo mitológico y

---

[4] Para mayores detalles sobre los cambios realizados en las varias reescrituras y las críticas al hipotexto, remito a la «Introduzione" del volumen de M. P. Pattoni.*Variazioni sul mito*, pp. 9-48. Véase también, para un estudio general sobre las reescrituras del siglo XVI y XVII, G. Paduano, *Sfiorare la morte. Gluck e l'Alceste del Settecento* y D. Susanetti, *Alcesti: sacrificio e resurrezione* (Bibliografia 1-3).

[5] Sobre estos dos últimos textos, véase G. Ferroni, «Tesauro e Martello: due varianti del mito di Alcesti», *La scena del mondo*, pp. 113-122.

deseosos de reinvicar ciertos aspectos estéticos de la Antigüedad clásica, a lo largo del Ochocientos y el Novecientos. En el ámbito de las revisitaciones, la mayoría de las obras compuestas siguen en grandes líneas el modelo eurípideo; no es el caso, en cambio, de la *Alkestis* (1907) del más renombrado poeta alemán, Rilke: su inspiración no se atiene a la versión griega, proviene desde muy lejos, desde el motivo folclórico. El autor con una lírica envuelta en sugestiones espirituales, colmada de intensos significados simbólicos, donde la manifestación del sentimiento trágico prevalece sobre la expresión de absoluta belleza que perseguía la poesía modernista, describe el sacrificio de Alceste (esposa niña) el día de su boda, que regresa a la vida ya adulta desde la muerte profunda.

La trascendencia del mito da grandes frutos en Europa, en el siglo XX. En Italia, se publican cuatro revisitaciones, cada una distinta de la anterior. En 1922 se publica l' *Alcesti* del escritor Ettore Romagnoli, que será incluida en *Terzi drammi satireschi* (Bologna, Zanichelli). Il dramma introduce un elemento nuevo: el incesto. Admeto está enamorado de la hermana de la heroína. En 1950 se lleva a la escena[6], la *Alcesti di Samuele* de Alberto Savinio (escritor vanguardista), que tiene como protagonista una Alceste judía (Teresa Goerz, hija de Samuele), que se suicida por amor del marido nazi, Paul Goerz-Admeto (el suicidio representa la libertad del marido)[7]: *Era giusto che provvedessi io stessa a cacciare la tigre. Tante volte tu hai difeso me. Tu e io, assieme, non abbiamo sempre sostenuto la parità dei diritti tra uomo e donna?La moglie a sua volta deve difendere il marito. Quale migliore occasione di questa?* (1991:44). Destaca en la obra la *pietas*, el sentido del deber de la protagonista que muere por librar a su marido del peso de un matrimonio con una judía. El encargado de rescatarla del Kursal de los muertos es aquí el Presidente de los Estados Unidos Roosevelt que encarna Hercules.

La tercera obra italiana que varía profundamente el mito, excepto en los antropónimos, es la pieza incompleta, *Alcesti*, de Corrado Alvaro. En

---

[6] En el «Piccolo Teatro di Milano». La obra había sido publicada por la editorial Bompiani en 1949.

[7] Savinio construye el drama basándose en un hecho real: la triste historia de Alfred Schlee, una víctima de las leyes raciales, que debía divorciar de su mujer, por ser judía, o en caso contrario perdería su puesto de trabajo en la casa editorial musical, la «Universal Edition de Vienna». Será su mujer quien decide salir de la dramática situación suicidándose.

un único acto, salió a la luz treinta años después de su escritura[8]; está ambientada también en el periodo de la posguerra del segundo conflicto mundial. El desenlace es trágico, no feliz como en la homónima obra de Eurípides. Aquí el problema es económico y quien sucumbe es el padre de Admeto, Feride.

La cuarta reelaboración es la del autor Giovanni Raboni que en *Alcesti o la recita dell'esilio* (Garzanti, 2002), abandona, como los demás autores, la estructura mitológica tradicional y pone en escena, en una atmósfera infernal, el conflicto de tres personajes: un joven, Stefano-Admeto, su mujer, Sara-Alceste, y un anciano, Simone-Feres, padre de Stefano. Los tres se encuentran escondidos en un teatro a la espera de poder huir definitivamente del peligro de una persecución política (que Raboni no revela, aunque se intuye fácilmente). Como en el mito uno de ellos deberá sacrificarse, dos podrán montarse, y salvarse, en el camión que los conducirá al *barco de la liberación*. Comienza una larga y dramática disputa entre padre e hijo (que recuerda el conflicto eurípideo), que abarca casi todo el bellísimo drama. Se encuentran en un *impasse*, del que no saben cómo salir. Proponen dejar que sea la suerte la que decida por ellos. Sara entonces decide sacrificarse se aleja en silencio, desvaneciéndose en la «gran nebbia», la espesa niebla que ella misma había comparado con el hades.

En la pieza *El misterio de Alcesti* (comedia en un acto, 1960), Marguerite Yourcenar se sigue fiel a Eurípides sólo en parte; se desvía en la ambientación rústica; sus personajes principales, Alceste, Admeto y Heracles, que no son héroes sino simples burgueses, aparecen en esta versión bajo una luz diferente. Admeto es un poeta, un marido desatento con su mujer, un hombre quebradizo; Alceste, una mujer llena de rencor por el abandono del marido, que confiesa a Heracles, cuando la salva, que ella no se había sacrificado por amor, puesto que deseaba morir. El conflicto de la pareja, en este caso de la pareja burguesa, que lleva a la crisis de la familia posmoderna queda en evidencia en el drama de la escritora francesa. La escritora al igual que los dramaturgos italianos recalca la tragedia griega a través de una profunda reelaboración contemporánea.

---

[8] Gracias a la edición de A. M. Morace, in *Nuovi Annali della Facoltà di Magistero di Messina*, I, Roma, Herder, 1983, pp. 728-758.

En el ámbito hispánico contamos con el drama magistral que el gran novelista y dramaturgo español, Benito Pérez Galdós, dedica al mito de Alceste, anticipando los textos de los dramaturgos anteriormente tratados. Inspirándose en la tragedia de Eurípides, reescribe enteramente el mito clásico, sitúa la acción en la Grecia clásica, si bien efectuando una obra diferente, bajo una pátina nueva, que alude a la realidad española de la segunda mitad del siglo XIX.

Alceste fue estrenada con una clamorosa acogida en Madrid, el 21 de abril de 1914, en el famoso Teatro de la Princesa[9], obteniendo un éxito de crítica y público. No obstante, a lo largo del siglo XX, la pieza pasó desapercibida, pero en el nuevo milenio está obteniendo el reconocimiento que merece. Por otra parte hay que señalar que respecto a la dramaturgia contemporánea internacional que ha trascendido las fronteras del espacio, muchas obras teatrales españolas, de gran valor literario, quedan todavía en silencio.

Galdós recupera la materia mítica, con el fin de que el receptor moderno, el público madrileño, reflexione sobre problemas intemporales y pondere sobre el presente a través del pasado. *Alceste* infunde un mensaje que es sociopolítico, capaz de suscitar reflexiones sobre los graves circunstancias históricas que asolaban al país, sobre la pérdida de grandes valores de una entera época. Porque el propósito del autor fue emplear el tema mítico como instrumento de libre expresión e idóneo para plantear de manera indirecta, porque no podían tratarse de otro modo, los problemas políticos, sociales y culturales de esa época, de conflictos y de censura, plagada de luchas por el poder que desembocarán en la guerra fratricida, que regó de sangre el país y sembró sus campos de terror y cadáveres.

Galdós moderniza el mito para que emane un *pathos* que no sea retrospectivo sino plenamente actual. Realiza sustanciales cambios estructurales del original, de diferente naturaleza, como la supresión del coro, la Parabase, la prolija disputa incipitaria entre Apolo y la muerte, el Discurso del Escoliasta ante la caterva de comediantes, por ser improponibles a un público moderno, afirma el autor en la carta-prólogo que

---

[9] Hoy María Guerrero. Sobre la génesis del drama, véase C. Menéndez Onrubia, *El dramaturgo y los actores. Epistolario de Benito Pérez Galdós, María Guerrero y Fernando Díaz de Mendoza*, 1984.

introduce el drama. Altera la cronología, situando la acción en la esplendorosa época de la República democrática de Pericles, la más apropiada «para dar esplendor a los accesorios de la fábula teatral» (Galdós 2010: 26-33).

Uno de los rasgos más llamativos es la creación de una Confederación de Estados constitucionales, el Anfictionado o Federación tesálica; es el avance más novedoso en la recreación de *Alceste,* tal vez por influencia de los regionalismos periféricos que atravesaban la España finisecular, y será la causa principal de la inmolación de la reina tesálica.

Alceste decide sacrificarse porque teme la desaparición del Anfictionado, honor de Grecia, que su marido había construido gracias a su agudeza y grandes cualidades políticas. La reina no se siente capacitada para gobernar si muere Admeto, es consciente de que el gobierno de Tesalia en manos de sus suegros, Feres y Erectea, alentados por los sabios de la corte «insignes parásitos», ávidos y oportunistas, representaría la destrucción del régimen confederal y la instauración de un imperio bajo una regencia trina autárchica y centralizadora, mientras que el legítimo heredero, Eumelo, no alcance la mayor edad. La heroína, por tanto, llena de dolor pero con gran determinación, renuncia a la vida por sentimiento patrio, por mantener a su marido en el trono:

> Muero... por la vida de mi esposo... Por el porvenir de mis hijos..., por el bien de todos, por la gloria de mi patria querida... [...] Divina Minerva..., condúceme... con blanda mano... al reposo eterno. (2010:142)[10]

Los padres de Admeto, egoístamente, y con cruel indiferencia, obsesionados por los placeres efímeros, rechazan la propuesta de morir en lugar de su hijo. Gracias a la intervención de Heracles, Alceste será devuelta a la vida, por su acto extremo de coraje y altruismo.

En la *Alceste* de Galdós se percibe una sensibilidad desigual frente al texto eurípideo y las diferentes variaciones respecto al personaje de Admeto, quien ama profundamente a su esposa, se desespera y sufre ardientemente por la sentencia injusta; por la falta de consideración de

---

[10] Remito al estudio de E. A. Merino, que cifra en la intención de Galdós un mensaje moralizador, de inspiración cristiana. La immolación de Alceste es vista como «vehículo de reafirmación de valores y conceptos tradicionales españoles» (2007: 52-69).

Zeus, dios iracundo y despiadado, que olvida las grandes hazañas y sus gestos heroicos.

Para la composición de esta obra el autor canario aludía muy probablemente a un hecho histórico real que subyace en el drama: la muerte prematura de Alfonso XII que hace necesaria una regencia, la regencia trina, compuesta por los dos abuelos (Isabel II y su esposo) y la reina viuda, María Cristina.

Galdós ha construido en su protagonista un paradigma de mujer de carácter que en ningún momento vacila ante su decisión, una mujer de gran virtud patriótica. Consagrada a su deber de madre y esposa; por tanto, símbolo del hogar, humana y generosa.

La versión de Galdós, al igual que la de los dramaturgos contemporáneos tratados aquí a grandes líneas, es la proposición de un texto serio, tal vez sea una de las versiones más seria de todas las que se escribieron desde el siglo XVII. Nuestro autor español respetando los valores perennes del mito le ha conferido una forma diferente de leerlo y una manera diferente de rehacerlo.

Las crecientes reescrituras de Alceste en el siglo XX, ponen de manifiesto la relevancia del mito.Ya no se tratan de versiones, adaptaciones o refundiciones más o menos fieles al texto clásico que primaron en los siglos precedentes, sino que nos encontramos con reinterpretaciones libres y obras de inspiración en las que, en algunos casos, se hace incluso difícil encontrar la relación con el mito. El mar Mediterráneo es el espejo en el que se encuentran reflejadas estas diferentes lecturas del doloroso drama de *Alceste* que ha trascendido la historia de las civilizaciones.

Bibliografía

Alvaro Corrado, *Alcesti* (ed. de Morace Aldo Maria), in *Nuovi Annali della Facoltà di Magistero di Messina* I, Roma, Herder,1983, pp. 728-758.

Cardona, Rodolfo, «Eurípides y Galdós: el caso de *Alceste*», en *Isidora*, n. 12, Madrid, p. 149-154, 2005.

Corrado, Alvaro (1983) Alcesti (A.M.Morace ed.) *Nuovi Annali della Facoltà di Messina*, 1, pp. 729-758.

De Cossio, José M., *Fábulas mitológicas en España*, Madrid, Istmo, 1998.

Entrabasaguas, Joaquín, (1969). "Los estudios de Menéndez y Pelayo sobre el teatro de Lope de Vega", en *Revista de la Universidad de Madrid*, vol. XVIII, 1969.

Grilli, Giuseppe, *Intrecci di vita*, Napoli, L'Orientale, 2008.
Lesky, Albin, *Alkestis, der Mythus und das Drama*, Wien und Leipzing, 1925.
Menéndez Onrubia, Carmen, *Introducción al teatro de Benito Pérez Galdós*, Madrid, C.S.I.C., 1983.

_____, *El dramaturgo y los actores. Epistolario de Benito Pérez Galdós, María Guerrero y Fernando Díaz de Mendoza*, Madrid, C.S.I.C., 1984.

Merino, Eloy E.,«Reescritura, melodrama y moralización en Alceste, de B. P. Galdós (eco en las últimas heroínas dramáticas del escritor)», en *Decimonónica*, vol. 4, n. 1, 2007, pp. 52-69. Disponible en línea: http://www.decimononica.org/archives/vol4.1.htm

Nosarti, Luigi (ed.), *L' Alcestis di Barcellona*, Bologna, Patron, 1992.
Ortiz-Armengol, Pedro, *Vida de Galdós*. Barcelona, Editorial Crítica, 2000.
Paduano Guido (ed.) *Alcesti*, Milano, BUR, 2008.

_____, «Sfiorare la morte. Gluck e l'Alceste del Settecento», en Pattoni Maria P (ed.) *Sacrifici al femminile. Alcesti in scena da Euripide a Raboni*, Comunicazioni Sociali, anno XXVI, NS, sez. Teatro, 3, 2004.

Pattoni, Maria P. (ed.), *Sacrifici al femminile. Alcesti in scena da Euripide a Raboni*. Comunicazioni Sociali, anno XXVI, NS, sez. Teatro, 3, 2004.

_____, (ed.) *Euripide, Wieland, Rilke, Yourcenar, Raboni. Alcesti. Variazioni sul mito*, Venezia, Grandi Classici tascabili Marsilio, 2010.

Pérez Galdós, Benito, *Alceste* (trad. de T. A. Messina Fajardo), Roma, Nuova Cultur, 2010.

Savinio, Alberto, *Alcesti di Samuele*, Milano, Adephi Edizioni, 1991.
Raboni Giovanni, *Alcesti o La recita dell'esilio*, Milano, 2002.
Susanetti, D., «Alcesti: sacrificio e resurrezione. Elementi di un mito con sei variazioni», en Pattoni M. P. (ed.) *Sacrifici al femminile. Alcesti in scena da Euripide a Raboni*. Comunicazioni Sociali, anno XXVI, NS, sez. Teatro, 3(settembre-dicembre 2004).

Thion Soriano-Mollá, Dolores, «Alceste, entre mito e historia», en *Actas del VI Congreso de Estudios Galdosianos* (1997), Las Palmas, Ediciones del Cabildo Insular de Gran Canaria, 2000, pp. 861-874.

Il *mare nostrum* del crimine
esempi di lettura del *noir* mediterraneo

Daniela Privitera

Secondo l'acuta visione di un giallista d'eccezione come Jean Claude Izzo[1], il Mediterraneo, nato sotto il segno della violenza, ha da sempre rappresentato «l'accettazione fatalista del dramma che grava su di noi da quando l'uomo ha ucciso suo fratello sulle rive di questo mare».

Lo scrittore francese, però, non è stato il solo a indicare un'analogia tra il Mediterraneo e il delitto se già, prima di lui, Leonardo Sciascia sosteneva che la prima inchiesta giudiziaria della storia ebbe inizio con il profeta Daniele, nelle vesti di un proto detective che agisce sulle rive mediterranee della mitica Babilonia[2]. Anche Omero, pronto a declamare nel celebre *incipit* dell'Iliade "gli infiniti lutti degli Achei", racconta che la storia di questo mare è avvolta nel mistero del crimine; secoli dopo, gli fa da eco Sofocle che, nell'*Edipo re*, raggiunge, con la tragedia, l'apice del tema della colpa.

Se per i Greci, tuttavia, la scrittura tragica coincideva con una *nekuia* collettiva che induceva l'uomo a una ricerca di verità su di sé, oggi, che le rive di questo mare hanno in comune solo le loro insoddisfazioni, nello stesso spazio di mezzo, si consuma la tragedia dell'uomo moderno che, pur continuando ad affondare nell'abisso della violenza, ha smesso di cercare la verità.

Luogo di conflitti con punte acute di disperazione, il *Mare nostrum* non canta più la dorata infelicità dei Greci ma si è trasformato in una liquida frontiera di tragedia e di speranza.

---

[1] Considerato unanimemente il padre del *noir* mediterraneo, l'autore afferma che il prototipo del giallo come romanzo problematico va ricercato nella tragedia greca, se non addirittura nei poemi omerici. Cfr. J. C. Izzo, *Aglio, menta e basilico—Marsiglia, il noir e il Mediterraneo* Roma, 2006, Edizioni E/O.

[2] Cfr., Leonardo Sciascia, *Breve storia del romanzo poliziesco*, in *Cruciverba* in *Opere III 1971-1983*, a. c di C. Ambroise, Bompiani, 2004, pp. 1183-1184.

From: *Europe, Italy, and the Mediterranean* (Bordighera Press, 2014)

Ma cos'è cambiato da Omero ad oggi, in questo luogo di divisione e di possibilità, la cui estensione (secondo F. Scaglia[3]) sembra più grande dell'Oceano Pacifico per via della distanza culturale tra arabi e cristiani?

A ben vedere, in questo spazio assolato e tenebroso, il destino di tragedia è rimasto analogo a quello primordiale fatto di sradicamenti, migrazioni, esili e lotta per il potere; ma il crimine, al contrario, è cambiato, e con esso, anche la sua stessa percezione. Se oggi, infatti, la criminalità sembra aver modificato il suo genoma trasformando la realtà in un caos di globalizzazione, politica, traffici illeciti, mafie, dittature, terrorismo e fanatismo pseudoreligiosi; anche la letteratura *noir* si è dilatata alla dimensione di racconto sociale. Non è senza significato, infatti, che il genere poliziesco si leghi più degli altri al contesto sociale e territoriale, pertanto, il giallo, si profila, oggi, come una narrativa di denuncia. Ciò che accade all'interno del nuovo genere letterario si può paragonare a una sorta di catarsi, attraverso la quale, «per il breve spazio della narrazione si può finalmente fare giustizia»[4].

La dilatazione del giallo oltre i confini del genere e la sua evoluzione in «testo problematico», inizia con Sciascia[5] per il quale esso si trasforma in un figlio degenere del poliziesco, in cui paradossalmente, alla fine, c'è molto di più rispetto al punto di partenza, perché il nuovo giallo (soprattutto dagli anni Novanta) è diventato uno specchio di carta di un universo inquieto che non pacifica il lettore, ma lo mette in guerra con se stesso.

Il giallo odierno, atipico rispetto al "giallo finito"[6] (per la mancanza di soluzione e per la diversità dei cronotopi) ha compiuto un vero e pro-

---

[3] Cfr., *Il giardino di Dio. Mediterraneo, storie di uomini e pesci,* Milano, Piemme Edizioni, 2013.

[4] Monica Jansen, Yasmina Khamal, *Memoria in noir: un'indagine pluridisciplinare,* P.I.E.-Peter Lang, 2010, p.189.

[5] Si vedano a questo proposito le osservazioni di Sciascia su C. E. Gadda, da lui definito come "l'autore del più assoluto giallo che sia mai stato scritto, un giallo senza soluzione". Cfr. *Breve storia del romanzo poliziesco,* cit.

Nel panorama della letteratura poliziesca europea, tuttavia, gli anni Cinquanta, per un cumulo di ragioni storiche e culturali, hanno definitivamente invertito la rotta del giallo classico stravolgendone la struttura finale. Si deve a F. Dürrenmatt (Cfr., *La promessa,* Torino, Einaudi, 1958) l'introduzione, nel *plot* del romanzo, di una visione possibilistica della realtà, attraverso lo *Zufall* (il caso) che diventa, nel giallo aperto (spesso senza soluzione) il protagonista di un universo non dominabile né riducibile ad un ordine logico.

[6] E' di Antonio Pietropaoli la definizione di "giallo finito" e "infinito o assoluto". Nel primo, lo studioso individua le strutture tradizionali del giallo classico "dotato" della tradizionale soluzione del caso; nel secondo , invece, l'assenza di soluzione caratterizza il giallo moder-

prio salto di qualità, divenendo lo strumento più adatto a descrivere le tensioni sociali e gli enigmi irrisolti della nostra società.

A ben vedere, con il suo portato di realismo storico e sociale, il poliziesco si radica nei territori, assorbe colori e odori di un senso tragico della vita, che (seppure nel mondo delle tribù globali) mantiene una sua peculiare singolarità.

Mentre adegua il codice narrativo alla peculiarità del *genius loci*, il nuovo romanzo si configura con delle specifiche connotazioni: una di queste è quella del giallo mediterraneo[7].

Solare e tenebroso, azzurro e nero come l'ossimoro permanente dei suoi luoghi, il giallo mediterraneo, si profila come uno «sguardo sul lato oscuro, criminale del mondo, attraversato dal sentimento intenso della fatalità» che gli uomini del sud accettano, perché l'unica cosa che veramente conoscono è la certezza della morte.

A differenza del giallo classico, il *noir* mediterraneo è fondamentalmente uno strumento affabulatorio in cui l'arte di raccontare diventa un pretesto che scandaglia la realtà contesa in un delirante gioco di specchi connotato di fughe e deformazioni, mentre il lettore, trascinato a forza dentro il mondo dell'opera, può arrivare persino a confondere la finzione con la realtà .

Già con Simenon, è possibile individuare le prime deboli avvisaglie di un giallo diverso[8] dalla matrice anglosassone e statunitense, ma l'evoluzione del poliziesco verso le sue connotazioni mediterranee passa per diversi scrittori come gli spagnoli M. Vásquez Montalbán e Alicia

---

no e problematico che tende a trasformarsi in uno strumento d'indagine del reale Cfr., *Ai confini del giallo. Teoria ed analisi della narrativa gialla ed esogialla,* Salerno Edizioni Scientifiche italiane, 1986.

[7] Esiste oggi una copiosa bibliografia sull'argomento in questa sede mi limito a citarne solo alcuni: D'Argenio M. C., De Laurentis, A., Ferracuti G. *La rappresentazione del crimine. Sul poliziesco argentino e sul giallo mediterraneo,* Roma, Aracne, 2009. Ferri S. (2000). *Azzurro e nero: per una bibliografia del noir mediterraneo* (http://www.massimocarlotto.it/noir-mediterraneo.html); G. Ferracuti, *Il "giallo mediterraneo" come modello narrativo,* in www.ilbolerodi ravel.org; 26/02/2011; G. Carretto - *Di "gialli" del Mediterraneo e di Ahmet Mitha,* in mbpro.net/kervan3/data/_uploaded/file/documents/12_3_CAR.pdf

[8] Secondo Ferracuti, *Ivi* "Simenon si distacca dal modello statunitense perché [...] il suo metodo investigativo non si basa sul ragionamento astratto, ma integra ragione, osservazione, attento studio dei luoghi, frequentazione dei personaggi coinvolti nella vicenda[...] insomma una vera immersione personale in un ambiente sociale e in una relazione irripetibile"

Giménez Bartlett; i siciliani Leonardo Sciascia, Santo Piazzese e Andrea Camilleri; l'algerino Yasmina Kadra, il marocchino Driss Chraïbi. L'elenco degli autori potrebbe continuare ma, per ovvie ragioni di sintesi, la presente proposta di lettura si limiterà agli scrittori citati.

Secondo lo scrittore algerino Yasmina Kadra, la forza del romanzo mediterraneo viene dall'impossibilità di trovare un legame comune fra gli autori per quanto riguarda il loro stile[9]. Se ciò, in parte, è vero per le scritture singolari che caratterizzano questi nuovi umanisti del giallo, altri sono gli elementi comuni che, come un filo rosso, uniscono le due sponde (quella europea e quella africana) dello stesso mare.

Si parte dall'ambiente che, in questi romanzi, diventa parte integrante della struttura narrativa. Si pensi alla rappresentazione di città come Barcellona, Palermo, Vigàta o Algeri diventate improvvisamente il palcoscenico del crimine moderno che affonda le radici nelle colpe di un passato in cui la storia ha determinato i problemi quotidiani come la corruzione politica, l'immigrazione, le lotte di potere, le discriminazioni, contro le quali, il *detective* si scontra e interagisce.

Nella conciliazione fra tradizione e contemporaneità, emergono gli screzi acuminati di un tema della colpa mai pacificata come quello della memoria storica di un passato difficile e inglorioso che ancora grava su questi luoghi belli come il sole ma dimenticati da Dio e dagli stessi uomini.

Non è irrilevante, perciò, che nei romanzi spagnoli di Manuel Vásquez de Montalbán o in quelli di Alicia Giménez Bartlett la memoria storica del franchismo che «non era certo stato una belle époque», [10] possa aver pesato al punto da trasformare la vecchia mafia in una gelida organizzazione di narcotrafficanti nella Barcellona del 2000. Analogamente, la criminalità organizzata, nell'ultimo romanzo di Alicia, *Onori di casa* (Sellerio, 2013) apre nuovi scenari sui rapporti tra mafia italiana e crimi-

---

[9] Cfr., Intervista di Luca Crovi a Yasmina Kadra, *L'Algeria raccontata da Yasmina Kadra*, in *giallo.blog.rai.it (04/09/2009)*.

[10] L'osservazione, non priva di ironia, è di Vásquez Montalbán in *Io, Franco*, Milano, Frassinelli, 1997 (ironica biografia del dittatore Francisco Franco). A questo proposito è bene ricordare che tutti i regimi dittatoriali, ostili alla trasgressione e fedeli all'etica dei proclami perbenisti, hanno sempre ostacolato la produzione della letteratura poliziesca: si pensi al rogo dei romanzi polizieschi ordinato dal Ministero fascista nel 1943 per promuovere all'estero "l'immagine" di una patria aliena da delitti e oscuri traffici o, in generale, per le stesse ragioni politiche, al divieto di Franco durante gli anni della sua dittatura in Spagna.

nalità spagnola, come sottofondo di un problema più esteso che rivela come la questione delle mafie vada affrontata a livello internazionale.

Nel panorama del "nero" d'Africa emerge il giallo di Yasmina Kadra che affida le indagini al commissario Llob. Nel romanzo, *La parte del morto* in una Algeri di fine anni '80, putrida e solare, sommersa da una montagna di rifiuti, l'ombra della rivoluzione tradita[11] svela la falsa indipendenza di una nazione asservita a un'*élite* che si nutre d'intrallazzi e di corruzione tra potere e mondo militare. Per costoro «l'eccesso di zelo rappresenta il massimo grado della vigilanza, mentre l'ignoranza è la quintessenza del giuramento di fedeltà alla patria».[12]

Non è diversa la situazione nell'immaginaria Vigàta di Camilleri, ove, seppure la mafia rimane un "rumore di sottofondo",[13] si riesce a cogliere l'evoluzione di una malapianta che segna i confini e le differenze tra la cupola di Sciascia e il mondo del narcotraffico; i colletti bianchi dei CDA e la ragion di Stato collusa con la criminalità.

Alla memoria storica si legano anche i luoghi del giallo mediterraneo che veicolano una geografia dell'anima e coniugano, in un'unica sinergia, echi arabi, barocchi e ritmi metropolitani. La Palermo di Santo Piazzese[14] è, pertanto, un *blues* metropolitano che rinasce nei quartieri antichi come lo splendido borgo medievale di Erice, teatro del suo ultimo romanzo, si perde nell'oblio dei ricordi del protagonista, il detective Lorenzo La Marca; la Vigàta di Camilleri è un assolato spazio mentale in cui è perfino possibile sentire «l'odore della notte»; la Barcellona della Giménez Bartlett è una città moderna e globalizzata che mantiene il caos e il calore delle città mediterranee. Anche l'Algeri di Yasmina Kadra, di fronte a «un Mediterraneo scuro come il presentimento», è una città raggiante che da un lato ruba nitidezza al cielo, dall'altro, è il luogo in cui lo

---

[11] Il romanzo, ambientato negli anni Ottanta, ripercorre alcune tappe della guerra d'indipendenza algerina (a cui lo stesso Kadra partecipò in qualità di ufficiale) nella quale l'autore individua il germe della corruzione e la barbarie del regime fondato su un sistema corrotto e clientelare.

[12] Yasmina Kadra, *La parte del morto*, Milano, Mondadori, 2005, p.25.

[13] Sono molti i romanzi di Camilleri in cui si allude al tema della mafia(da *Il cane di terracotta*,1996, a *La Vampa d'agosto* 2006, fino a *Voi non sapete*, 2007) sebbene l'autore abbia espressamente affermato di non volerne parlare diffusamente, per non amplificarne la portata.

[14] Si confrontino dell'autore panormita i romanzi: *I delitti di Via Medina Sidonia*, (Palermo, Sellerio, 1996) *La doppia vita di M. Laurent* (Palermo, Sellerio 1998) *Il soffio della valanga* (Palermo, Sellerio, 2002) e il recentissimo *Blues di mezz'autunno* (Palermo, Sellerio 2013).

scirocco mescola insieme alla calma araba mista a pigrizia, l'odore dei soldi e della corruzione.

Nel giallo mediterraneo, al tema della memoria si affianca anche quello del "realismo mediterraneo"[15] che trasforma il romanzo in una narrazione della contemporaneità.

In altre parole, nel *plot* intricato del romanzo, il punto di vista del *detective* può anche trasformarsi in giudizio, rispetto agli eventi che accadono nel giallo e che verosimilmente potrebbero rappresentarsi nella realtà. In questo contesto, il romanzo poliziesco abbandona la canonica struttura del "romanzo a circuito chiuso"[16] per aprirsi verso gli orizzonti di una letteratura di riflessione ove assumono un significato profondo le osservazioni "scomode" degli autori sulla politica, i media, l'informazione, il potere.

Alla luce di queste considerazioni, non è senza significato che Sciascia nel *Contesto* dichiari espressamente di aver scritto una parodia partendo da un fatto di cronaca «perché bisognava difendere lo Stato da coloro che lo rappresentavano»; Montalbano ne Il *giro di boa* alluda alle torture della polizia nel G8 di Genova o esprima tutta la sua amarezza per l'odio leghista verso gli immigrati nutrito da persone

> ditte va a sapiri perché onorevoli [...] che avevano dimenticato che anche gli taliani erano immigrati quando partivano per la Merica[17]

I toni caustici e sferzanti continuano nelle inchieste del commissario Llob che, ne *La parte del morto*, riflette sulla delusione della guerra di liberazione che ha generato la deriva della corruzione e l'impunità della nomenclatura, sicché in Algeria la vita di ciascuno è appesa solo a una telefonata, perché non esistono «né carta né costituzione, né legge né equità e se il simbolo della giustizia porta una benda sugli occhi, è perché non ha il coraggio di guardarsi allo specchio»[18].

---

[15] G. Ferracuti, *Il giallo mediterraneo come modello narrativo...* cit.
[16] Per quest'argomento cfr. T. Narcejac, *Il romanzo poliziesco*, Milano, Garzanti 1975.
[17] Andrea Camilleri, *L'età del dubbio*, Palermo, Sellerio, 2008, p.25
[18] Yasmina Kadra, *La parte del morto*, cit.166

All'elenco accusatorio si aggiungono anche l'irridente fustigazione dell'ispettore Alì, *alter ego* del noto giallista marocchino Driss Chraïbi[19].

E tuttavia, nella fitta trama di referenze culturali in cui gli investigatori mediterranei si ritrovano, c'è anche spazio per la combinazione perfetta di drammaticità e leggerezza. Non è senza significato che contro l'omologazione di una realtà nevrotizzata, ciò che accomuna questi *detectives* sia una serie di ingredienti come il possibilismo, l'ironia, il disincanto, l'amore per la gastronomia e l'arte. Nasce, pertanto, un'unità d'intenti tra il Salvo Montalbano di Camilleri che adora il fritto misto di pesce o la pasta con i broccoli e Pepe Carvalho di Vásquez Montalbán che vanta un amore sconfinato per il cibo, metafora di cultura; così come corre un sottile filo rosso tra le indagini scanzonate di Alì, che adora le alici alla marocchina e le antiche ricette musulmane e il merluzzo alle olive preferito dall'ispettore Llob.

L'amore per la cultura e la buona musica accomunano gli investigatori di Camilleri, Piazzese, Bartlett, Kadra e Chraïbi come anche le riflessioni metaletterarie sul giallo che portano continuamente i protagonisti a ironizzare sulla figura del detective classico (si pensi all'investigatore "involontario" Lorenzo La Marca, biologo di professione, nelle opere di Piazzese o a Petra Delicado, 'l'ispettore' di Alicia Giménez Bartlett e alle sue ironiche osservazioni sulle qualità del perfetto poliziotto.)[20]

L'attenzione per la cultura materiale, in questi romanzi, è la spia del bisogno di riappropriarsi di un'identità che, nel turbinio della globalizzazione e dell'assenza di certezze, può essere restituita solo dalla memoria storica e dal retrobottega culturale. Pertanto, Petra legge Dostoevskij, Shakespeare o Tirso da Molina; l'ispettore Alì, dietro l'aspetto trasandato

---

[19] Autore della fortunata serie dell'Ispettore Alì (*L'ispettore Alì* (Giunti, 2007); *L'ispettore Alì al Trinity College* (Marcos Y Marcos, 1998); *L'Ispettore Alì e il Corano* (Marcos y Marcos 2002); *L'ispettore Alì e la C.I.A* (Marcos Y Marcos, 1999); *L'ispettore Alì al villaggio* (Marcos Y Marcos, 1999); Driss Chraïbi è considerato l'esponente più significativo del *noir* magrebino. Ilare e caustico nel suo stile volutamente arioso, l'autore coniuga nei suoi testi l'attenzione verso l'identità culturale e razziale con la critica degli stereotipi islamici e dei *cliché* occidentali.

[20] A questo proposito si veda in (Gimenéz Bartlett, A., *Riti di morte*, Palermo, Sellerio, 2002, pp. 61-62) come Pedra, in preda ad una profonda crisi esistenziale, di fronte all'urgenza di un caso da risolvere esclama «Dovevo rimanere lì a combattere in nome del dovere, dimostrare che ero una belva capace di impugnare le redini di un'inchiesta; una donna non può permettersi il lusso di avere delle esitazioni, soprattutto, se fa [...] il poliziotto».

mostra un robusto *background* culturale che spazia da Skakespeare a Derrida, passando per Mallarmé; Montalbano medita, invece, sui sonetti di Petrarca ed Alfieri.

Il commissario Llob, legge Djamel Amrani, adora il giallo di Driss Crhaïbi come simbolo di riscatto di un Maghreb che vuol riconciliarsi con la storia ma si nutre anche di Dostoevskij, Dante e Jack London.

Dalla breve disamina emerge come il giallo mediterraneo si profili come un romanzo anomalo, una sorta di "pre-testo" per disquisire ed interrogarsi sui perché della giustizia, di fronte alla comune ricerca di verità su se stessi e il mondo a cui i protagonisti anelano. Se si scopre, tuttavia, che percorrere i corridoi sinuosi di una realtà inquieta, significa prendere coscienza della crisi, può accadere che l'inchiesta si trasformi in *quête* e il *noir* diventi un *work in progress* che accompagna il cammino stesso dell'esistenza del personaggio. E, infatti, Salvo Montalbano, nell'evoluzione del suo personaggio, è costretto «a tenersi costantemente d'occhio» perché non è più attore ma spettatore della sua vita; Pedra Delicado, riflette sul fatto che nel lavoro del poliziotto «tutto è incerto, tutto è variabile, momentaneo. Come l'uomo stesso»; l'ispettore Alì, dietro l'apparente indolenza sente che il problema della fine del XX secolo è l'immensa incommensurabile solitudine dell'essere umano su tutta la distesa del globo. Infine, il dubbio che la verità sia insufficiente a regalare certezze, al di là della felice soluzione dell'inchiesta, trapela anche dalle pagine di Kadra se ne *La parte del morto* si legge

> La vita e la morte, il Bene e il Male, il caso e il fato sono la stessa cosa; stupide teorie che s'ingegnano a soppiantare ciò che è destino; tutti preconcetti che sostituiscono le vere domande. Così gira la ruota macinando milioni di cloni, che costituiscono gli anelli della catena, uniti nel dramma come le dita della mano che afferrano l'arma del delitto. Chi siamo noi ? [...] solo semplici pedine sulla scacchiera di Dio. (Kadra, 100)

Se la vita è un delitto senza un autore apparente, il giallo mediterraneo allarga il suo spettro; si tinge del grigio colore del dubbio mentre oscilla tra l'amara analisi dell'esistente e il recupero della speranza: in fondo, rinarra la storia del *Mare nostrum*, da sempre, abituato a convivere tra la bellezza e l'inferno.

BIBLIOGRAFIA ESSENZIALE

Dürrenmatt Friedrich, *La promessa*, Torino, Einaudi, 1958.
Narcejac Thomas, *Il romanzo poliziesco*, Milano, Garzanti, 1975.
Pietropaoli, Antonio, *Ai confini del giallo. Teoria ed analisi della narrativa gialla ed esogialla*, Salerno, Edizioni Scientifiche italiane, 1986.
Piazzese, Santo, *I delitti di Via Medina Sidonia*, Palermo, Sellerio, 1996.
_____, *La doppia vita di M- Laurent*, Palermo, Sellerio 1998;
_____, *Il soffio della valanga* Palermo, Sellerio, 2002;
_____, *Blues di mezz'autunno* Palermo, Sellerio 2013.
Vàsquez Montalbàn Manuel, *Io, Franco*, Milano, Frassinelli, 1997.
Chraïbi, Driss, *L'ispettore Alì al Trinity College*,Marcos Y Marcos, 1998.
Giménez Bartlett, A. *Riti di morte*, Palermo, Sellerio, 2002.
_____, *Onori di casa*, Palermo, Sellerio, 2013.
Sciascia, Leonardo, *Breve storia del romanzo poliziesco*, in *Cruciverba* in *Opere II, 1971-1983*. A cura di C. Ambroise, Milano, Bompiani, 2004.
Izzo, Jean Claude, *Aglio, menta, basilico, Marsiglia, il noir e il mediterraneo*, Roma, E/0, 2006.
Camilleri, Andrea. *L'età del dubbio*, Palermo, Sellerio, 2008.
D'Argenio, Maria Chiara, De Laurentis Antonella, Ferracuti Giovanni. *La rappresentazione del crimine. Sul poliziesco argentino e sul giallo mediterraneo*, Roma, Aracne, 2009.
Jansen, Monica e Khamal Yasmina (a cura di) *Memoria in noir: un'indagine pluridisciplinare*, P.I.E.-Peter Lang, 2010.
Scaglia, Franco, *Il giardino di Dio. Mediterraneo, storie di uomini e pesci*, Milano, Piemme Edizioni, 2013.

SITOGRAFIA

Ferri, Sandro, *Azzurro e nero: per una bibliografia del noir mediterraneo*, in www.massimocarlotto.it
Carretto, Giacomo, *"Di gialli" del Mediterraneo e di Ahmet Mitha*, in "Kervan" Rivista internazionale di studi afroasiatici, n.12 luglio 2010 in
mbpro.net/kervan3/data/_uploaded/file/documents/12_3_CAR.pdf
Crovi Luca, *L'Algeria raccontata da Yasmina Kadra*, in giallo.blog.rai.it (04/09/2009)
Ferracuti, Giovanni. *Il giallo mediterraneo come modello narrativo*,
<http:www.ilbolerodi ravel.org> (26/02/2011).

Un bi-culturalismo negato
«Altre» riflessioni su letteratura e identità «italiana» negli Stati Uniti[1]

ANTHONY JULIAN TAMBURRI
John D. Calandra Italian American Institute

Esiste—anzi, esisteva già da quando mise piede in terra americana il primo immigrante italiano—una letteratura linguisticamente italiana, con un fortissimo appiglio italiano, che è allo stesso tempo *contaminata* dalla cultura ospitante. Detto ciò, bisogna dunque sottolineare il fatto che anche se si vive fuori del contesto quotidiano in cui si svolgono le nostre attività intellettuali, ovvero cognitive, c'è sempre una specie di influenza bloomiana che in qualche modo esercita il suo impatto su chi scrive e su chi legge, quell'influenza angosciante che provoca una sovradeterminatezza del linguaggio letterario il quale, a sua volta, influisce sulla lettura dello stesso testo[2].

Vale a dire, lo scrittore che vive in un ambiente linguisticamente inglese, per la maggior parte, ma che scrive in un'altra lingua, nel caso nostro è italiano, vive intellettualmente «fra due mondi», come scrisse più

---

[1] Questo lavoro è complementare a quello che ho fatto dedicato agli «scrittori americani di origine italiana» che scrivono in inglese. È una versione abbreviata del primo capitolo di un libro che sto per portare a termine tra non tanto, intitolato *Un bi-culturalismo negato: la letteratura «italiana» negli Stati Uniti*. E' inoltre una versione ampliata dell'introduzione alla nuova rubrica «Oltreconfine» della rivista *Studi italiani*. No. 1 (2014).

[2] A questo proposito, allora, rimando il lettore ad un trattato di Harold Bloom, *A Map of Misreading* (New York: Oxford UP, 1975; disponibile anche in italiano, *Una mappa della dislettura* [Milan: Spirali, 1983]): «Reading, as my title indicates, is a belated and all-but-impossible act, and if strong, is always a misreading. Literary meaning tends to become more under-determined even as literary language becomes over-determined. *Criticism may not always be an act of judging, but it is always an act of deciding, and what it tries to decide is meaning*» (*A Map of Misreading*, 3; corsivi miei; «La lettura, come indica il mio titolo, e un'azione ritardata e tutto fuorché impossibile, e se forte è sempre una dislettura. Il significato letterario tende ad essere più sotto-determinato anche quando il linguaggio letterario diventa sovra-determinato. *La critica non sarà sempre un atto del giudicare, ma è sempre un atto del decidere, e ciò che cerca di decidere è significato*.» Traduco dal testo originale in inglese.).

di vent'anni fa Paolo Valesio[3]. Per cui, studiare le opere degli scrittori di questo mondo contemporaneamente italiani e americani ci permetterà anche di riesaminare questo mondo dell'interstizio e allo stesso tempo di riconsiderare quel rapporto ormai secolare tra il mondo culturale geo-italiano e quello altrettanto italiano sotto certi aspetti ma non più geo. Si tratterà intanto di valorizzare una produzione letteraria in lingua italiana che viene inizialmente ideata e, successivamente, concepita e compiuta in un ambiente extra-Italia, al di fuori dei confini geo-politici e, diciamo pure, geo-culturali.[4]

Un viaggio testuale-culturale di questo genere non sarà per nulla di facile natura, in quanto ci si imbatterà in una serie di deviazioni linguistiche, culturali, e, diciamolo pure, ideologiche, ragion per cui esso diventerà inoltre più stimolante del solito. Le sfide sono storiche anche perché l'*establishment* intellettuale italiano non ha mai preso in considerazione queste attività estetiche oltre quei confini geo-politici ormai tradizionali e limitrofi. Per cui anche volendo, ci manca il modo in cui percepirle e catalogarle; ci servirebbe, ad esempio, un nuovo termine per caratterizzare ed alla fine catalogare tali scrittori. Dopo tutto, se manca il concetto, manca pure la nomenclatura. E allora, «Quale termine possiamo adoperare per descrivere ed alla fine inventariare tali attività?» Tale interrogativo pertanto ci rammenta il gruppo «Italian Poets in America», presentato per la prima volta col numero speciale di *Gradiva*, 10-11 (1992-93). Si è parlato tanto di questo fenomeno dello scrittore bilingue negli Stati Uniti, portandoci inoltre a discutere di altri argomenti quali, ad esempio, quello di nomenclatura come suggerisce, infatti, il titolo stesso del numero speciale di *Gradiva*: e quindi «scrittore italiano in America», «scrittore in esilio», e «scrittore espatriato» sono alcune delle etichette proposte allora.

---

[3] Paolo Valesio, «The Writer Between Two Worlds: The Italian Writer in the United States», in *Differentia*, 3 & 4 (primavera-autunno, 1989): 259-76. Rimando il lettore anche al suo saggio «I fuochi della tribù» in *Poesaggio: poeti italiani d'America*, a cura di Peter Carravetta e Paolo Valesio (Quinto de Treviso: Pagus Edizioni 1993): 253-69.

[4] A questo proposito si vedano tre saggi di Peter Carravetta: «Introduzione» in *Poesaggio: poeti italiani d'America*, a cura di Peter Carravetta e Paolo Valesio (Quinto de Treviso: Pagus Edizioni 1993): 9-25, specialmente16-22; Sulle trace di Hermes: migrare, vivere, riorientarsi (Lodi: Morellini, 2012), specialmente cap. 2; e la sua introduzione alla sezione «United States» in *Poets of the Italian Diaspora*, a cura di (New York: Fordham University Press, 2014): 1075-85.

Nel mio *A Semiotic of Ethnicity*, avevo già collocato questo scrittore in un altro gruppo che, benché diverso linguisticamente, apparterrebbe a quella più ampia categoria, sempre nel contesto statunitense, di «scrittore italiano/americano»[5]. Questo era la prima tappa di un mio viaggio che adesso riprendo ancora una volta dopo una seconda sosta, per quanto breve fosse, col mio *Una semiotica dell'etnicità*, dove nel primo capitolo discorrevo per poche pagine su questa figura italiana extra-Italia, chiedendomi come mai ci trovavamo in questa situazione pseudo-separatista quando, invece, un discorso generale più ecumenico ci potrebbe giovare di più[6].

IDENTITÀ «ITALIANA»

In quella seconda visita avevo parlato di quello scrittore che, come scrivevo allora, «abita[va] l'Italia». Tale espressione, articolata in modo transitivo anziché intransitivo, doveva, e dovrebbe tutt'oggi, riferirsi, da una parte, a quelli che vivono in Italia e, dall'altra parte, distinguerli da quelli invece che abitano negli Stati Uniti: questi ultimi, tuttavia, che si autodefinivano italiani che vivevano all'estero, e non davano nessun valore al binomio aggettivale «Italian American» nel loro caso. Facendo così, questi «italiani all'estero» si collocavano linguisticamente fra quelli

---

[5] Si veda il capitolo 7, «Italian/American Writer or Italian Poet Abroad? Luigi Fontanella's Poetic Voyage» in *A Semiotic of Ethnicity. In (Re-)cognition of the Italian/American Writer* (Albany, NY: SUNY P, 1998) 109-17.

Uno dei recenti saggi più acuti su questo argomento è stato proposto da Andrea Ciccarelli, «Fuoricasa: scrittori italiani in Nord America», *Esperienze letterarie* 29.1 (2004): 83-104, dove, in chiusura, si accenna anche al rapporto tra la letteratura in lingua italiana scritta fuori d'Italia e quella invece che si considera normalmente «letteratura italiana». Altri saggi e raccolte significativi che lo hanno preceduto includono: Paolo Valesio, «The Writer Between Two Worlds: The Italian Writer in the United States», in *Differentia*, 3 & 4 (primavera-autunno, 1989): 259-76; quei saggi pertinenti a questo argomento nella raccolta a cura di Jean-Jacques Marchand, *La letteratura dell'emigrazione: gli scrittori di lingua italiana nel mondo* (Torino: Edizioni della Fondazione Giovanni Agnelli, 1991); Paolo Giordano, «Emigranti, espatriati e/o esiliati: Italiani e letteratura negli Stati Uniti» ne *Lo Straniero*, a cura di Mario Domenichelli e Pino Fasano (Roma: Bulzoni Editore, 1998): 169-84; l'introduzione di Peter Carravetta al volume *Poesaggio. Poeti italiani d'America*, a cura di Peter Carravetta e Paolo Valesio (Treviso: Pagus, 1993); e, *last but not least*, Luigi Fontanella, *La parola transfuga* (Firenze: Cadmo, 2003), adesso rielaborato in inglese col titolo *Migrating Words: Italian Writers in the United States* (New York: Bordighera P, 2012).

[6] Si veda il primo capitolo del mio *Una semiotica dell'etnicità: nuove segnalature per la scrittura italiano/americana* (Firenze: Franco Cesati Editore, 2010).

che «vivono l'Italia» e, allo stesso tempo, tacevano il luogo geografico in cui si svolgeva la loro esistenza quotidiana—cioè quel territorio geoculturale che, nel nostro caso, si chiama Stati Uniti d'America[7]. Questi, vale a dire, «vivono l'Italia» nonostante vivano da parecchio tempo negli Stati Uniti, ragion per cui, come si è detto sopra, ci occorre una denominazione che sia un «compromesso» tra l'autodefinizione e la categoria sociologica; una denominazione, indubbiamente, che rimarrà un argomento da riprendere in altre sedi[8]. E comunque andrà a finire tale conversazione, al momento si tratta in fin dei conti della differenza tra *identità emotiva* e *identità effettiva*, e cioè quella vera, reale, concreta.

E' proprio questa *identità effettiva* che ci interessa in questa sede. L'intento qui è di dare ancora uno sguardo alla scrittura italiana negli States, sulla scia del lavoro compiuto fin'ora da studiosi come Peter Carravetta, Luigi Fontanella, e Paolo Valesio dal lato critico, e da altri invece, dal lato creativo, tra cui: di nuovo Carravetta, Fontanella, e Valesio, ma anche Alfredo de Palchi, Irene Marchegiani, ed Emanuele Pettener e tanti altri. E dal punto di vista prettamente editoriale, pertanto, ricordo il lavoro di Francesco Durante[9].

A questo punto, la questione altrettanto importante da discutere, assieme a quella sopra dedicata all'identità, concerne l'interrogativo, «Come mai l'Italia non ha prestato più attenzione alla sua storia emigratoria, specialmente quella letterario-culturale che ebbe inizio, sia in italiano che in inglese, nella prima metà dell'Ottocento?» Dal lato storico, ci sono una miriade di studi che risalgono a metà del 1900, saggi che hanno seguito se non addirittura costruito una buona parte della storia degli immigran-

---

[7] E ricordiamoci che si potrebbe dire le stesse cose a proposito di altri punti di arrivo notevoli della emigrazione italiana.

[8] Nel contempo rimando il lettore al mio *To Hyphenate or Not to Hyphenate: The Italian/American Writer: Or, An Other American* (Montréal, Guernica, 1991) e al primo capitolo del mio *Una semiotica dell'etnicità*, 17-20. Si veda anche il primo capitolo del libro di Fontanella, *La parola transfuga*, dove egli riprende il discorso della nomenclatura dello scrittore italiano negli States.

[9] Si vedano i suoi due volumi: *Italoamericana*, vol. 1, curato da Francesco Durante (Milano: Mondadori, 2001), e *Italoamericana*, vol., 2, curato da Francesco Durante (Milano: Mondadori, 2005). Un'altra raccolta che metterei sotto questo largo ombrello «italoamericano» è l'antologia dei racconti intitolata *Figli di due mondi. Fante, Di Donato & C. Narratori italoamericani degli anni '30 e '40* (Roma: Avagliano, 2002).

ti italiani negli States[10]. Ciò che mancava, e in un certo senso manca tutt'ora, è la dovuta attenzione alla produzione letteraria extra-Italia scritta sia in lingua italiana che in lingua inglese. E qui si rientra in un discorso linguistico di carattere egemonico di doppia natura, proprio perché, si presume, se il prodotto culturale non è articolato in italiano e non si svolge all'interno di (se non pure intorno a) quella società italiana, esso allora non appartiene a quel mondo letterario che si descrive con l'aggettivo «italiano». Questo concetto restrittivo, fortunatamente, non soggiace al progetto di Francesco Durante e al suo lavoro «italoamericano». Il secondo volume del 2005, specialmente, contiene più di cinquant'anni di scritti—saggi, poesie, teatro, racconti, e parti di romanzi—originatisi negli States dei quali ottanta percento fu scritto in italiano, quasi ottocento pagine in un singolo volume nella lingua del paese dove il sì suona[11]. Testi in italiano, ribadisco, che gli immigra[n]ti scrivevano e pubblicavano negli States anche anni dopo che avevano deciso di vivere definitivamente nel nuovo continente. In questo senso è più che lecito riconoscere nel lavoro editoriale di Durante un atto storico-filologico assai significativo per la [ri]costruzione letterario-culturale del mondo italiano/americano[12]. Ma è una ricostruzione che non gode evidentemente di una buona fortuna all'interno del mondo dell'editoria italiana. I due volumi di *Italoamericana* non sono più disponibili, e la collana «Transatlantici», in cui furono pubblicati un'antologia di prosa e sette altri libri di letteratura italiano/americana, è stata annullata.

Da un certo punto di vista tale annullamento non ci dovrebbe meravigliare, dato che in questo stesso periodo si possono verificare due altri episodi di *vuotezza*, che sottolineano una certa resistenza sia a mezzi nuovi per interrogare testi estetici quali sono la letteratura, il cinema, ed altre manifestazioni socio-culturali di questo genere (ad esempio, pittura, scultura, teatro), sia a forme diverse e/o nuove di ciò che possiamo chia-

---

[10] E' un chiaro dato di fatto che in Italia non si studia la storia dell'emigrazione italiana nelle scuole. L'italiano che frequenta le scuole di stato non impara queste cose, ragione per cui tale storia rimane sconosciuta al livello di un discorso generale italiano.
[11] L'unica critica che si possa rivolgere al progetto durantiano è che manca di un'esigenza teorica. Si veda il mio *Una semiotica dell'etnicità*, 19-20.
[12] Dalla prospettiva della teoria letteraria, e qui intendo anche *cultural studies*, il progetto editoriale durantiano ne manca in modo non indifferente per cui risulta che le opere ivi incluse vengono considerate soltanto all'interno di un contesto storico-tematico.

mare letteratura «italiana» ovverosia italiano/americana. Nel primo caso, si tratta di una voce alquanto autoritaria su discorsi letterari italiani, e cioè Mario Lavagetto. Nel suo *Eutanasìa della critica* egli sostiene che se «i critici letterari» non si accorgono dei cambiamenti (si legga pure rinnovamenti) degli strumenti analitici che gli si sfiorino intorno, gli si dissolve innanzitutto «la capacità di imparare, di sfuggire al proprio passato e alle proprie ossessioni»[13]. Sarebbe davvero difficile contraddire Lavagetto in questo contesto. Eppure, leggendo più avanti, vediamo che è lo stesso Lavagetto che non pare voler aprirsi gli occhi davanti ai *cultural studies*, come difatti si legge sotto:

> Oppure furono i *cultural studies* a essere oggetto di una avventurosa e precipitosa importazione dando origine, molte volte, a ridicole geremiadi, a comici rimpianti di critici letterari o di professori che sembravano pentiti (a cinquant'anni) di essersi occupati, per il resto della loro esistenza, di una cosa così futile e marginale come la letteratura e che cercavano di cambiare abito e identità passando, come facevano una volta i prestigiatori, all'interno di una sorta di cabina, da cui uscivano trasformati in economisti, antropologi, psicoanalisti, esperti di *gender*. Altri ancora, (più audaci e ancora più pigri) trovarono rifugio e accoglienza nelle tesi di chi, oltre Oceano, metteva in dubbio la nozione stessa di testo a vantaggio delle libertà e dei diritti incalcolabili del lettore o, almeno, delle «comunità ermeneutiche» entro i cui paradigmi pareva assumere forma concreta l'attività dei singoli. (58-9)

Che il rifiuto di un critico di cercare di uscire dal proprio guscio possa portare alla dissoluzione della «capacità di imparare, di sfuggire al proprio passato e alle proprie ossessioni», viene confermata, paradossalmente, dallo stesso atto intellettualistico di Lavavgetto, ritirandosi la testa nel proprio guscio e, di conseguenza, condannando *tout court* qualunque critica a base di *cultural studies*[14].

---

[13] Mario Lavagetto, *Eutanasia della critica* (Torino, Einaudi, 2005) 73-4. Ho già discusso questo altrove e ne riporto parte di quella discussione qui. Si veda il mio *Una semiotica dell'etnicità*, 20-22.

[14] In una sede precedente, infatti, avevo parlato di un'implicita difesa della cosiddetta *nuova critica* alla I. A. Richards, per cui qualunque discorso critico che vada al di fuori del testo sotto esame, salvo magari la biografia dello stesso autore, viene ritenuto poco valido se non proprio da scartare per intero. E c'è anche la problematica di *gender* che viene a galla in questo testo. E cioè, escludere l'argomento *gender* dalla critica letteraria è davvero difficol-

Ma c'è un altro punto parecchio più significativo per quanto riguarda il nostro discorso in questa sede, ed è quello che concerne la prospettiva di come veniamo noi degli States percepiti dal mondo intellettuale-culturale in Italia. E a questo proposito il summenzionato brano di Lavagetto sottolinea una di due facce della medaglia[15]. Nelle parole che chiudono la citazione, dunque—«nelle tesi di chi, *oltre Oceano*, metteva in dubbio la nozione stessa di testo a *vantaggio delle libertà e dei diritti incalcolabili del lettore*» (corsivi miei)—si verificano due chiari e netti esempi di ottusità critica in quanto si percepisce senza alcun dubbio (1) un'insistenza su una cecità semiotica nei confronti di nuovi strumenti *non italiani* di analisi testuali («nelle tesi di chi, *oltre Oceano*,»), e (2) il non voler riconoscere il testo, sia in senso barthesiano che calviniano, come sito di possibili significanti a cui il lettore attribuisce un significato— «(mettere) in dubbio *la nozione stessa di testo a vantaggio delle libertà e dei diritti incalcolabili del lettore*». Intellettualmente, allora, chi sta «oltre Oceano» avrà ben poco se non proprio nulla da contribuire ad una conversazione intellettuale-letteraria, ad esempio, se non rifarsi «a ridicole geremiadi, [oppure] a comici rimpianti»[16].

Fortunatamente non tutti la pensano così in Italia. Il contributo più recente e più pertinente a questo quadro della letteratura italiano/americana è lo studio di Michela Cometa sugli *cultural studies*[17]. Primissima cosa è l'avvertimento che Cometa dà al suo lettore, e cioè di non fermarsi ad uno dei passi iniziali proprio perché l'applicazione di qua-

---

toso oggigiorno per ragioni che credo siano piuttosto palesi, giacché l'*intellighenzia* italiana, secondo alcuni, è mancata in modo notevole di voci femminili, e in modo non indifferente, nei posti di potere socio-culturale. Anche qui rimando il lettore al mio *Una semiotica dell'etnicità*, 21, e al capitolo dedicato al romanzo *Umbertina* di Helen Barolini.

[15] Ne riporto di nuovo qualche frase dalle pagine citate del mio *Una semiotica dell'etnicità* in ciò che segue in questo paragrafo.

[16] Mi viene in mente a questo proposito ciò che ho già detto intorno alla completa mancanza di attenzione prestata alla letteratura italiana da parte di alcuni della rivista *Àcoma*. Nel discutere le letterature degli Stati Uniti, non c'è proprio alcun riferimento né ad un potenziale filone di letteratura italiano/americana né ad alcuno scrittore di origine italiana in cui, magari, si potrebbe anche percepire qualche segno italianeggiante. Si veda il mio *Una semiotica dell'etnicità*, capitolo uno. Per delle acute letture di diversi testi italiano/americani, specialmente alcuni che vengono considerati dallo *establishment* come prettamente americani, si veda Fred Gardaphé, *Segni italiani, strade americane: l'evoluzione della letteratura italiana americana* (Firenze: Franco Cesati Editore, 2012).

[17] Michele Cometa, *Studi culturali* (Napoli: Guida, 2010).

lunque metodo critico di *cultural studies* richiede una serie di esercizi analitici che vadano oltre una mera classificazione del testo:

> la produzione letteraria dei migranti e certamente un fenomeno quanto mai interessante, tanto più che viene sempre più integrata nel sistema culturale italiano, ma corre il rischio di diventare solo l'occasione per un esercizio puramente classificatorio se non viene inserita nel contesto più ampio degli «attraversamenti di frontiera» e delle «ibridazioni» di cui intendono occuparsi gli studi culturali. (95)

Non è per nulla sbagliato presumere che nel mirino di Cometa stiano i testi degli immigranti italiani, coloro cioè che sono arrivati in Italia negli ultimi quarant'anni e hanno già da alcuni decenni contribuito ad un discorso più ampio sul concetto *italiano* di identità *italiana*. E' pure vero che tale nozione potrà essere facilmente applicata ad un discorso italiano/americano sia nel contesto statunitense sia in quello italiano. E quando dico «contesto italiano», mi riferisco alla possibilità che un *establishment*—vale a dire, una cultura dominante—riconosca come parte del proprio patrimonio letterario ciò che viene prodotto sia in un'altra lingua che in un'altra zona geo-culturale, ambedue diverse da quelle *tradizionali*, come si vedrà più in avanti[18].

Il rischio, come giustamente mette in risalto ancora una volta Cometa, è che si finirebbe «per relegare queste esperienze in canoni marginali, per quanto idolatrati dai media, comunque subalterni, pur nel successo di pubblico e di critica, e di mancare del tutto la grande questione teorica su cui tali scritture impongono di riflettere...» (97). Cioè, i *cultural studies*, come io ho già sostenuto altrove[19], devono essere «critici», con lo scopo preciso di poter oltrepassare una «mera descrizione di emergenti culturali che cerchi di dare voce all'"esperienza' di quelli a cui lo spazio per parlare è stato negato», e qui cito Mas'ud Zavarzadeh e Donald Morton quando descrivono gli studi culturali «dominanti» o «esperienziali»: cioè, quelli che «offrono una 'descrizione' dell'esotico 'altro' e quindi

---

[18] E qui ho in mente chi vive in Italia e, per una serie di motivi che hanno senso, scrive in un'altra lingua—situazione questa chiaramente analoga al cosiddetto americano di origine italiana, chi scrive cioè in inglese di cose italiane in senso largo.

[19] Ho esaminato questa problematica per la prima volta nel mio *A Semiotics of Ethnicity*, capitolo otto, «Italian/American Cultural Studies. Looking Forward», e adesso più ampliato nel mio *Una semiotica dell'etnicità*, capitolo sei, «Dove possiamo andare».

forniscono al lettore borghese il piacere del contatto con la differenza»[20]. Questo è, di fatto, ciò che Cometa dice adesso, quasi vent'anni dopo, quando, in un ambito italiano, si riferisce ad un «esercizio puramente classificatorio». E in questo contesto di interpretazione letteraria, dunque, i *cultural studies* «non [sono] una descrizione ma una spiegazione, non una testimonianza ma [devono costituire una specie di] intervento: non [sono] un semplice 'testimone' di avvenimenti culturali, ma [prendono] una 'posizione' nei loro confronti» (8)[21].

Nell'andare avanti a proposito di tutto ciò detto fin'ora, bisogna allora che il critico esca a tutti i costi da quel suo guscio cui si era riferito Lavagetto nel suo librino, e che al tempo stesso riconosca ed accetti il fatto che il contesto in cui viene percepito, ideato, e, alla fine, creato sia di primaria importanza nella ricezione ed eventuale interpretazione di un testo letterario, come giustamente sottolinea Aijaz Ahmad[22] quando dice che «i testi letterari vengono prodotti all'interno di contesti molto diversi e, di solito, iper-determinati, da *gruppi che competono ideologicamente e culturalmente cosicché ogni testo di una certa complessità verrà sempre collocato nel gruppo che gli dà vigore e forma prima che venga totalizzato in una categoria universale*» (23; corsivi miei). Quest'ultima nozione di Ahmad, a mio avviso, contribuisce a costituire una cornice ideologica di specificità di gruppo con cui gli studiosi di americanistica—e più precisamente *italianoamericanistica*—ovunque si trovino, potrebbero, e forse dovrebbero, approfondire il concetto di letteratura etnica vis-à-vis quello di letteratura nazionale e quindi rivedere il significato di scrittore all'interno della ri-categorizzazione del concetto dei cosiddetti scrittori *etnici*, oppure,

---

[20] Si veda il loro libro, *Theory, (Post)Modernity Opposition. An «Other» Introduction to Literary and Cultural Theory* (Washington, DC, Maisonneuve Press, 1991) 8. Secondo Zavarzadeh e Morton, i proponenti di studi culturali dominanti includono quelli come John Fiske e Constance Penley.
[21] È importante notare a questo punto che Stuart Hall, uno dei padri fondatori di *cultural studies*, tende ad essere più reticente a proposito di vero (radicale?) cambiamento; quasi volesse suggerire qualcosa del tipo: *Se capita, bene; sennò, va bene lo stesso*. Infatti, Hall sembra limitare il suo orizzonte di cambiamento all'interno del mondo accademico: «È quella specie di irritazione necessaria nel guscio della vita accademica che, si spera, ... produrrà nuove perle di saggezza» (11; si veda il suo, «Race, Culture, and Communications: Looking Backward and Forward at Cultural Studies», *Rethinking Marxism* 5.1 [1992]: 10-18.).
[22] Si veda il suo «Jameson's Rhetoric of Otherness and the 'National Allegory'», *Social Text* 17 (1987), adesso in *In Theory* (London: Verso, 1992). Tutte le citazioni vengono dal testo originale e sono le mie traduzioni.

come si dice oggi, specialmente in Italia, letteratura e scrittori *migranti*.

E allora non possiamo non essere d'accordo con un'idea come quella di Cometa, quando egli dice che la scrittura della migrazione (leggasi pure, etnica) non deve rimanere rinchiusa all'interno né di una «marginalità» né di una »eccezionalità» di «tali esperienze» letterarie (97), concetto già articolato altrove in una zona geo-culturale diversa e adesso finalmente pronunciata in Italia come parte di un discorso teorico e, si spera, abbastanza diffuso nonostante la continua resistenza da parte di tanti dell'*establishment* intellettuale[23]. E' vero ciò che continua a scrivere Cometa, che bisogna «costringe[re] gli italianisti a una revisione del canone e dei canoni parziali proposti negli ultimi decenni» (97), allargando di conseguenza, e diciamo pure di necessità, il concetto di *identità italiana*, la quale adesso si trasmuta in qualche cosa che vada al di là dei confini tradizionali di tale concetto. Un'*identità effettiva*, allora, come si è già detto sopra, in quanto essa riconosce la qualità delle attività quotidiane in cui l'individuo svolge la sua vita d'ogni giorno; un'*identità effettiva* pure in quanto essa riconosce che ciò che fa l'individuo all'interno di un ambito largamente italiano, viene svolto proprio perché egli se lo sente italianamente come parte della sua esistenza quotidiana, e non in senso né onorario né affettivo, ma puramente *effettivo* in quanto ciò che egli fa di sfumature italiane, esso fa parte della vita di tutti i giorni dell'individuo. E quindi, quell'*effettivo italiano* della sua quotidianità è per l'appunto quell'insieme di caratteristiche italiane e/o italianeggianti della sua indole.

---

[23] Rimando il lettore di nuovo al mio *A Semiotic of Ethnicity*, capitolo sette e *passim*, e al saggio di Aijaz Ahmad, «Jameson's Rhetoric of Otherness and the 'National Allegory'».

Metamorfosi d'un mito mediterraneo
Ulisse tra D'Annunzio e Primo Levi

GINO TELLINI
Università degli Studi di Firenze

Ulisse, al tempo stesso eroe antico e moderno, coinvolto in vicende epiche come in vicende fiabesche (tra maghe e giganti),[1] è creatura duttile e versatile che si presenta, già nell'archetipo omerico, con un profilo idoneo a molteplici funzioni.[2] Per tale sua multiformità, continua a esistere come personaggio perennemente reinterpretato in chiave attualizzante. Nel corso del primo Novecento, ha conosciuto una pluralità di nuove riproposte, sì da dare voce e volto a individui dalla fisionomia volta per volta mutevole, addirittura antitetica. Eppure ogni volta è protagonista che porta il segno d'una specifica situazione storica e d'una particolare sensibilità culturale. Mito rivissuto come specchio del presente, in una prospettiva risolutamente aperta verso l'orizzonte mediterraneo, verso la cultura, gli usi, i costumi, la realtà etnica e antropologica delle terre bagnate dal latino «mare nostrum».

In merito alle metamorfosi di Ulisse nel clima di primo Novecento, qui non interessano letture analiticamente puntualizzate. Importa, invece, disegnare la traiettoria istruttiva delle sue apparizioni, tra D'Annunzio e Pascoli, tra Gozzano e Saba e Primo Levi. Importa riflettere sulla straordinaria dinamicità di questa figura, legata ai mutamenti della si-

---

[1] L'intreccio in Ulisse tra il mondo realistico dell'epica e il mondo fantastico, irrazionale, magico della favola, è sottolineato da A. HEUBECK, *Interpretazione dell'Odissea*, in OMERO, *Odissea*, trad. di G. A. Privitera, saggio introduttivo di A. Heubeck, premessa di I. Calvino, Milano, Mondadori, 1991, p. XXXVIII-XXXIX.

[2] Nell'oceanica bibliografia critica (non di rado pletorica) sul tema di Ulisse, dispensa da altri riferimenti il rinvio al volume *Ulisse nel tempo. La metafora infinita*, a cura di S. Nicosia, Venezia, Marsilio, 2003, che raccoglie (con dovizia d'ulteriori informazioni bibliografiche) il testo di trentaquattro relazioni presentate al Convegno internazionale *Odisseo 2000. Ulisse nella cultura contemporanea*, Palermo, 12-15 ottobre 2000 (un sintetico resoconto è offerto da D. DONNET, in «Revue belge de philologie et d'histoire», 84, 1, 2006, pp. 178-180). Si veda, nondimeno, l'essenziale *Nota bibliografica* qui allegata al termine dell'articolo.

From: *Europe, Italy, and the Mediterranean* (Bordighera Press, 2014)

tuazione storica e sociale. Nel quarantennio considerato, troviamo Ulisse anche nell'opera di altri autori (da Savinio a Pavese), ma, del variegato paesaggio della nostra modernità letteraria, qui contano anzitutto le svolte essenziali, osservate nelle loro connessioni e nei loro attriti, spesso conflittuali.

L'Ulisse di D'Annunzio condensa in modo esemplare i connotati tipici del superomismo estetizzante. Si staglia pericolosamente ingombrante, a inizio di secolo, come immagine di scontroso vigore e d'«infaticata» (*Maia*, IV, 41) potenza, come stupefacente conquistatore di consensi. *Maia* o *Laus vitae*, il primo libro delle *Laudi* (a stampa da Treves nel maggio 1903), è un poema, suddiviso in ventuno canti, che narra in 400 lasse di 21 versi ciascuna (per complessivi 8400 versi) l'itinerario d'un viaggio in Grecia, con riferimento autobiografico alla crociera che il poeta ha compiuto nel luglio-agosto 1895 sul panfilo *Fantasia* dell'amico Edoardo Scarfoglio. Progettato come «poema di vita totale», cioè come elogio della pienezza vitalistica, il libro diventa «viaggio dell'anima», con l'occhio al modello dantesco e al classicismo del «Maestro» Carducci.[3]

La rotta percorsa va dall'Ellade a Roma, in quanto apoteosi epico-lirica d'un «nuovo Rinascimento», a gloria della tradizione greca, latina, toscana (rinascimentale), sentita come unica e compatta civiltà. L'opera è preceduta da due componimenti (*Alle Pleiadi e ai Fati* e *L'Annunzio*) che valgono da premessa per l'intero ciclo delle *Laudi*. La lirica *Alle Pleiadi e ai Fati*, in terzina dantesche, con il motto «Navigare / è necessario; non è necessario / vivere» (vv. 1-3), introduce subito il tema-mito di Ulisse, eroe sovrumano eletto a guida del poema. L'altro testo, *L'Annunzio*, al grido più volte replicato «Il gran Pan non è morto!» (vv. 117 sgg.), rilancia il motivo d'un trionfante paganesimo, all'insegna, appunto, del dio della fecondità e dell'ebbrezza sessuale:

> E dal culmine dei cieli alle radici del Mare
> balenò, risonò la parola solare:
> «Il gran Pan non è morto!»
> Tremarono le mie vene, i miei capelli, e le selve,
> le messi, le acque, le rupi, i fuochi, i fiori, le belve.
> «Il gran Pan non è morto!»

---

[3] Il canto XX di *Maia* s'intitola *Saluto al Maestro* (che è Enotrio, secondo lo pseudonimo adottato la prima volta nel 1865 da Carducci nell'*Inno a Satana*).

> Tutte le creature tremarono come una sola
> foglia, come una sola goccia, come una sola
> favilla, sotto il lampo e il tuono della parola.
> «Il gran Pan non è morto!»[4]

E all'insegna, sempre, d'una ossessiva e tesa grandiosità esclamativa. L'attualizzazione di Ulisse, emblema d'audace volontà di dominio e di conquista in un clima d'esuberanza panica, funziona da motivo conduttore di *Maia* e di tutte le *Laudi*. Il pellegrinaggio nella mitica Grecia (la «cuna dei padri», IV, 2), che comporta la visita ai luoghi sacri dell'antichità (Itaca, Patrasso, Olimpia, Delfi, Atene), registra in apertura l'incontro dei viaggiatori moderni (tra i quali il poeta) con Ulisse, che si presenta altero e sdegnoso, dinanzi ai visitatori che lo salutano e lo onorano come re, «Re del Mediterraneo» (*Alle Pleiadi e ai Fati*, v. 46) e «Re di tempeste» (IV, 94), sempre pronto alla sfida di nuove imprese. Ecco dunque l'eroe del mito riproposto nelle vesti d'un energico dominatore che, oltre la mediocrità del vivere comune, si distingue per intraprendente energia, per indomabile e orgogliosa affermazione di sé, intento (nientemeno) che alla conquista dell'«Universo!» (ivi, 226). E il multanime D'Annunzio, «moderno ulisside», apprende da lui la consapevolezza della propria missione, quale campione d'una solitudine impavida pronta a infrangere ogni limite. Il Novecento è il secolo che ha dovuto patire la pena di tanti «io» a collo ritto, sedicenti conquistatori dell'Universo.

Ma un dato occorre ribadire, perché essenziale. L'Ulisse dannunziano non è il paladino dantesco della passione conoscitiva, bensì è il paladino d'una passione pratica e fattuale: un belligerante pugnace e temerario, più prossimo all'Odisseo dell'*Iliade*, distruttore di Troia, che al paziente pellegrino dell'*Odissea*. L'espressione «Navigare / è necessario; non è necessario / vivere», in apertura alla prima terzina di *Alle Pleiadi e ai Fati* (vv. 1-3), ritorna come esortazione finale in chiusura del poema (XXI, vv. 124-125).[5] E così il cerchio si chiude. Il motto è attribuito da Plutarco a Pompeo (*Vita di Pompeo*, 50, 2) che, dovendo approvvigionare

---

[4] G. D'ANNUNZIO, *L'Annunzio*, vv. 115-124, in *Laudi del cielo, del mare, della terra e degli eroi*, in *Versi d'amore e di gloria*, ed. diretta da L. Anceschi, a cura di A. Andreoli e N. Lorenzini, Milano, Mondadori, 1984, 2 voll., II, p. 9.

[5] Ritorna anche in IX, vv. 290-291 e XVII, vv. 944-945. La *princeps* dell'editore Treves, splendidamente ornata da fregi e disegni di Giuseppe Cellini, rilancia emblematicamente, nel *colophon*, il motto latino *Navigare necesse est*.

Roma con il grano raccolto nelle province, esorta i marinai a salpare, nonostante l'infuriare d'una tempesta. L'abnegazione per la patria, propria del contesto plutarcheo, si converte nel poeta-vate in impulso guerriero e in tensione nazionalistica. Questo Ulisse, che «eccita i forti» (*Alle Pleiadi e ai Fati*, v. 35), proclama nel 1903 a chiare lettere il primato dell'ideologia pagana e nietzscheana del conquistatore, e ne esalta la volontà di dominio, a confronto con il «verbo [...] fioco» e il «debile [...] gesto» (vv. 34-35) della morale evangelica. La tradizione cristiana è relegata dietro le quinte, come espressione di rinuncia e di debolezza, dinanzi alla ribalta in piena luce del superuomo.

A distanza di un anno da *Maia* di D'Annunzio, con il Pascoli conviviale, il prometeico Ulisse guerriero esce di scena e il personaggio acquista un profilo propriamente antitetico all'eroe dannunziano. Si fronteggiano due opposte poetiche classicistiche,[6] che dalla rilettura del mondo antico e dell'epos omerico fanno discendere due diversissime fisionomie del re di Itaca. Dei venti componimenti dei *Poemi conviviali* (Zanichelli, agosto 1904),[7] due sono riservati a Odisseo: *Il sonno di Odisseo* (già nella «Nuova Antologia», 16 febbraio 1899) e *L'ultimo viaggio* (inedito al momento della stampa in volume). Il tema del primo dei due testi (strutturato in sette sezioni senza titolo, ciascuna di diciotto endecasillabi sciolti, per complessivi 126 versi), si fonda sull'episodio narrato da Omero in *Odissea*, X, 28-55 (una delle molte disavventure riferite dal protagonista ad Alcinoo, re dei Feaci): partito dall'isola di Eolo (il dio dei venti), dopo nove giorni di navigazione, l'eroe giunge in prossimità di Itaca, ma, vinto dalla fatica, cade in un sonno profondo; i compagni ne approfittano per aprire sconsideratamente l'otre ricevuto in dono da Eolo, per cui i venti, liberati, spingono di nuovo al largo la nave e l'allontanano dalla «cara patria» (v. 6): «ecco, e la nave lontanò dal porto» (v. 79).[8]

In Omero, l'episodio è uno dei tanti che movimentano il ritorno a casa dell'eroe (che dalle vicinanze di Itaca è spinto a Nord oltre la Sicilia,

---

[6] Indicazioni preziose sul classicismo dei *Conviviali*, si devono a M. MARTELLI, *Pascoli 1903-1904: tra rima e sciolto*, prefazione di F. Bausi, Firenze, Società Editrice Fiorentina, 2010.

[7] I diciannove componimenti della *princeps* (Bologna, Zanichelli, 1904), salgono a venti, con l'inserimento di *I gemelli*, nella seconda edizione (ivi, 1905).

[8] G. PASCOLI, *Poesie*, IV (*Poemi conviviali, Poemi italici, Le canzoni di Re Enzio, Poemi del Risorgimento, Inni per il cinquantenario dell'Italia liberata*), a cura di G. Barberi Squarotti, Torino, Utet, 2009, p. 128.

verso Gaeta), mentre in Pascoli la pace dell'approdo in patria si dissolve per sempre, come un miraggio. Mentre dorme, Odisseo vede in sogno alcune scene di vita nell'isola natia e le dolci immagini delle persone care che attendono il suo ritorno: la moglie Penelope, il padre Laerte, il figlio Telemaco, il fedele servitore Eumeo, «mandrian dei verri» (v. 46). Il protagonista pascoliano si muove in una dimensione non epica, ma elegiaca e lirico-simbolica. È l'emblema d'una ricerca vana e senza fine, destinata a restare sospesa, inconclusa, insoddisfatta. Come l'Ulisse dantesco, anche Odisseo è distolto dagli affetti familiari e domestici, non per propria scelta però, ma per fatalità: spinto non da ardore di conoscenza, ma da un destino che gli vieta il rifugio in patria, gli impedisce l'approdo al nido protettivo, dolce, sicuro. A negare il coronamento del desiderio di Odisseo non è un'eroica risolutezza, ma una debolezza umana: il sonno, il cedimento alla stanchezza del viaggio, un'antieroica e dimessa fragilità d'uomo comune.

L'ultimo viaggio è di elaborazione più complessa e di maggiore estensione (ventiquattro sezioni, come i canti dell'*Odissea*, ciascuna con titolo proprio, per complessivi 1212 endecasillabi sciolti).[9] Il tema costituisce

---

[9] Nelle *Note* (datate «Pisa, giugno 1904») alla prima edizione dei *Poemi conviviali*, Pascoli postilla, riguardo a *L'ultimo viaggio*: «mi sono ingegnato di metter d'accordo l'*Od.* XI 121-137 col mito narrato da Dante e dal Tennyson» (ivi, p. 395). Poi aggiunge, nelle *Note* (datate «Pisa, 17 maggio 1905») alla seconda edizione: «Arturo Graf andava ricordato dopo Dante e Tennyson per il suo *Ultimo viaggio di Ulisse*, che è uno dei poemi delle sue *Danaidi*; poema, come tutti gli altri di quel nobilissimo spirito, superiore a ogni mia lode. E come potei dimenticarmene? Io non so. So che quel poeta è uno dei miei poeti, che quel maestro è uno dei miei maestri, e che da lui ebbi conforto e consiglio. E che ne lo amo» (ivi, p. 397). L'*Ulysses* (1833) di Tennyson è tradotto da Pascoli nell'antologia *Sul limitare. Poesie e prose per la scuola italiana*, Milano-Palermo, Sandron, 1900; *L'ultimo viaggio di Ulisse* di Graf è compreso nel volume *Le Danaidi* (Torino, Loescher, 1897), poi in A. GRAF, *Le poesie*, a cura di V. Cian, Torino, Chiantore, 1922, pp. 386-404. L'Odisseo pascoliano, dopo il ritorno in patria, è ripreso dalla nostalgia del mare, al pari dell'eroe di Tennyson: «Re neghittoso alla vampa del mio focolare tranquillo / star, con antica consorte, tra sterili rocce, non giova» (così i primi due versi di *Ulysses*, nella trad. pascoliana). Analoga ansia coglie, fino dall'inizio, il personaggio di Graf: «Ma sottil come tossico un disdegno / di sé stesso e d'altrui lento serpeva / nelle vene d'Ulisse; e qual si leva / da ree paludi accidïosa e tetra / nebbia che infosca il sole, occupa l'etra, / tale in Ulisse si levava il tedio / e al cor poneagli ed alla mente assedio» (I, vv. 44-50). Il protagonista di Tennyson, al pari anche del protagonista di Graf, è mosso da volontà di movimento e di conoscenza e di nuove frontiere (non diversamente dall'Ulisse dantesco). Invece l'antieroe pascoliano si rivolge al passato, per scoprirne, con sgomento, l'illusorietà. «Con *L'ultimo viaggio* il tema leopardiano della cadu-

una sorta di prolungamento delle vicende narrate nel poema omerico. Odisseo, terminate le sue peregrinazioni, ritornato in patria e ormai anziano, dopo nove anni di serena e stanca sopravvivenza a Itaca, sente d'improvviso nostalgia del mare, come spinto da un insopprimibile impulso a ripartire, a salpare di nuovo, a rivivere le esperienze già vissute, per ritornare ai luoghi e ai personaggi del proprio passato. Preso dal dubbio che la sua storia eroica possa essere non altro che frutto d'immaginazione, vuole vederci chiaro. Inizia così il viaggio a ritroso del protagonista, che ripercorre le tappe del suo avventuroso itinerario di ritorno da Troia verso l'irraggiungibile Itaca, l'avventurosa rotta di navigazione dell'*Odissea* (Circe, Polifemo, le Sirene, Calipso), per saggiarne la consistenza, la realtà, la «verità». Diventa un viaggio alla ricerca di se stesso. E il viaggio finisce per dissolvere e vanificare la credibilità del mito. A ogni tappa, tutto risulta mutato. I connotati straordinari sono svaniti e ogni cosa è rientrata nella norma, nelle regole dell'ordine consueto. Nell'isola di Circe non c'è anima viva. La terra di Polifemo è abitata da innocui pastori e il Ciclope nessuno l'ha conosciuto, se non come figura di remote leggende.

Il passato eroico si rivela un sogno, un'astratta fantasia. Pare che non sia mai esistito. Nella sezione XXIII, la penultima, dal titolo *Il vero*, Odisseo torna dalle Sirene (questi demoni marini, dalla seduzione mortale, nell'*Odissea* sono in numero di due) per avere una risposta ai propri interrogativi. Ma ora quelle creature maleficamente seducenti non cantano più. Sono immobili e mute, come scogli. Odisseo vuole conoscere la verità, vuole conoscere se stesso, sapere chi egli sia, chiarire il dilemma della propria identità. E le due Sirene, via via che il vecchio navigante s'avvicina, si rivelano per quello che sono, non creature mitiche, ma due nudi, terribili scogli, contro i quali va a spezzarsi la nave, che subito s'inabissa:

> E la corrente rapida e soave
> più sempre avanti sospingea la nave.

---

ta delle "favole antiche", passate le colonne d'Ercole dell'Ottocento, si sporge sulla terra desolata della letteratura del nuovo secolo, dove sarà ripreso e sviluppato in analoga temperie nichilista, anche se in un registro di più accentuata oltranza espressionistica, da artisti come Eliot e Joyce» (così G. Leonelli, in G. PASCOLI, *Poesie e prose scelte*, a cura di C. Garboli, Milano, Mondadori, 2002, 2 voll., II, pp. 1086-1087).

> E il vecchio vide un grande mucchio d'ossa
> d'uomini, e pelli raggrinzate intorno,
> presso le due Sirene, immobilmente
> stese sul lido, simili a due scogli.
> Vedo. Sia pure. Questo duro ossame
> cresca quel mucchio. Ma, voi due, parlate!
> Ma dite un vero, un solo a me, tra il tutto,
> prima ch'io muoia, a ciò ch'io sia vissuto!
> E la corrente rapida e soave
> più sempre avanti sospingea la nave.
> E s'ergean su la nave alte le fronti,
> con gli occhi fissi, delle due Sirene.
> Solo mi resta un attimo. Vi prego!
> Ditemi almeno chi son io! chi ero!
> E tra i due scogli si spezzò la nave.[10]

Il mitico protagonista è un «vecchio» (v. 41), che vede dinanzi alle Sirene i miseri resti dei naviganti che hanno fatto naufragio e, pur di ricevere risposta ai suoi interrogativi, è disposto a morire, pronto ad accrescere quel «grande mucchio d'ossa» (v. 41) con il proprio «duro ossame» (v. 44). Ma desidera una risposta, non «il vero», ma «un vero» (v. 47), come nel Montale di *I limoni* (vv. 28-29): «che finalmente ci metta / nel mezzo di una verità». Chiede di dare un senso alla propria esistenza, «un vero» che basti a persuaderlo di non essere vissuto invano. «Ditemi almeno chi son io! chi ero!» (v. 54): domande in forma esclamativa, sulla propria identità presente e passata, destinate a rimanere senza risposta. Il viaggio finisce per sgretolare la seduzione del mito. Unica realtà è il naufragio, unico «vero» è (con Leopardi) la morte.

Nonostante i reciproci attestati di fratellanza tra D'Annunzio e Pascoli; nonostante il saluto commosso dell'ode *Il commiato* in chiusura di *Alcyone*, a cui risponde, ringraziando, la *Prefazione* ai *Poemi conviviali*; nonostante le affinità tra il classicismo di *Maia* e il classicismo conviviale, sta di fatto che l'Ulisse della *Laus vitae*, perentorio supereroe della conquista e del possesso, letteralmente si ribalta, con l'Odisseo di *L'ultimo viaggio*, nel perplesso antieroe del dubbio che tocca con mano la vanifica-

---

[10] G. PASCOLI, *L'ultimo viaggio*, XXIII (*Il vero*), vv. 39-55, in *Poesie*, IV (*Poemi conviviali, Poemi italici, Le canzoni di Re Enzio, Poemi del Risorgimento, Inni per il cinquantenario dell'Italia liberata*), cit., pp. 204-205.

zione e lo smantellamento del mito, lo scarto tra illusione eroica e realtà. Il leopardiano tramonto delle «favole antiche» proietta la propria ombra sulla spoglia spiaggia e sulla terra desolata della poesia novecentesca.

Dopo il radicale rovesciamento di prospettiva tra D'Annunzio e Pascoli, alla frattura irridente nei confronti dell'antico eroe mediterraneo ci pensa la tagliente parodia di Gozzano, il poeta che ha «la civetteria—diceva Serra—degli accordi che paion falsi, delle bravure che sembrano goffaggini di novizio», del poeta «virtuoso» che «si diverte a fare [...] il provinciale».[11] Ma che per certo intende risolutamente voltare le spalle a D'Annunzio: «L'Iddio che a tutto provvede / poteva farmi poeta / di fede: l'anima queta / avrebbe cantata la Fede. // Mi è strano l'odore d'incenso, / ma pur ti perdono l'aiuto / che non mi desti se penso | che avresti anche potuto, // invece di farmi gozzano | un po' scimunito, ma greggio, / farmi gabriel dannunziano: / sarebbe stato ben peggio!».[12] E D'Annunzio è riuscito ad «attraversarlo», giusto il rilievo di Montale.[13]

Il poemetto *L'ipotesi*, composto da Gozzano nel 1907 nel ritiro di Agliè Canavese, edito in rivista nel 1910, ma escluso dalle due sillogi canoniche della *Via del rifugio* e dei *Colloqui*, si articola in sei sezioni di differente ampiezza (per complessivi 157 versi) e soltanto nell'ultima entra in scena Ulisse. Il titolo *L'ipotesi* si riferisce, con dolente autoironia, all'ipotetica vita che il poeta s'immagina che avrebbe potuto vivere se la malattia non lo avesse condannato a una morte precoce:

> Io penso talvolta che vita, che vita sarebbe la mia,
> se già la Signora vestita di nulla non fosse per via...
> E penso pur quale Signora m'avrei dalla sorte per moglie,
> se quella tutt'altra Signora non già s'affacciasse alle soglie.[14]

---

[11] R. SERRA, *Le lettere* (1914), in *Scritti letterari, morali e politici. Saggi e articoli dal 1910 al 1915*, a cura di M. Isenghi, Torino, Einaudi, 1974, pp. 407-408.
[12] G. GOZZANO, *L'altro*, vv. 1-12, in *Poesie sparse*, in *Tutte le poesie*, a cura di A. Rocca, introduzione di M. Guglielminetti, Milano, Mondadori, 1980, p. 309.
[13] «Colto, intrinsecamente colto se anche di non eccezionali letture, ottimo conoscitore dei suoi limiti, naturalmente dannunziano, ancor più naturalmente disgustato del dannunzianesimo, egli fu il primo dei poeti del Novecento che riuscisse (com'era necessario e come probabilmente lo fu anche dopo di lui) ad *attraversare D'Annunzio* per approdare a un territorio suo» (E. MONTALE, *Gozzano, dopo trent'anni* [1951], in *Sulla poesia*, a cura di G. Zampa, Milano, Mondadori, 1976, p. 62).
[14] G. GOZZANO, *L'ipotesi*, vv. 1-4, in *Poesie sparse*, in *Tutte le poesie*, cit., p. 265. Una diversa redazione, cronologicamente anteriore, cui spetta il titolo d'autore *La Signorina Domestica*

Si sarebbe sposato con una fanciulla semplice, serena, tranquilla (la futura «signorina Felicita»), opposta alle gemebonde superdonne dannunziane, e insieme a lei sarebbe pacificamente invecchiato in una ridente e appartata villa campestre. Ecco allora, nel poemetto, la prospettiva rivolta al futuro, al tempo «di là da venire» (v. 22), propriamente in un giorno d'estate del 1940 (Gozzano—morto trentatreenne nel 1916—avrebbe avuto cinquantasette anni), e, più precisamente, ecco descritta una cena all'aperto, tra i fiori, dinanzi alla casa, «nell'ora che trillano i grilli» (*L'ipotesi*, v. 66), mentre la dolce consorte, «zelante, le mani sui fianchi» (v. 76), si sposta veloce dalla tavola alla cucina, e intanto tra i commensali si spettegolezza su vari argomenti e si parla amabilmente di letteratura. Si discorre di mode che rapide tramontano e volano via con il passare delle stagioni, di opere in versi che presto invecchiano e di nuovi gusti letterari. È passata, si dice, è la moda del classicismo manieristico, della sontuosa classicità scenografica, «con tutto l'arredo pagano, col Re-di-Tempeste Odisseo» (v. 104). Ecco evocato l'eroe omerico, quattro anni prima in *Maia* (siamo nel 1907), rinato nei panni del supereroe dannunziano. La modesta consorte, di «deliziosa bruttezza»[15] come poi Felicita, intanto che sparecchia e sbriga le faccende domestiche, ascolta curiosa: «Che cosa vuol dire, che cosa faceva quel Re-di-Tempeste?» (v. 108).

Qui scatta la molla. E si dipana il ritratto di Ulisse, presentato, con «goduta profanazione»,[16] come rovescio parodizzato dell'Ulisse omerico e dantesco, per iniziativa ironica dal marito che desidera soddisfare la curiosità della «consorte ignorante» («ignorante» in rima con «Dante»):

> Allora, tra un riso confuso (con pace di Omero e di Dante),
> diremmo la favola ad uso della consorte ignorante.
>
> Il Re di Tempeste era un tale
> che diede col vivere scempio

(deducibile dal testo), è edita in appendice a G. GOZZANO-A. GUGLIELMINETTI, *Lettere d'amore*, a cura di S. Asciamprener, Milano, Garzanti, 1951, pp.164-167; per il titolo «La Signorina Domestica», cfr. anche ID., *Albo dell'officina*, a cura di N. Fabio e P. Menichi, Firenze, Le Lettere, 1991, p. 114.

[15] A. Guglielminetti a G. Gozzano, Torino, 14 novembre 1907, in G. GOZZANO-A. GUGLIELMINETTI, *Lettere d'amore*, cit., p. 64.

[16] E. SANGUINETI, *Preistoria di Felicita*, in *Guido Gozzano. Indagini e letture*, Torino, Einaudi, 1966, pp. 114-115.

un bel deplorevole esempio
d'infedeltà maritale [...].
Già vecchio, rivolte le vele
al tetto un giorno lasciato,
fu accolto e fu perdonato
dalla consorte fedele... [...].
Ma né dolcezza di figlio,
né lagrime, né pietà
del padre, né il debito amore
per la sua dolce metà
gli spensero dentro l'ardore
della speranza chimerica
e volse coi tardi compagni
cercando fortuna in America...
– Non si può vivere senza
danari, molti danari...
Considerate, miei cari
compagni, la vostra semenza! –
Vïaggia vïaggia vïaggia
vïaggia nel folle volo:
vedevano già scintillare
le stelle dell'altro polo...
vïaggia vïaggia vïaggia
vïaggia per l'alto mare:
si videro innanzi levare
un'alta montagna selvaggia...
Non era quel porto illusorio
la California[17] o il Perù,
ma il monte del Purgatorio
che trasse la nave all'in giù.

---

[17] Si rammentino le leopardiane «californie selve», in *Inno ai Patriarchi, o de' principii del genere umano*, vv. 104-107: «[...] fra le vaste californie selve / nasce beata prole, a cui non sugge / pallida cura il petto, a cui le membra / fera tabe non doma». Si presti attenzione anche alle osservazioni registrate da Leopardi nelle *Annotazioni alle Canzoni* (1824): «Non occorre avvertire che la California sta nell'ultimo termine occidentale del continente. La nazione de' Californii, per ciò che ne riferiscono i viaggiatori, vive con maggior naturalezza» (G. LEOPARDI, *I Canti e le Operette morali*, a cura di G. Tellini, Roma, Salerno, 1994, pp. 376-377), nonché al più sintetico appunto che si trova nelle *Note* (1831) ai *Canti*: «È quasi superfluo ricordare che la California è posta nell'ultimo termine occidentale di terra ferma. Si tiene che i Californi sieno, tra le nazioni conosciute, la più lontana dalla civiltà, e la più indocile alla medesima» (ivi, pp. 298-299).

> E il mare sovra la prora
> si fu richiuso in eterno.
> E Ulisse piombò nell'Inferno
> dove ci resta tuttora...[18]

Ulisse, dunque, è un tizio che fa le corna alla moglie e che, adultero impenitente e spendaccione vizioso e vecchio gaudente libertino, passa a modo suo le colonne d'Ercole, ma per andare a cercare fortuna in America. Altro che vostra semenza! Espliciti, fitti, puntuali sono i rinvii al testo dantesco. Con pace, senz'altro, di Omero e di Dante, ma soprattutto con pace del divino Gabriele e del suo fiammeggiante «Re di Tempeste». La nuova civiltà del mediocre benessere mercantile non conosce più né miti né eroi. Ulisse è degradato in chiave piccolo borghese e le sue avventure sono riproposte come espressione di frivolezza, d'infedeltà coniugale, di mediocre ostentazione di magnificenza. Altro che superuomo conquistatore! L'Ulisse di Gozzano mostra un superuomo di cartone, uno spaccone nullatenente che si pavoneggia come frequentatore di prostitute («toccando tra liete brigate / le spiagge più frequentate / dalle famose *cocottes*», vv. 116-118). La fastosa mitologia dannunziana, per Gozzano, allontana dal sentimento vero della vita, «poi ché—si legge sempre nel poemetto *L'ipotesi* – la Vita / è fatta di semplici cose, e non d'eleganza forbita» (vv. 35-36). Dal rifiuto di D'Annunzio alla vergogna della poesia, il passo è breve. Vergogna della poesia, beninteso, praticata al modo dannunziano: «Io mi vergogno, / sì, mi vergogno d'essere un poeta!» (*La signorina Felicita*, vv. 306-307). L'Ulisse profanato in parodia discende da un moto di vergogna nei confronti dell'Ulisse superuomo dominatore di *Maia*.

La migliore poesia del Novecento, dopo il sublime dannunziano smontato e decostruito da Gozzano, s'inoltra su contrade poco ridenti e abbastanza spoglie, sobrie e impolverate, senza illusioni classicistiche, senza fastosità elleniche, senza recuperi paganeggianti, senza mitologie salvifiche.

L'eroe omerico lo ritroviamo in un poeta d'ininterotte interrogazioni interiori e d'ansiose inquietudini. Lo ritroviamo in Saba. La lirica *Ulisse* chiude la raccolta *Mediterranee* che, apparsa nel 1946, transita poi nell'edizione 1948 (Torino, Einaudi) del *Canzoniere*. Il re di Itaca, ripreso

---

[18] G. GOZZANO, *L'ipotesi*, vv. 109-154, cit., pp. 270-271.

in chiave autobiografica e filtrato dai ricordi d'infanzia, ritorna come accorto uomo di mare, come navigatore sperimentato che sa scansare le insidie di rotte pericolose. Il poeta s'identifica con questo marinaio di lungo corso che, nonostante l'età avanzata, lascia ad altri il riposo e la quiete del porto:

> Nella mia giovinezza ho navigato
> lungo le coste dalmate. Isolotti
> a fior d'onda emergevano, ove raro
> un uccello sostava intento a prede,
> coperti d'alghe, scivolosi, al sole
> belli come smeraldi. Quando l'alta
> marea e la notte li annullava, vele
> sottovento sbandavano più al largo,
> per fuggirne l'insidia. Oggi il mio regno
> è quella terra di nessuno. Il porto
> accende ad altri i suoi lumi; me al largo
> spinge ancora il non domato spirto,
> e della vita il doloroso amore.[19]

Il poeta triestino, viaggiatore senza sosta nel mare della coscienza, non trova pace nella sua ansia di vivere e di conoscere. Lo «spirto» (v. 12) non domato viene dallo «spirto guerrier» (*Alla sera*, v. 14) di Foscolo, ma quel «me» spinto al largo, pronome personale oggetto proteso verso l'ignoto, viene da Dante: «ma misi me per l'alto mare aperto» (*Inf.* XXVI, 100). Nella *Divina Commedia*, l'energia propulsiva appartiene all'io del protagonista («misi me»), nasce dentro di lui; in Saba invece sembra provenire dal di fuori, da un nascosto demone che dà tormento. La vecchiaia incombe, ma il desiderio di sempre nuove cognizioni non s'acquieta (come in Leopardi, *Il tramonto della luna*, vv. 45-48: «estremo / di tutti i mali [...] / la vecchiezza, ove fosse / incolume il desio, la speme estinta»). Il porto tranquillo è un miraggio lontano.[20]

---

[19] U. SABA, *Ulisse*, in *Il Canzoniere*, in *Tutte le poesie*, a cura di A. Stara, introduzione di M. Lavagetto, Milano, Mondadori, 1988, p. 556.

[20] *Ulisse* s'intitola anche la nona poesia di *Parole* (la raccolta edita del 1934, a Lanciano, da Carabba, poi transitata nel *Canzoniere* del 1945, Torino, Einaudi). Questo il testo: «O tu che sei sì triste ed hai presagi / d'orrore—Ulisse al declino—nessuna / dentro l'anima tua dolcezza aduna / la Brama / per una / pallida sognatrice di naufragi / che t'ama?» (ID., *Tutte le poesie*, cit., p. 439). Così l'autocommento dell'autore: «La breve poesia "Ulisse", una delle

Tra D'Annunzio e Saba, tra l'Imaginifico della vita inimitabile e il poeta della «poesia onesta»,[21] nell'arco di circa quarant'anni, la metamorfosi del mito di Ulisse assume una significativa eloquenza testimoniale: dal superuomo belligerante e dominatore all'umile timoniere tra le mille e nascoste difficoltà della vita, dall'eroe che sfida l'Universo all'«uomo qualunque»[22] piegato dal dolore. La vicenda è stata contrastata e s'è intrecciata alle vicissitudini non liete della nostra storia civile.

Eppure l'Ulisse che a metà Novecento condensa in sé il più intenso significato etico e culturale non appartiene alla poesia, io credo, ma alla prosa. E non s'identifica con una nuova incarnazione del mitico personaggio. Si tratta, bensì, della riproposta d'un Ulisse celeberrimo, ma riletto da una diversa prospettiva, sì che l'eroe greco ne risulta illuminato di nuova luce. Mi riferisco a *Se questo è un uomo* (1947) di Primo Levi. Siamo nel cap. XI, intitolato *Il canto di Ulisse*. Nel fango polacco di Auschwitz, il narratore (venticinquenne), con l'autorizzazione dei sorveglianti, insieme a un compagno (Jean, studente alsaziano, di ventiquattro anni), si sta recando alle cucine del campo, distanti dalle baracche circa un chilometro, per prendere il rancio destinato a un intero gruppo di internati (una marmitta di cinquanta chili, da portare con due stanghe sulle spalle). La conversazione tra i due giovani avviene durante il tragitto verso le cucine. E giacché Jean (di madrelingua francese) ha confidato che gli piace l'Italia e che vorrebbe impararne la lingua, a Levi viene in mente di parlargli di Dante, del canto XXVI dell'*Inferno*. Ecco, allora, che Ulisse fa la sua apparizione, imprevista e improvvisa, nell'inferno (vero) del Lager. Levi recita a Jean i versi di Dante a memoria, con qualche inesattezza e

---

più brevi di tutto il *Canzoniere* e nella quale riecheggia il motivo della "Brama", offre al lettore quello che "preso a sé" è forse—nel senso italiano della parola—il più "bel verso" di Saba: "pallida sognatrice di naufragi". Ulisse al declino è probabilmente il poeta stesso. Nella figura di quell'astuto greco egli si è più volte (non sappiamo se a torto o a ragione; probabilmente più a torto che a ragione) "eroicizzato". (Vedi anche quella che, fino ad oggi, è la sua ultima poesia: il componimento omonimo che chiude *Mediterranee*)» (ID., *Storia e cronistoria del Canzoniere*, in *Prose*, a cura di L. Saba, prefazione di G. Piovene, nota critica di A. Marcovecchio, Milano, Mondadori, p. 589).

[21] ID., *Quello che resta da fare ai poeti* (1911),), ivi, cit., p. 751: «Ai poeti resta da fare la poesia onesta».

[22] ID., *Discorso della laurea pronunciato all'Università di Roma* (1953), ivi, p. 737: «Per aver scritte delle poesie—mettiamo anche, senza falsa modestia, delle belle poesie—io non mi sono mai sentito, se non nell'esaltazione della prima ignara giovinezza, da più di un altro uomo, voglio dire di un uomo qualunque».

molti vuoti, molte omissioni involontarie. Dalle sue letture scolastiche, nella tragedia del campo di sterminio, riaffiorano a barlumi segmenti e frammenti sparsi. Tuttavia un verso brilla con sicurezza: «Ma misi me per l'alto mare aperto» (v. 100) e poi, come un'illuminazione, il discorso di Ulisse ai compagni, l'«orazion picciola»: «Considerate la vostra semenza». In questo luogo di smarrimento e di morte, i versi risuonano come se anche il narratore li udisse per la prima volta. Sono una liberazione, un sostegno, un refrigerio, echeggiano come un riscatto della dignità umana offesa, «come uno squillo di tromba, come la voce di Dio»:

> Chi è Dante. Che cosa è la Commedia. Quale sensazione curiosa di novità si prova, se si cerca di spiegare in breve che cosa è la Divina Commedia. Come è distribuito l'Inferno, cosa è il contrappasso. [...]
>
> ... Ma misi me per l'alto mare aperto.
>
> Di questo sì, di questo sono sicuro, sono in grado di spiegare a Pikolo,[23] di distinguere perché ʃmise me» non è «je me mis», è molto più forte e più audace, è un vincolo infranto, è scagliare se stessi al di là di una barriera, noi conosciamo bene questo impulso. L'alto mare aperto: Pikolo ha viaggiato per mare e sa cosa vuol dire, è quando l'orizzonte si chiude su se stesso, libero diritto e semplice, e non c'è ormai che odore di mare: dolci cose ferocemente lontane. [...]
> Ecco, attento Pikolo, apri gli orecchi e la mente, ho bisogno che tu capisca:
>
> > Considerate la vostra semenza:
> > fatti non foste a viver come bruti,
> > ma per seguir virtute e conoscenza.
>
> Come se anch'io lo sentissi per la prima volta: come uno squillo di tromba, come la voce di Dio. Per un momento, ho dimenticato chi sono e dove sono.
> Pikolo mi prega di ripetere. Come è buono Pikolo, si è accorto che mi sta facendo del bene. O forse è qualcosa di più: forse, nonostante la traduzione scialba e il commento pedestre e frettoloso, ha ricevuto il messaggio, ha sentito che lo riguarda, che riguarda tutti gli uomini in

---

[23] Nel gruppo di lavoro del campo, Jean ricopre la carica di Pikolo, ovvero di fattorino e di contabile.

travaglio, e noi in specie; e che riguarda noi due, che osiamo ragionare di queste cose con le stanghe della zuppa sulle spalle.[24]

Sulla circostanza merita riflettere. È l'Ulisse di Dante, noto e codificato da una plurisecolare tradizione, per di più riproposto a lacerti intermittenti e a pezzi slegati, eppure la particolarissima situazione nella quale viene ripreso, la terribile contestualizzazione ambientale in cui si trova immerso, caricano la sua figura e le sue parole d'un valore inedito, inatteso, sorprendente. «Ma misi me per l'alto mare aperto»: l'espressione è acuminata e audace, «è—avverte Levi—un vincolo infranto, è scagliare se stessi al di là di una barriera». Significa spezzare il filo spinato. Nessuno aveva mai estratto dall'endecasillabo dantesco questo significato. I due giovani poco più che ventenni, un francese e un italiano, in terra polacca sotto dominio tedesco, sequestrati dalla loro normale esistenza, umiliati e offesi, avvertono con acuta intensità che i versi di Dante riguardano «tutti gli uomini in travaglio», e riguardano in specie loro, loro due, che ragionano di queste cose con le stanghe della zuppa sulle spalle.

Levi ritorna a parlare di Ulisse dopo quarant'anni, nel 1986, in *I sommersi e i salvati*, il complesso libro saggistico che esplora, lucidamente e responsabilmente, la psicologia dell'individuo imprigionato. E s'interroga sulla funzione della cultura. Riconosce che nel Lager, per la persona colta abituata ai libri, alla lettura e allo studio piuttosto che all'esperienza pratica e manuale, la vita era più dura e penosa. Però la persona colta poteva avere anche qualche vantaggio:

> A me, la cultura è stata utile; [...] mi ha servito e forse mi ha salvato. Rileggo dopo quarant'anni in *Se questo è un uomo* il capitolo *Il canto di Ulisse*: è uno dei pochi episodi la cui autenticità ho potuto verificare [...], perché il mio interlocutore di allora, Jean Samuel, è fra i pochissimi personaggi del libro che siano sopravvissuti. Siamo rimasti amici, ci siamo incontrati più volte, ed i suoi ricordi coincidono coi miei [...]. Allora e là, [le mie confuse reminiscenze dantesche] valevano molto. Mi permettevano di ristabilire un legame col passato, salvandolo dall'oblio e fortificando la mia identità. Mi convincevano che la mia mente, benché stretta da necessità quotidiane, non aveva cessato di funzionare.

---

[24] P. LEVI, *Se questo è un uomo* (1947), Torino, Einaudi, 1963, pp. 143-144.

[...] Mi concedevano una vacanza effimera ma [...] liberatoria [...]: un modo insomma di ritrovare me stesso.[25]

Ulisse, propriamente l'Ulisse di Dante, è eletto a portavoce di una «nuova cultura» che non sia solo «consolatrice» nelle sofferenze, ma «che sappia proteggere [...] dalle sofferenze», secondo il proponimento di Vittorini, nell'editoriale d'apertura del «Politecnico», il 29 settembre 1945. Remoto e lontano appare il fiammeggiante superuomo di D'Annunzio, ma a debita distanza si colloca anche l'eroe variamente riproposto da Pascoli, da Gozzano, da Saba. La fondamentale rifondazione o riconquista d'un autentico valore etico che rivendica la più alta e libera dignità della cultura avviene, in pieno Novecento, con l'Ulisse dantesco rivissuto da Primo Levi.

NOTA BIBLIOGRAFICA

B. ANDREAE, *L'immagine di Ulisse: mito e archeologia*, Torino, Einaudi, 1983;

P. GRANZOTTO, *Ulisse*, Milano, Rizzoli, 1988;

P. BOITANI, *L'ombra di Ulisse. Figure di un mito*, Bologna, Il Mulino, 1992;

M. FARNETTI, *Il romanzo del mare. Morfologia e storia della narrativa marinara*, Firenze, le Lettere, 1996;

P. BOITANI, *Sulle orme di Ulisse*, Bologna, Il Mulino, 1998;

E. CANTARELLA, *Itaca*, Milano, Feltrinelli, 2002;

Ulisse nel tempo. La metafora infinita, Atti del Convegno internazionale *Odisseo 2000. Ulisse nella cultura contemporanea*, Palermo, 12-15 ottobre 2000, a cura di S. Nicosia, Venezia, Marsilio, 2003;

F. LONGO, «L'ipotesi» demitizzante di Gozzano. Ulisse tra yacht e cocottes, in «Semestrale di Studi (e Testi) italiani», X, 19, 2007, pp. 141-156;

M. MARTELLI, *Pascoli 1903-1904: tra rima e sciolto*, prefazione di F. Bausi, Firenze, Società Editrice Fiorentina, 2010;

J. CUISENIER, *L'avventura di Ulisse*, Palermo, Sellerio, 2010;

Ulisse. Variazioni di un mito mediterraneo, a cura di F. Fediani e A. Omodei Zorini, Milano, Angeli, 2011.

---

[25] ID., *I sommersi e i salvati*, in *Opere*, a cura di M. Belpoliti, introduzione di D. Del Giudice, Torino, Einaudi, 1997, 2 voll., II, pp. 1100-1101.

Mondo delle origini *vs* mondo moderno
Medea fra Corrado Alvaro e Pier Paolo Pasolini

GIULIA TELLINI
Università degli Studi di Firenze

Sappiamo tutti chi è Medea.

Medea è la figlia del re della primitiva Colchide (l'attuale Georgia, a est del Mar Nero, ai confini con la Russia e la Turchia), che, secondo l'archetipo creato da Euripide nel V secolo a. C., tradisce e abbandona la sua famiglia per fuggire con l'amato eroe greco Giasone, si trasferisce con lui nella civile Corinto, e dopo qualche anno viene da lui tradita e abbandonata. Per vendicarsi, lei uccide la sua rivale, ovvero la giovane figlia del re di Corinto (che in qualche adattamento si chiama Creusa e in qualche altro adattamento si chiama Glauce), e poi i due bambini avuti da Giasone.

Da Euripide a oggi, la storia di Medea continua a essere oggetto d'indagini e di riscritture. Perché parla di una donna che ama troppo e per questo suo eccessivo amore si perde, completamente, e si ritrova solo quando quest'uomo la abbandona. Perché parla di una donna colta, straniera, emigrata in una città profondamente diffidente (tanto verso gli intellettuali, quanto verso le donne, e anche verso gli stranieri). Perché parla di una donna innamorata, che viene abbandonata in malo modo, scopre di aver sempre amato un uomo meschino, debole, vigliacco, e si dispera. Perché parla di una madre con due bambini piccoli, che lei ama tanto. Perché parla, infine, di una donna che uccide i suoi figli. Ma per quale motivo li uccide?

I motivi per cui Medea uccide i suoi figli, nei secoli, sono stati tanti. In quasi tutte le riscritture del mito, da Euripide a oggi, Medea uccide i suoi due bambini, per vendicarsi del tradimento di Giasone. Medea, quindi, sacrifica la se stessa madre per vendicare la se stessa amante. Tuttavia, ci sono delle eccezioni.

Nella primavera del 1949, Corrado Alvaro scrive la *Lunga notte di Medea*, una tragedia in due atti commissionatagli dall'attrice russa

From: *Europe, Italy, and the Mediterranean* (Bordighera Press, 2014)

Tatiana Pavlova e rappresentata l'11 luglio del 1949 al Teatro Nuovo di Milano. Ovviamente, non mi metterò qui a dire chi sia Corrado Alvaro, non mi metterò a dire dello scrittore austero, impegnato, militante antifascista su vari giornali, tante volte minacciato, picchiato a sangue e costretto alla fuga che fu Corrado Alvaro.

Ma, come si può immaginare, la sua Medea non è né un'eroina ferita nell'onore, né una donna che si dispera per il tradimento d'un uomo che lei ama troppo. No. La Medea di Alvaro è soprattutto una donna perseguitata e una madre, che ha paura per il destino riservato ai suoi bambini. La parola «paura» è forse la parola che ricorre di più in tutta la produzione alvariana. La sua Medea ha paura: ha paura del mondo moderno, cosiddetto "civile", dove Giasone l'ha portata ad abitare. Il re di Corinto ha paura di Medea, della barbara Medea, che le mitologie di paese dicono sia una pericolosa strega. Sua figlia Creusa ha paura di crescere in un mondo di pregiudizi, di cattiveria e di violenza. E la città di Corinto, infine, ha paura di Medea e la perseguita. Tutti, insomma, hanno paura di tutto e tutti.

La Medea di Corrado Alvaro è Corrado Alvaro, che è nato e cresciuto in Calabria, terra delle origini da lui tanto amata, e vissuto quasi sempre a Roma, nella civile Roma "caput mundi", una città dov'è stato costretto a vivere in uno stato di allerta costante, soprattutto all'indomani del delitto Matteotti, quando lui, sul «Mondo», ha avuto il coraggio di attaccare violentemente Mussolini.

In Euripide, com'è risaputo, alla fine, Medea dà ai suoi bambini dei doni avvelenati da portare alla nuova sposa di Giasone, con la scusa di indurla (blandendola con regali ricchissimi) a tenerli con sé al palazzo reale. Poi, come si sa, i doni (che sono un vestito e un corona) sprigionano delle fiamme che inceneriscono la ragazza, la graziosa principessa di Corinto.

In Corrado Alvaro, alla fine, Medea dà ai suoi bambini dei doni da portare a Creusa. Ma questi doni non sono affatto avvelenati. Solo che tutta Corinto, appena li vede, appena vede i figli di Medea con dei regali per Creusa, pensa che siano avvelenati. E il re Creonte urla: «non vi avvicinate! Abbiate paura dei doni della fattucchiera! Non vi avvicinate! I doni di Medea sono mortali»[1]. E poi una vecchia, «posseduta da

---

[1] C. Alvaro, *Lunga notte di Medea*, in «Sipario», n. 40-41, 1949, p. 57.

qualche demonio» (come dice Alvaro) e probabilmente «malvissuta» (come direbbe Manzoni), si mette a gridare: «Bruciano! Se li toccate rimarrete inceneriti!»[2].

E allora la folla, inferocita, comincia a inseguire i bambini e a tirare delle pietre. Giasone non dice affatto che i doni di Medea non sono avvelenati, non tranquillizza Creonte, e non muove neanche un dito per aiutare i suoi figli, ma la loro nutrice riesce comunque a portarli in salvo a casa, dalla loro mamma. E la loro mamma, appena li vede tremanti e in lacrime, per salvarli, li uccide pugnalandoli.

> Medea—scrive Alvaro—m'è apparsa un'antenata di tante donne che hanno subito una persecuzione razziale, e di tante che, respinte dalla loro patria, vagano senza passaporto da nazione a nazione, popolano i campi di concentramento e i campi di profughi. Secondo me ella uccide i figli per non esporli alla tragedia del vagabondaggio, della persecuzione, della fame; estingue il seme d'una maledizione sociale e di razza, li uccide in qualche modo per salvarli, in uno slancio di disperato amore materno.
> Medea—continua Alvaro—è la vittima tipica del passaggio d'una civiltà quando la società umana, da primitiva [...] ed eroica, diventa società politica retta da concetti politici. E Giasone [è] un personaggio affatto moderno, spinto dalla sua stessa ambizione a liquidare il suo passato eroico per assumere un rango politico[3].

In Corrado Alvaro, oltre a Giasone, anche tutti gli altri personaggi maschili sono egoisti, vigliacchi, prevenuti, violenti e maschilisti, non se ne salva neanche uno, e la stessa Medea, all'inizio, confida alla nutrice che avrebbe preferito avere delle bambine invece che dei maschi, che «rompono tutto. Distruggono tutto. Niente si salva. E vogliono vedere tutto come è fatto»[4].

I personaggi femminili, invece, sono tutti positivi. Perfino la sedicenne Creusa, descritta da molti adattatori del mito come una ragazzina viziata e capricciosa, è pure lei una vittima innocente. Non muore per i doni di Medea, che non sono affatto avvelenati, ma muore

---

[2] *Ibidem*.
[3] C. Alvaro, *La Pavlova e Medea*, in *Lunga notte di Medea*, Milano, Bompiani, 1949, pp. 116-117.
[4] C. Alvaro, *Lunga notte di Medea*, cit., p. 47.

perché, salita sulla torre più alta del palazzo reale, vede la folla inseguire i due bambini di Medea, e vede la folla assalire la casa di Medea, e si sente invadere dalla paura. La paura di diventare donna, di diventare moglie e madre, e di rischiare così, anche lei, il tradimento e l'abbandono. La paura di essere lei la responsabile di quel linciaggio, e la causa delle sofferenze di Medea. Una generica e irrazionale paura della vita. E, perciò, si lascia cadere di sotto.

La morte di Creusa per suicidio è un'assoluta novità nella storia delle riletture del mito di Medea[5]. Ed è un'idea che verrà ripresa da Pier Paolo Pasolini nella sua *Medea*, un film uscito nelle sale nel 1969, con Maria Callas protagonista, che ha molti aspetti in comune con la *Lunga notte di Medea* di Corrado Alvaro.

Nel film di Pier Paolo Pasolini, però, la separazione fra mondo arcaico e religioso (rappresentato da Medea) e mondo moderno e laico (rappresentato da Giasone) è molto più netta.

In Alvaro, Medea è soprattutto una madre che vuole proteggere i suoi figli, e che i pregiudizi e le dicerie di paese dicono sia una fattucchiera, perché proviene da una terra lontana. È una rifugiata—come si definisce lei stessa—che vuole solo trascorrere nell'oscurità, insieme al marito e ai figli, quanto le rimane della vita.

In Pasolini, Medea, nella sua selvaggia, montuosa, Colchide, è una sacerdotessa del Sole che, però, una volta trasferitasi nella moderna, costiera, Corinto, perde tutti i suoi poteri. E il Sole non le parla più. Medea è una forza del passato, che, nel crudele mondo futuro, riesce a trovare un sostituto della religiosità perduta solo attraverso l'amore fisico. È il rapporto amoroso e sessuale con Giasone che la fa rinascere alla vita. E, perciò, lei si lascia possedere da lui con gratitudine. Dal mito, la donna entra nella storia. Dall'infanzia, entra nell'età adulta. Da regale e quasi sovrannaturale, Medea si umanizza, si fa remissiva, obbediente.

---

[5] Non è un caso che l'idea di far suicidare Creusa sia venuta proprio a uno scrittore come Corrado Alvaro, che nel 1943 aveva dato alle stampe una bellissima traduzione italiana della *Celestina* di Fernando de Rojas, dove la protagonista, Melibea, si butta giù da una torre (proprio come farà la Creusa alvariana) perché si sente responsabile della morte dell'amato Calisto (come la Creusa alvariana si sentirà responsabile delle sofferenze di Medea). Oltretutto, dopo la morte dell'unica figlia Melibea, suo padre Pleberio pronuncia uno struggente lamento funebre, al quale Alvaro si ispirerà per scrivere il lamento di Creonte dopo la morte della sua unica figlia Creusa. Per i preziosi suggerimenti relativi ad Alvaro traduttore di De Rojas, ringrazio molto il prof. Giuseppe Grilli.

Guarda incantata Giasone e si perde completamente in lui. Per lei, la perdita della verginità è una vera e propria conversione.

A differenza della Medea di Corrado Alvaro, la Medea di Pasolini è molto più amante che madre. E, alla fine, come in Euripide, pugnala i figli per vendicarsi di Giasone, per tornare a essere com'era prima di incontrarlo, per tornare a parlare col Sole, per recuperare la sua verginità perduta. E lo fa come se si trattasse di un sacrificio rituale, come quelli che lei eseguiva quand'era sacerdotessa del Sole, in Colchide. Dopo l'abbandono da parte di Giasone, la Medea di Pasolini riperde il contatto col sacro, si sente di nuovo disorientata, e comincia a sognare a occhi aperti, a immaginare di essere una se stessa che ormai non esiste più: una se stessa eroica, regale, imperiosa, che si comporta come la Medea euripidea. La vera Medea, invece, è sola, affranta dal dolore, preda di allucinazioni[6].

Allo stesso modo, anche la Medea di Alvaro non riesce più a sentire la voce della Luna, che prima le parlava, e anche lei è ossessionata da angosciose visioni, che le mostrano quello che Giasone sta facendo insieme a Creusa, alla reggia di Corinto. In Alvaro, però, le visioni di Medea, i suoi stati di *trance*, sono solo all'inizio. In Pasolini, invece, dall'abbandono di Giasone in poi, l'incubo a occhi aperti della protagonista si protrae fino a confondersi con la realtà. Ed è turbativo. E, in tal modo, anche lo spettatore si sente disorientato e turbato, proprio così come è disorientata e turbata Medea.

Quanto alla figlia del re di Corinto, anche in Pasolini, la ragazza (presentata come una fanciulla che ha fatto della vita «un nodo atroce di colpe e di doveri»[7]) muore suicida, come in Alvaro, buttandosi da una torre del palazzo reale, sopraffatta da una malattia di nervi che si

---

[6] Nel 1989, Federico Tiezzi presentò in prima nazionale un adattamento di *Materiali per Medea* di Heiner Müller, ed ebbe l'idea di rendere questa duplice natura di Medea tramite un accorgimento registico: l'attrice protagonista (Marion D'Amburgo) pronunciava il suo monologo stando in ginocchio in mezzo al palcoscenico, con una maschera d'oro dietro la testa e un grande specchio alle sue spalle. In tal modo, gli spettatori vedevano due Medee: quella disperata, che avevano di fronte, e quella classica, divina, sacrale, che appariva loro riflessa nello specchio. Per le informazioni riguardanti lo spettacolo, ringrazio di cuore Marion D'Amburgo, che il 12 novembre 2003, a Firenze, mi ha rilasciato una lunga intervista sulla sua interpretazione della Medea di Müller.

[7] P. P. Pasolini, «*Visioni della Medea*» (trattamento), in id., *Il Vangelo secondo Matteo, Edipo Re, Medea*, introd. di M. Morandini, Garzanti, Milano, 2002³, p. 534.

trascina dietro dall'infanzia e sopraffatta dai sensi di colpa per sentirsi la causa del tradimento e dell'abbandono di Medea da parte di Giasone. Anche in Pasolini, come in Corrado Alvaro, Medea non fa recapitare affatto alla ragazza dei doni avvelenati.

In Pasolini, anzi, come anche in Corrado Alvaro, si crea un vero rispecchiamento fra Medea e la figlia del re di Corinto: l'una, dopo l'abbandono di Giasone è disperata e sconvolta, preda di incubi, come una bambina. E l'altra, che sta per sposare Giasone, è dolce ed emotiva, impaurita, come una bambina, e piena di ansia, angoscia, senso d'oppressione e sensi di colpa.

Sembra quasi, quindi, che tutto ciò che in Alvaro è sotto forma di idea originale, ma appena allusa, di spunto narrativo proposto quasi timidamente, in Pasolini si tramuti in decisa presa di posizione, in scelta stilistica programmatica: sia per quanto riguarda i sogni di Medea, sia per quanto riguarda la figura della povera, sgomenta, infantile, impaurita Glauce.

Pasolini, tuttavia, per la sua *Medea*, non trae ispirazione solo dalla *Lunga notte* di Alvaro. Nel 1965, infatti, Carl Theodor Dreyer aveva scritto una sceneggiatura per un adattamento cinematografico della *Medea* di Euripide, l'aveva fatta tradurre in inglese e l'aveva spedita alla Callas, per sentire se le andava di interpretare il suo film. Il progetto, tuttavia, era andato in fumo. E Dreyer era morto il 20 marzo 1968.

La Callas aveva quindi accettato di essere Medea nel film di Pasolini e aveva dato da leggere allo scrittore di Casarsa la sceneggiatura dattiloscritta di Dreyer, che infatti è ancora oggi conservata nel Fondo Pasolini presso il Gabinetto Vieusseux di Firenze[8].

Nella sceneggiatura di Dreyer (nato da una relazione illegittima fra un uomo sposato e una giovane governante, e messo appena nato in un orfanotrofio), il tema dominante, a differenza di quella di Corrado Alvaro, è l'amore e la catastrofe dell'abbandono. Ecco un colloquio fra Giasone e Medea:

> GIASONE: non ti senti al sicuro se non c'è un uomo intorno a te, per proteggerti, per prendere la tua vita nelle sue mani.
> MEDEA: io voglio solo amore.
> GIASONE: tu pensi che l'amore risolva tutti i problemi.

---

[8] Ora, la sceneggiatura del film è anche online, sul sito http://english.carlthdreyer.dk.

MEDEA: prima che ti incontrassi, mi sentivo come se fossi trasportata dalla corrente, in pericolo d'annegare. Poi sei venuto tu e hai messo le tue braccia intorno alla mia vita, e mi hai salvato. Avevo qualcosa per cui vivere, ero sopraffatta dalla felicità. Tu eri il mio eroe, il mio orgoglio. Camminavo in punta di piedi per piacerti. Eri il padrone del mio destino.
GIASONE: poi siamo tornati in Grecia.
MEDEA: è stata una mia idea quella di cercare rifugio a Corinto. E ora che siamo qui, mi abbandoni[9].

Ciò che interessa fare a Dreyer è soprattutto indagare la situazione psicologica di una donna che è da poco stata abbandonata da un uomo che per lei rappresentava la vita stessa, il destino, la felicità, e per il quale aveva sacrificato tutto[10]. Un uomo che l'ha incantata con le parole fino a sedurla[11], che ha fatto di tutto per legarla a sé, e che l'ha usata fino a quando gli faceva comodo. Verso la fine del secondo e ultimo incontro fra Medea e Giasone, si legge:

MEDEA (scoppiata in lacrime. Dopo un po', dice in uno sforzo di autocontrollo): ho fatto un sogno la notte scorsa. Tu ed io stavamo camminando su un ponte che all'improvviso, nel mezzo, si è spezzato in due. Tu sei saltato giù—lasciandomi sola, nel panico, senza te, cui potermi appoggiare (Medea è di nuovo sul punto di piangere, e lui cerca di consolarla).
GIASONE: ti ho sempre amato per il tuo attaccamento e per il tuo affetto.
MEDEA: sì, ma io voglio essere amata per quello che sono, e non per quello che faccio.
GIASONE: credimi, è meglio per entrambi se ci separiamo.

---

[9] Euripides, *Medea*, manuscript by C.T. Dreyer in cooperation with P. Thomsen, adaptation into English by E. Cress, pp. 28d. Trad. in italiano mia. Di qui in avanti, la traduzione di tutti i passi tratti da questo dattiloscritto è mia.
[10] Poco dopo il suo incontro con Creonte, Medea si sfoga così con le donne del coro: «La mia vita è andata in pezzi. Il mio cuore non desidera più le gioie della vita. Un uomo ha aperto i miei occhi alle bellezze della vita e poi ha girato i suoi occhi lontano da me» (*ivi*, p. 10-11).
[11] Dopo il suo primo colloquio con Giasone, Medea, stando sulla porta dalla quale lui è appena uscito, dice alla nutrice «ecco mio marito che se ne va, l'uomo di cui mi fidavo, l'uomo che mi ha avvolta dentro i suoi sogni, dentro la sua rete di parole vuote, e che io ho seguito. Ora non ho una patria, non ho una casa, nessun posto dove poter fuggire» (*ivi*, p. 20).

MEDEA: no, Giasone, no, no, non ce la faccio a perderti, non ce la faccio, non ce la faccio[12].

Lo stato d'animo di perdita, di vertigine e di disfacimento nel quale la donna si trova immersa viene descritto da Dreyer con un realismo, una precisione, una sensibilità e un'acutezza rare. Così come, con altrettanta nettezza, sono descritti i due personaggi principali: Medea, ovvero una donna per la quale l'amore è un'assoluta priorità e che al marito si è donata completamente; e Giasone, un uomo egoista, pretenzioso[13], che seduce quasi per gioco e senza pensare alle conseguenze delle sue azioni, che sa farsi amare ma non sa amare[14], che diceva spesso alla moglie di amarla ma soltanto quando erano a letto insieme[15], che non può e non vuole essere un appoggio per nessuno perché lui stesso ha bisogno di un appoggio.

L'aspetto sessuale è molto importante sia in Dreyer che in Pasolini: in entrambi, infatti, Medea, nel corso dell'ultimo colloquio con Giasone, fa in modo di avere un contatto fisico con lui. Ed è perciò probabile che Pasolini abbia ripreso quest'idea da Dreyer.

In Pasolini, però, Medea riesce ad avere un ultimo rapporto sessuale con Giasone, perché il Giasone che la ama continua a vivere dentro il Giasone che la abbandona per sposarsi con la figlia del re di Corinto, perché «ciò che è sacro—come dice Pasolini—si conserva accanto alla sua nuova forma sconsacrata»[16]: perché a vegliare su Giasone è ancora il vecchio Centauro mitico, metà uomo e metà cavallo, che lo educava quand'era un bambino, e non solo il Centauro dell'età adulta, che lo

---

[12] *Ivi*, p. 28e.
[13] «Nella mia debolezza e nel mio povero cieco amore,—dice Medea a Giasone verso la fine del loro primo incontro—non ho coccolato nient'altro che la tua vanità» (*ivi*, p. 19).
[14] Rievocando, insieme a Giasone, la sua prima notte con lui, Medea gli dice: «i tuoi baci mi dicevano che eri un amante che sapeva cosa voleva» (*ivi*, p. 28).
[15] All'inizio, quando la nutrice cerca di convincere la protagonista a non odiare i suoi figli, perché non hanno nessuna colpa e la amano, Medea le risponde: «sì, mi amano, loro mi amano, mi amano, amano, amano, amano. Anche Giasone mi amava. Quante volte pensi che mi abbia detto che mi amava? Tutte le volte che si coricava al mio fianco su questo letto. Mi diceva che mi amava. Il mio letto—diceva—era il suo regno, dove lui era il re e io la sua regina. Dov'è lui ora? A cercare un altro letto e un altro regno con un'altra regina. Il bastardo!» (*ivi*, p. 5).
[16] P. P. Pasolini, «*Visioni della Medea*» *(trattamento)*, in id., *Il Vangelo secondo Matteo, Edipo Re, Medea*, cit., p. 514.

induce a ragionare, a giudicare e a fare i suoi calcoli. Il Nuovo Centauro si è aggiunto al Vecchio, non l'ha fatto scomparire: ed è sotto il segno del Centauro mitico che Giasone ama Medea, ha pietà di lei e comprende la sua catastrofe spirituale, «il suo disorientamento di donna antica in un mondo che non crede in nulla di ciò in cui lei ha sempre creduto»[17].

Perciò, in Pasolini, Medea e Giasone fanno l'amore, sapendo che è per l'ultima volta; e, mentre lo fanno, benché lui intenda anche calmarla e benché lei abbia già in mente l'idea di vendicarsi, «ciò che c'è di violentemente autentico, si sprigiona in ambedue: il calcolo il freddo inganno, è messo in scacco dalla verità dei sentimenti, anche se non accettata e repressa»[18].

In Dreyer, invece, no: nella sceneggiatura inedita di Dreyer, Medea cerca di far ricordare a Giasone tutte le cose belle che hanno fatto insieme, e lui si abbandona a rievocare il passato insieme a lei, ma alla fine si rifiuta di baciarla. Nel Giasone di Dreyer, il Nuovo Centauro ha sostituito il vecchio Centauro mitico, facendolo scomparire: Giasone ritorna, con le parole, nel passato (un passato che sembra già un sogno), ma si rifiuta di far rivivere il passato nel presente, passando dalla teoria alla pratica, dalle parole ai fatti, dal sogno alla realtà. E negandole il bacio dell'addio, lui mostra di non amarla più.

> MEDEA: non mi baci?
> GIASONE: no.
> MEDEA: no? Perché no?
> GIASONE: io ora appartengo a qualcun altro.
> MEDEA (in tono sarcastico): oh, sì — appartieni. Questa è la differenza. Quando eravamo insieme, io appartenevo a te, ti adoravo, dipendevo completamente da te. Ora tu appartieni a Glauce, la tua principessa, ora sei tu a dipendere da lei. Mi congratulo, ci sei riuscito.
> GIASONE (stando in piedi e guardandola con sguardo di ghiaccio): puttana!
> MEDEA (alzandosi in piedi anche lei e fissandolo negli occhi): vigliacco! (dopo un secondo di silenzio, continua) Non mi hai mai detto del tuo nuovo amore. Non una parola. Me l'hanno detto le vicine. Mi hai tenuto

---

[17] *Ibidem*.
[18] *Ivi*, p. 524.

all'oscuro. E ora vai dal tuo nuovo amore! Ti sei venduto a lei, le hai dato il tuo corpo in cambio, e questo a lei basta[19].

Curiosamente, sia la Medea di Alvaro, come pure quelle di Dreyer e Pasolini, sono preda di visioni, con la differenza che la protagonista alvariana, in virtù delle proprie facoltà da chiaroveggente, può vedere ciò che sta accadendo, nel presente, alla reggia di Corinto, fra Creusa e Giasone; la Medea di Dreyer si ostina invece a riandare con la memoria ai bei momenti felici trascorsi insieme al marito, e la Medea pasoliniana s'immagina infine alle prese con una vendetta degna della se stessa che fu (e quindi impegnata a far recapitare a Glauce un vestito stregato). La prima, quella di Corrado Alvaro, è perseguitata dalle immagini di ciò che Creusa e Giasone stanno facendo insieme in quel momento, e ha paura: un'irrazionale, angosciosa, snervante, prolifica paura del presente. La seconda, quella dreyeriana, continuamente assorta nel pensiero di un passato felice che non c'è più, è immersa nella depressione, almeno fino a quando non decide di mettere in atto la sua vendetta. La terza, la Medea di Pasolini, soffre d'ansia, perché pensa al futuro e a un tipo di vendetta che sa di non poter attuare visto che ormai da anni non è più una maga, e non può più compiere prodigi o stregonerie.

Alla fine, in Dreyer, Medea uccide Glauce con una veste e con una corona avvelenate. Dopodiché, uccide i figli dando loro del veleno e facendo credere loro che è una medicina. In Dreyer, poi, come pure in Pasolini, Medea, prima di ucciderli, canta loro una ninna nanna, che li culli dolcemente dalla vita alla morte. In Pasolini, l'accoltellamento dei figli è un vero e proprio sacrificio rituale. Seguito dal suo suicidio, dal suicidio di Medea. Sia la sceneggiatura di Dreyer che il film di Pasolini hanno una struttura circolare, visto che la prima sequenza è quasi identica all'ultima: un'arena con un coro che danza in Dreyer, e un sacrificio rituale in Pasolini. Tutto rimane uguale. E tutto cambia.

I finali pensati dai tre autori (Alvaro, Pasolini e Dreyer) per i loro adattamenti del mito, tuttavia, sono molto diversi. Corrado Alvaro conclude la sua tragedia con una eutanasia, l'eutanasia di una madre per preservare i figli dalla sofferenza. Dreyer conclude la sua sceneggiatura

---

[19] Euripides, *Medea*, manuscript by C.T. Dreyer in cooperation with P. Thomsen, cit. pp. 28b-c.

con l'uccisione dei figli da parte di Medea (una Medea molto più amante che madre) e la sua partenza alla volta di Atene sulla nave del re Egeo, che si è offerto d'ospitarla. In Dreyer, Medea uccide i bambini come una eroina tragica, spinta fino alla fine dalla cieca necessità di vendicarsi di Giasone.

In Pasolini, infine, Medea uccide i bambini e poi dà fuoco alla sua casa con sé dentro. E, quindi, si suicida. È un gesto di disperazione. Ma nello stesso tempo è anche un tentativo, da parte di Medea, di ricongiungersi col Sole, la divinità di cui un tempo, in Colchide, era la Sacerdotessa.

Sebbene trasfigurata in chiave mitica, si tratta dell'ennesima rappresentazione, da parte di Pasolini, dell'impossibilità di far convivere mondo antico e mondo moderno, di poter conciliare mito e storia, religiosità e laicità, utopia regressiva ed «entropia borghese», come la chiamava lui[20].

Una madre, in Alvaro. Un'eroina spinta da necessità, in Dreyer. Una sacerdotessa proveniente da un mondo arcaico (e privata di ogni suo appiglio col sacro), in Pasolini.

Medea, comunque, in tutti e tre questi autori, rappresenta sempre il mondo degli affetti, e Giasone quello del calcolo. Medea il mondo religioso, delle origini, con dei valori in cui credere, e Giasone il laico mondo futuro, che non crede più in niente. Medea segue il cuore. Giasone fa ciò che gli è utile, senza accorgersi neanche del male che provoca. L'amore perde contro il calcolo. Ma il grande personaggio di questo mito, il grande personaggio tragico e immortale, è e sarà sempre Medea, la barbara Medea. In tutte le riletture del mito. E non il moderno, civilizzato, "illuminato" Giasone, destinato a essere sempre un piccolo, minuscolo, uomo. Vigliacco, crudele, cinico, egoista. Di cui nessuno parla. Che viene dimenticato da tutti, e che Dante condanna all'Inferno.

---

[20] Cfr. P. P. Pasolini, *Il Pci ai giovani!!*, in *Empirismo eretico*, Milano, Garzanti, 1972, p. 162.

L'angoscia dell'esistenza come instabilità e contrasto
da Pirandello a Brancati

Maria Rosaria Vitti-Alexander
Nazareth College

«Pena di vivere cosi» è il titolo di una novella di Pirandello tutta intessuta sulla difficoltà dell'essere, di un esistere che porta con sé il pesante bagaglio di conoscersi e farsi conoscere, di saper agire e interagire. Una realtà non facile, matrice di quell'angoscia esistenziale che pervade le opere sia di Pirandello che di Brancati e che vede i loro personaggi alla ricerca di un modo per dissolverne l'incertezza. Uno di questi è la maschera, costruzione illusoria per difendersi da una realtà insopportabile e a cui l'uomo ricorre come riparo dal male di vivere per sopravvivere. È dietro la maschera che si trova rifugio e conforto, anche se momentanei.

Tra le tante maschere pirandelliane create per poter sostenere il peso dell'esistenza c'è quella della pazzia di cui *Enrico IV* ne è certamente il rappresentante più sublime. Ed è a questo dramma che mi rifaccio per illustrare la costruzione della maschera come modo di sopravvivenza per Enrico, personaggio esemplare che arriva a far di essa sua unica e possibile realtà. In Brancati la maschera diviene rifiuto di un mondo circostante insopportabile e inaccettabile; anch'essa maschera-costruzione a cui si ricorre per difendersi dall'instabiltà del vivere, come per il *Bell'Antonio* e *Gli anni perduti*.

> «Ciascuno si riaccomcia la maschera come può–la maschera esteriore. Perché dentro poi c'è l'altra, che spesso non si accorda con quella fuori. E niente è vero! Vero il mare, sì , vera la montagna; vero il sasso; vero un filo d'erba; ma l'uomo? Sempre mascherato...» (SPSV, p.153)

Così Pirandello nel suo saggio su *L'umorismo* (5) dove spiega la fragile condizione umana, l'idea che ogni uomo deve possedere non una ma multiple identità, quella interna come percezione che lui ha di sé stesso, quelle esterne come percezione degli altri. Il vivere sociale, la necessità di sopravvivere ai contatti, alle regole, ai modi di comportamento a cui l'uomo viene naturalmente assoggettato, riesce a creare una interminabile sfilata di personaggi mascherati, alcuni lucidamente coscienti di tale condizione, altri meno, ma in un modo o in un altro sempre spinti a smascherarsi ogni qualvolta possibile, ma solamente per doversi velocemente ricoprire.

L'esistere è angosciante, la realtà insopportabile, inaccettabile, l'uomo si ritrova a doversi spesso nascondere dietro l'illusione di un mascheramento. Lo sanno bene i personaggi di Brancati impegnati per sempre in una lotta tra quello che sono e quello che vogliono sembrare, ingaggiati a tenere forti le illusioni e gli artifici che si sono creati per continuare nella vita. Nel romanzo *Gli anni perduti* è tutto il gruppo dei giovani di Natàca che si presenta compatto a dover affrontare la vita dietro l'illusione di una maschera. Brancati crea personaggi che vivono quotidianamente l'angoscia esistenziale e la necessità di proteggere la propria identità. Gli anti-eroi di Brancati anche se non più ragazzi sono rimasti tuttavia intrappolati in tante peculiarità adolescenziali che ne fanno uomini paurosi di una vita normale da adulti. Lo sa bene Leonardo, che fuggito a Roma nella speranza di intraprendere una vita a viso scoperto, non ci riesce e fugge inorridito:

> «A Roma non si può stare,» spiega Leonardo, «[a Roma] aveva sofferto di vertigini e capogiri, la salute s'era guastata. Ma sarebbero bastati venti giorni di riposo e di dieta in seno alla famiglia, per guarirsi completamente.» (AP, 5)

Ma non è solo la salute che viene a mancare a Roma, ma c'è di più:

> «La verità era questa: che d'un tratto, senza gravi ragioni, la gioia era finita nel cuore di Leonardo. La bella luce, che illuminava tutte le cose, e dava un senso anche alle sedie e al calamaio, s'era spenta. Questa luce lo aveva accompagnato fin dai primi giorni dell'infanzia, era stata nella sua culla, era stata sul banco di scuola, fu dovunque e sempre; e adesso era passata: ...Egli non era capace di vivere senza di lei.» (AP, 5)

Tornare a casa, a Natàca, città del Mediterraneo e [loro] città, diviene il ritornello di tutti i personaggi brancatiani che fuggono la vita adulta simboleggiata soprattutto da Roma, illusione di fuga in un primo tempo, posto invivibile dopo. Leonardo, Rodolfo, Giovanni «apparvero sulla porta: anche loro erano arrivati da Roma due mesi avanti per un breve soggiorno a Natàca, ed erano sempre in procinto di ripartire.» (AP, 13)

Come per Pirandello anche per Brancati è necessario «costruire» una qualche altra soluzione all'assurdità e all'instabilità che circonda l'uomo. E così questi uomini-bambini tornano a casa a ripararsi dietro il rifugio dell'adolescenza, costruendosi la maschera del diniego, del figlio buono, cosciente fino allo spasimo del bisogno che i genitori hanno di averli con loro, aiutati naturalmente dal fare protettivo delle mamme. Si raccomanda la mamma di Giovanni:

> «Tu ... devi pensare a fare la tua strada, senza pensare a noi. ...Di noi non devi darti pensiero, perché noi siamo vecchi e i nostri giorni ormai li abbiamo passati....Quando sarai partito, il Signore mi farà una grazia togliendomi di qui... Quando non ci sei tu, alle sette la giornata è finita...non riusciamo a prendere sonno, pensiamo a te... E dunque! Cosa ci stiamo a fare? ...Tu ora devi partire, devi stare allegro, non pensare mai, proprio mai, a quello che noi facciamo e al modo con cui viviamo. Ma il Signore, me mi deve presto raccogliere! ...Sta' allegro, dunque!» (AP, 41)

Per i giovani di Natàca i genitori hanno assolutamente bisogno della loro presenza, crescere deve aspettare, è l'inganno liberatorio che i giovani si sono costruiti. Protetti dalla maschera del diniego è possibile rifiutare tutto, meglio rifugiarsi nel letto di quando si era adolescenti, coprirsi fino sotto il naso con le stesse coperte di quando si era piccoli ed ascoltare i rumori della strada senza incorrere pericoli. Adulti immaturi i personaggi di Brancati, si ritrovano a sognare la donna ma incapaci di sposarla perché paurosi di qualunque responsabilità. Uomini che desiderano una indipendenza monetaria eppure incapaci di procurarsela perché quel mondo di lavoro è pieno di incognite. È più facile restare nella dimora paterna e lasciarsi proteggere dal mondo familiare che conoscono, tutto il resto fa paura:

> «Ma non appena pensava al treno, a Roma e ai cibi di Roma, Leonardo sentiva che qualcosa accennava a strappargli dalla carne uno dei sostegni principali della vita, alcunché d'indispensabile per stare in piedi, mangiare, bere e dormire. Allora egli ripeteva mentalmente, come a

scongiurare questo qualcuno misterioso: «No, aspetterò, non partirò così presto! Aspetterò!» (AP, p.18)

Allontanarsi dal paese viene a significare un ritornarci al più presto possibile. Roma, Milano ed altri luoghi rappresentano il sogno ambito e temuto allo stesso tempo perché qualunque lontananza significa responsabilità, cambiamento di abitudini, distacco, nostalgia, coscienza del tempo che passa, sentimenti che accrescono il senso di fragilità che a sua volta rende l'uomo facile preda all'angoscia esistenziale. Meglio restare mascherati nel diniego di tutto ciò:

> «Quella di stare sdraiati sul letto, al buio, è la posizione più comoda per far scorrere il tempo: una volta chiudendo gli occhi, un'altra aprendoli e non vedendo nulla, una volta porgendo orecchio alla strada, un'altra alle mosche.... Alle undici, Leonardo si alzava dal letto,... e prima di uscire poggiava per qualche tempo la fronte sui vetri del balcone e osservava la piazzetta sottostante. Oh! Queste piazze in cui non accade niente! È uno spettacolo interessante, e sempre nuovo, e alla fine inspiegabile, questo di una vita che non arriva a partorire mai nulla.» (AP, 23).

Ma per i personaggi di Brancati è soprattutto una vita che partorisce che deve essere evitata perché significherebbe smascherarsi per agire, fare, vivere. Purtroppo vivere è angosciante, meglio nascondersi, e lo sa bene Leonardo che:

> «Il terzo giorno, fuggì da Roma e tornò a Natàca. Durante il viaggio, si mise a piovere ... e piano piano si calmò. La nausea diminuì a grado a grado, e cedette il posto all'appetito; le cose, che gli ballavano in tondo, ritornarono ferme e serie». (AP, p.10)

Tutto il gruppo dei giovani di Natàca si toglie saltuariamente la maschera del diniego ma solo per poco, senza di essa si è ripresi dal disagio della responsabilità per tutto, anche per la donna, nonostante sia uno degli oggetti più ambiti dai maschi siciliani:

> «Essi erano molto sensibili alla bellezza femminile, ma non erano più, come i loro padri e i loro nonni, disposti a implicare in questa faccenda la lor vita e la loro tranquillità; in una parola, non volevano correre il pericolo di uccidersi per amore o di uccidere per gelosia». (AP, 25)

Meglio restare fermi, immobili e mascherati, soprattutto riparati del dolore di vivere convincendosi che il loro compito è restare adolescenti per il conforto dei genitori:

> «La madre gli aveva detto che l'inverno sarebbe stato freddo; gli aveva collocato, nel mezzo della camera da letto, una conchetta di carbonella la quale mandava, insieme al calore, un profumo di bosco che ricordava i giorni della fanciulelezza e, con essi la paura di star lontani dalla mamma.» (AP, p.18)

Brancati fa dire ai suoi amati antieroi:

> «chi viene a Natàca, raramente riesce a fuggire. L'aria è molle e pastosa, per cui si ha l'impressione di camminare in mezzo al miele. [...]
> «Si, è vero,» fece Leonardo, «Io sono venuto qui per venti giorni, e invece sono rimasto tre anni.»
> «E stà sicuro che ormai tu sei legato per un piede al campanile di Natàca. Ti lega una corda elastica, che tu potrai distendere magari fino a Milano, ma che, all'estremo della tensione, con un gran salto, ti ribatte quaggiù.» (AP, 53)

In *Il Bell'Antonio* il protagonista principale si accorge subito di dover nascondere anche a se stesso la sua condizione fisica. Si ritrova a dover coprire con la maschera dell'indifferenza la sua incapacità al sesso. Antonio, bello e aitante giovane siciliano non può andare a donne, le desidera, le ama ma non può possederle fisicamente. Il possesso resta platonico:

> «Le donne si sentivano dominate e, insieme, a loro agio completo e perfetto: accanto a lui, bruciavano dolcissimamente, e soffrivano, e impazzivano con una soavità si profonda da far pensare che una grave anomalia si fosse impradonita di esse confondendo il piacere e il dolore in quella totale mancanza di discernimento, che è il solo stato in cui una persona osa dire a voce alta: io mi sento felice!» (BA, 9)

Antonio si maschera, non rivelare a nessuno, nemmeno a stesso la sua condizione. Si lascia amare dalle donne ma si nega alla loro voglia fisica, e si convince che da vero maschio siciliano deve conquistare ma non essere conquistato. E quando le ragazze sono decise ad avere un rapporto sessuale, Antonio trova rifugio dietro la maschera del disprezzo e dell'ironia. La scena di Luisa che si offre ad Antonio senza riserve ed Antonio che cerca un qualunque nascondiglio dignitoso, è una vera tragicommedia brancatiana. Grida la giovane ad Antonio:

> «Ti voglio bene, ti voglio bene! Capiscimi, santo Dio: ti voglio bene. Antonio si fa pallido come un morto, e siede, casca quasi, su un divano... Luisa non sa più quello che fa ... la sua mano vergognata e spaurita erra dissennatamente sotto la vestaglia di Antonio.» (BA, 18)

La ragazza, ormai al limite della sopportazione, si dichiara vergine sperando così di convincere Antonio della sincerità dei suoi sentimenti. Antonio che cerca disperatamente una difesa, ricorre al cinismo e al disprezzo:

> «Eppure, dice egli, appigliandosi al partito di fare il forte e il cattivo, e stringendola per i polsi in modo da scostarla un poco da sé e guardarla nel viso, 'tu devi essere come le altre.'... Antonio si sforza di sorridere ironicamente, cosa che gli riesce molto sgradita e fastidiosa, perché è un bravo giovane e sa distinguere un parlare sincero da un falso.» (AB, 19)

«L'illusione è la più tenace e la più necessaria delle virtù umane» dice il Munafò; parlando del mondo pirandelliano ma che riflette perfettamente anche il mondo dei personaggi di Brancati. (CP, 52) Comunque Antonio non ha scelta, il suo mondo siciliano gli impone un gioco preciso e lui deve portarlo avanti, deve nascondere la sua condizione di «diverso,» di «incapace.» Quando a Roma si imbastiscono storie sul suo conto, Antonio lascia fare, si compiace con se stesso immaginandosi un vero «sciupafemmine,» insaziabile mangiatore di donne, confortato in questa sua «costruzione» da quelli che lo circondano. Lo zio, preoccupato del pallore del giovane gli dice:

> «Qui, se rimani ancora, le donne ti mangiano vivo con tutti i vestiti che hai addosso... figurati a uno che ha i tuoi anni e la tua ... si, insomma, al tua simpatia! La tua faccia, così spolpata com'è, se la leccano come una caramella.... Ma lasciamo stare!» (BA, p.26)

Il ritorno a Catania è comunque inevitabile ed è qui che scoppia la tragedia. Dovendosi sposare per volere del padre, Antonio rafforza la maschera del diniego fino al punto di riuscire a nascondere e nascondersi la sua vera condizione anche dopo tre anni di matrimonio con la moglie Barbara. Durante una conversazione con lo zio, mandato dal padre per scoprire qualcosa, Antonio afferma: «Zio, quella verità, io non ero in grado di svelargliela, ma fingevo di credere che in tal modo io mi comportassi perché Barbara me lo chiedeva.» (AB, 207)

In una cultura come quella siciliana Antonio non può accettare di essere impotente, non solo è una condizione impensabile per qualsiasi giovane ma certamente inconcepibile per uno come Antonio, il più bello della città. Addirittura il prete della città aveva cercato di farlo capire alla povera madre stupefatta:

> «Quando io predico e vostro figlio si trova seduto in fondo alla chiesa, le donne stanno sempre a collo torto per guardare lui. È uno scandalo.... Pregate Dio, signora: nella sua infinita sapienza, Egli troverà il mezzo per mitigare la diabolica bellezza di vostro figlio [...] Ma vi pare giusto che la domenica, in chiesa, per le ragazze di buona famiglia l'altare maggiore sia dalla parte in cui siede Antonio?» (BA, 13)

Scandalosa è la bellezza di Antonio e diabolico ne è il potere, ad Antonio non resta altra via che rifugiarsi dietro la maschera del diniego per sopravvivere l'angoscia che la società ha in riserva per un essere fragile come lui.

Quando infatti ad Antonio viene strappata con forza la maschera, tutto crolla, non solo per lui ma per l'intera famiglia. La scoperta della sua vera condizione fisica si rivolge in tragedia per il padre, cosa inconcepibile per «un Magnano che ha sempre trovato una tana per il suo lepre» (BA, 24). L'impotenza di Antonio prima viene negata, poi si fa «disgrazia» ed infine «vergogna», qualcosa da nascondere:

> «Prima di tutto ... dobbiamo fare in modo che la cosa rimanga fra noi, e che nessuno, dico nessuno, nemmeno mia moglie, nemmeno vostra moglie, nemmeno Gesù Cristo che ci ascolta, sappia assolutamente nulla! Mi capite notaio?... nulla, nulla!» (BA, p.113)

Solo alla fine, quando è ormai impossibile ogni sorta di mascheramento, e quando tutta la città è ormai a conoscenza dei fatti ed Antonio è a volto scoperto, il povero padre disgraziato non può altro che affermare:

> «E allora, che facciamo, niente? È giusto secondo te? Incrociamo le braccia come tanti Cristi con la canna, e ci facciamo sputare da tutti quelli che passano. Diventiamo la fogna della città. Ci lasciamo cacare dentro la bocca.» (BA, 215)

Alla fine tutto è perduto e quando la moglie si risposa, Antonio cerca di ricoprirsi alla meglio con la sua maschera sbrindellata, nulla più può confortarlo. Un figlio così neanche per un padre può esistere: «Va, va, va! Mettiamoci il cuore in pace piuttosto e non parliamone più! Vuol dire che io non ho più un figlio maschio! Morì, mio figlio! L'avevo, e morì!» (BA, 218). È meglio essere morti che accettare il disonore dell'impotenza maschile perché essere maschio in Sicilia significa andare a donne, sempre e dovunque. Lo sa bene il disgraziato padre di Antonio che cerca, anche nella sua vecchia età di riscattare il nome della famiglia Magnano. Il giorno del bombardamento di Catania va da una delle sue puttane favorite:

> «Ma come? Vossignoria qui? E se ci ammazzano. Che diranno domani? Che il signor Alfio andava in casa di una mala donna?»
> «Ma voglio proprio questo» disse il vecchio,»voglio che mi trovino morto qui! Voglio che tutta Catania sappia che Alfio Magnano coi suoi settant'anni andava a putt... Scusami non lo dico per offenderti..» (BA, 293)

Dover dimostrare sempre, a se stesso e soprattutto agli altri la propria virilità, è la tragedia del vivere comune di questa gente, un angoscioso modo di dover continuare il culto del maschio onnipotente e padrone. Il cugino Edoardo cerca di dare una spiegazione a tutto quello che è successo e cerca di chiarire la condizione di Antonio chiamandola un semplice «incidente,» ma specifica subito che mentre la cosa potrebbe risolversi in un modo semplice in altri posti, in Sicilia è tutt'altro:

> «Incidente, si, e anche da nulla. Per qualunque persona in un altro Paese, sarebbe stato un incidente da nulla. Ma per noi no! Per noi è una tragedia! Perché noi pensiamo sempre a una cosa, a una sola cosa, a quella! ... Le donne! La donna!... Quattro volte, cinque volte, sei volte.... Ecco gli

oggetti delle nostre ansie! ... Ma lo sai che non c'è nessun disonore a passare tutta la vita nella castità?... Sei bello, cortese, alto, forte, impari facilmente qualunque arte e scienza, sei in grado di capire tutto! Ma pensa quante cose avresti potuto fare, se non ti fossi chiuso giorno e notte in un pensiero a consumarvi dentro la vita!...»

Nascosto dietro la maschera del diniego di una realtà che la si trova inaccettabile a sé stesso non accettabile come al mondo civile circostante, il bell'Antonio si ricopre, ma la maschera è ormai a brandelli: «... Io guardò a lungo, con sfiducia, con amarezza, sentendovi sempre gorgogliare quei singhiozzi di adolescente tardivo» (BA, 322).

Il dramma *Enrico IV* di Pirandello rappresenta un caso speciale di maschera della pazzia per due ragioni: primo, mentre in molti casi sono gli altri con cui si è costretti a vivere a ritenere 'pazzo' chiunque non voglia sottostare a specifiche regole volute dalla società, in *Enrico IV* è lui stesso a fare della maschera della pazzia sua la unica soluzione strategica all'instabilità ed angoscia del suo proprio vivere. Secondo, mentre per molti personaggi *pazzi* pirandelliani, la maschera offre brevi momenti di libertà da una condizione oppressiva dell'esistenza, per Enrico essa offre una continua e permanente condizione. La pazzia svolge una duplice funzione per Enrico: libertà e vendetta contro gli altri. Mentre da un lato Enrico, nascosto dalla maschera può agire liberamente nel suo sogno illusorio e vedersi solo signore della propria vita, dall'altro è questa stessa maschera che lo vendica della sua crudele sorte, imponendo con essa il suo proprio codice di condotta sugli altri e continuare il gioco della finzione iniziato un lontano giorno di carnevale.

Il dramma *Enrico IV* è completamente basato sul dualismo maschera/viso, pazzia/sanità mentale, illusione/realtà ed è l'interscambio tra queste due realtà a rendere completa la giusta posizione dell'angoscia e dell'instabilità del vivere.

L'interscambio tra illusione e realtà ha luogo immediatamente con l'alzarsi del sipario. La realtà della scena che inizia nella corte imperiale di Enrico IV a Goslar, decorata con mobilio dell'undicesimo secolo immediatamente viene subito messa in dubbio da due dipinti di moderna fattura, e per poi continuare con l'entrata dei paggi. Questi ultimi, addobbati con costumi dell'undicesimo secolo, prendono in giro Bertoldo, il nuovo arrivato e vestito erroneamente di un costume del sedicesimo secolo. Il gioco dell'inganno, realtà/illusione continua con lo stesso Bertoldo che rivela candidamente la sua confusione, lui si credeva di dover servire in una corte di Francia ed si ritrova invece in Germania cinque secoli più avanti.

Ma è soprattutto la storia di Enrico IV che bisogna focalizzare. Enrico, avendo scelto di mascherarsi da imperatore per la celebrazione di carnevale, si traveste da Enrico IV imperatore di Germania per poter stare accanto alla giovane amata, Matilde parata da Matilde di Canossa. Durante la cavalcata, Enrico, che è fatto cadere da cavallo, sbatte la testa e resta per dodici anni nella realtà fittizia della sua mascherata di imperatore tedesco. La vita che si è interrotta per lui naturalmente va avanti per gli altri, l'amata Matilda si sposa, ha una figlia, tanti amanti, invecchia. Ma un giorno all'improvviso succede l'imprevedibile, Enrico si sveglia dalla sua pazzia, si vede e sa di non essere l'imperatore che per tutti questi anni si era creduto. Non più pazzo ha il dovere di tornare alla realtà del vivere, invece l'angoscia ha il sopravvento. L'instabilità dell'esistere lo afferra, i dodici anni vissuti nell'illusione di un giorno di carnevale fanno paura, l'angoscia lo spinge ad una scelta: Enrico decide di restare 'pazzo' e di calarsi sul viso con ancora più forza quella stessa maschera che lo aveva fatto imperatore per tanti anni. L'illusione del gioco di carnevale di anni addietro diventa ora suo unico nascondiglio, la maschera lo protegge dalla sua incapacità di tornare a vivere da «non pazzo»:

> «E non veder più nulla, ... di tutto ciò che dopo quel giorno di carnevale avvenne, per voi e non per me; le cose, come si mutarono; gli amici come mi tradirono; il posto preso da altri, per esempio ... che so! Ma supponi nel cuore della donna che tu amavi; e chi era morto; e chi era scomparso ... tutto questo, sai? Non è stata mica una burla per me, come a te pare!» (E IV, 211)

La costruzione del passato si fa l'oggi per Enrico, e alla richiesta degli ospiti di abbandonare la maschera della finzione per ritornare nella realtà, Enrico IV risponde inorridito:

> «Dove? A che fare? A farmi mostrare a dito da tutti, di nascosto...» (E IV, 212))

È dunque impossibile tornare indietro, meglio restare pazzi, continuare con la finzione per difendersi dall'angoscia di un presente che lui si è ritrovato addosso così all'improvviso, troppo all'improvviso adesso che lui è ormai vecchio:

> «E guardami qua i capelli!..... Si, con questa differenza: che li ho fatti grigi qua, io da Enrico IV, capisci? E non me n'ero mica accorto! Me n'accorsi un giorno solo, tutt'a un tratto, riaprendo gli occhi, e fu uno spavento, perché capii subito che non solo i capelli, ma doveva esser diventato grigio tutto così, e tutto crollato, tutto finito: e che sarei arrivato con una fame da lupo a un banchetto già bell'e sparecchiato!» (E IV, 213)

La maschera della pazzia è l'unico modo di difesa per Enrico, non c'è altra scelta, questa è la sola realtà che conosce e che può vivere, eludendo il vuoto che quella stessa pazzia gli ha creato tutt'intorno.

> «E allora, dottore, vedete ... preferii restar pazzo – trovando qua tutto pronto e disposto per questa delizia di nuovo genere: viverla – con la più lucida coscienza - la mia pazzia e vendicarmi così della brutalità d'un sasso che m'aveva ammaccato la testa! La solitudine –questa- così squallida e vuota come m'apparve riaprendo gli occhi - rivestirmela subito, meglio, di tutti i colori e gli splendori di quel lontano giorno di carnevale....» (E IV, p, 214)

Erma bifronte la pazzia di Enrico perché non solo gli permettere di sopravvivere la sua angoscia esistenziale ma gli offre inoltre il mezzo per vendicarsi del male che gli è stato fatto. È adesso Enrico a stabilire il gioco sociale della sua corte, a imporre alle persone che vengono a trovarlo l'illusione dei ruoli, le situazioni da impersonare e le parole da recitare. Enrico smette di essere la marionetta per gli altri, piuttosto fa degli altri marionette, e di lui stesso il marionettista che ne tira i fili. Questa volta tocca agli altri recitare per lui. I visitatori della corte di Goslar, i suoi stessi paggi, sono tutti pupi in una rappresentazione voluta da Enrico. Senza saperlo è Landolfo, uno dei paggi a descrivere questa realtà di corte:

> «...Noi altri, invece, siamo qua, vestiti così, in questa bellissima Corte...per far che? Niente...Come sei pupazzi appesi al muro, che aspettano qualcuno che li prenda e che li muova così o così e faccia dir loro qualche parola.» (E IV, p.132)

Mi piace chiudere questo mio intervento con delle rilevanti osservazioni di Leonardo Sciascia su certe particolarità di vita dei Siciliani, ci dice Sciascia: «il carattere della vita siciliana è una forma esasperata di individualismo in cui agiscono, in duplice e inverso movimento, le componenti della esaltazione virile e della sofistica disgregazione» (PS, 24), aspetto centrale dei personaggi di Pirandello e di Brancati, adulti rimasti adolescenti, chiusi nel mondo puberale della inazione per Brancati, irretiti in una lotta esistenziale con forze disperatamente impari nel mondo di Pirandello. Personaggi alle prese con il dolore del vivere al quale oppongono la maschera dell'indifferenza, dell'assoluto amor proprio, di un sofistico parlare che finisce nel nulla. Ricerca di solitudine che si fa illusione in *Enrico IV*, un distacco da tutti in *Il bell'Antonio* e *Gli anni perduti*. Moscarda, altro personaggio pirandelliano, in *Uno, nessuno e centomila* ha trovato il modo di risolvere la tragedia dell'esistere, dopo una lunga e difficile battaglia con la società civile, rinuncia a tutto, a qualunque maschera per rifugiarsi nella solitudine assoluta:

> «Io sono vivo e non concludo. La vita non conclude. E non sa di nomi, la vita.... Volto subito gli occhi per non veder più nulla fermarsi nella sua apparenza e morire. Così soltanto io posso vivere, ormai. Rinascere attimo per attimo. Impedire che il pensiero si metta in me di nuovo a lavorare, e dentro mi rifaccia il vuoto delle vane costruzioni.» (UNC, 224)

Eppure raggiungere questa condizione di solitudine assoluta, cancellare qualunque contatto sociale per poter sopravvivere non è per tutti, per la maggior parte degli essere viventi il contatto umano continua ad essere necessario e con esso è il doversi difendere nella battaglia della vita. Per Enrico la sua esistenza è ormai pazzia, per Antonio e gli altri personaggi di Brancati è diniego. Vivere significa continuare il gioco delle maschere, metterla e toglierla a seconda delle circostanze in un susseguirsi di gesti che richiamano un mondo teatrale. Ed è questa immagine di teatro che mi riporta a Sciascia e ad alcune sue osservazioni che trovo pertinenti. Averroè, ci racconta Sciascia, traducendo la *Poetica* (PS, 24) di Aristotele, non riesce né a tradurre né a capire le parole «commedia» e «tragedia» in quanto nel mondo dell'Islam non esistono. Non così per i Siciliani e il loro mondo, dove invece queste due immagini sono una perché sempre presenti nello svolgersi della vita dell'uomo,» comico e tragico è il vivere, finanche nell'ambito del quotidiano. Vivere non è altro che un miscuglio di tragedia e commedia, realtà che diventa substrato della cultura mediterranea di questi due artisti.

BIBLIOGRAFIA

N. Brancati, *Il Bell'Antonio*. Milano: Bompiani, 1949.
_____, *Gli anni perduti*. Milano: Mondadori, 1943.
Gaetano Munafò, *Conoscere Pirandello*. Firenze: Le Monnier, 1968.
L. Pirandello, *Novelle per un anno*. Milano: Mondadori, Vol. I 1065.
_____, *Enrico IV*. Milano: Mondadori, 1948.
_____, *Saggi, Poesie, Scritti Varii*. Milano: Mondadori, 1960.
_____, *Uno nessuno e centomila*. Milano: Mondadori, 1941
L. Sciascia, *Pirandello e la Sicilia*. Milano: Adelphi Edizioni, 1996.

Cinematic Reflections on a Failed Revolution
Paolo & Vittorio Taviani's *Luisa Sanfelice*
and Antonietta De Lillo's *Il resto di niente*

ALICIA VITTI
Indiana University

Whether the medium be cinema or television, the revisitation of historical events through film has long been a device for popular entertainment, public education, myth-making and the building of collective memory. Themes such as the promise and tragedy of revolution, often integral to constructing national narrative, may be celebratory in intent or simply showcase historiographical trends. One case in point is the French Revolution, whose treatment, through a wide range of perspectives, has produced over the years a filmography comprising more than 300 titles by directors of various nationalities. In Italy, the theme has been less popular, and although well-known Italian films such as Alessandro Blasetti's *1860–I Mille di Garibaldi* (1932), Luchino Visconti's *Senso* (1954), and Roberto Rossellini's *Viva l'Italia* (1961) have dealt with the Risorgimento, Italian cinema has neglected important but lesser known moments such as the Parthenopean revolution of 1799. However, the bicentenary in 1999 of the Parthenopean Republic's founding yielded an upsurge of new scholarship on the event and in its wake, the attempt to promote a more complete comprehension of the revolutionary movement. In a short span of time, the episode attracted the attention of acclaimed cinematic directors Paolo and Vittorio Taviani and a noteworthy representative of the younger generation, director Antonietta De Lillo.

Common to all three cinematic expositions, is a strong underlying appreciation of the utopian intent of that revolution—failed, premature or unfortunate, as it has often been called. In the words of Vittorio Taviani it was: «...un momento sublime, tra i più alti dell'intera storia europea.... Per pochi mesi realizzarono una grande utopia, sostenuti da una formidabile spinta etica....»[1] De Lillo, as well, has affirmed the importance of capturing the sentiments and passion of that young generation, the prime movers behind the revolution, who despite varying currents of dissent, followed these ideals even to their death. De Lillo asserts: «...credo che sia necessario oggi ricordarsi di quel che hanno fatto e di riacquistare un senso etico, ma anche utopico della vita. »[2] Accordingly, with the means and constraints of very dissimilar mediums—television and cinema, both the Tavianis and De Lillo have brought to the screen an interpretation of that event. Seeking to avoid the clichés of traditional costume drama that would simply perpetuate historical stereotypes, they have attempted to encompass the scope of the Parthenopean Revolution.

In 1997 Neapolitan born Antonietta De Lillo[3] acquired the rights to Enzo Striano's[4] novel *Il resto di niente*, so popular in the Naples region to have been termed a cult novel. Both the literary work and the film recount the tumultuous events in the Kingdom of Naples during the life span of Eleonora Fonseca Pimentel, the court poetess and aristocrat of Portuguese origin who became a crucial figure in the Parthenopean revolution of December 1798 and who died on the gallows less than a year later after the capitulation of the so-called «Repubblica dei martiri» to the

---

[1] A. T., «I Taviani rapiti da Luisa San Felice,» *La Repubblica* (sezione Napoli), 7 Nov. 2007, http://ricerca.repubblica.it/repubblica/archivio/repubblica/2007/11/07/taviani-rapiti-da-luisa-sanfelice.html.

[2] http://www.movieplayer.it/film/articoli/antonietta-de-lillo-su-il-resto-di-niente_1117/. In the news conference reported here De Lillo states: «I followed Striano in wanting to tell about the emotions and energy of these cultivated young people from the nobility. I think that today what they did should be remembered and we should reacquire an ethical, but also a utopian vision of life.»

[3] The film was produced by *Factory di Napoli* and partially financed by the Dipartimento dello Spettacolo del Ministero per i beni e le attività culturali. *Il resto di niente* stars Maria de Madeiros in the role of Fonseca Pimentel, Rosario Sparno as Gennaro, Imma Villa as Graziella with Enzo Moscato in the role of Gaetano Filangieri. In the cast a total of 44 actors were Neapolitan. Screenplay: Giuseppe Rocca, Original music: Daniele Sepe, Cinematography: Cesare Accetta, Production Design: Beatrice Scarpato, Costume Design: Daniela Cianciò, Editing: Giogiò Fanchini.

[4] Enzo Striano (Naples, 1927-87), journalist and writer, was a member of the Communist Party in the early fifties and on the Neapolitan editorial staff of *L'Unità*, where he worked until 1957. In the following years he taught and developed innovative scholastic editions, publishing several novels in the seventies: *I giochi degli eroi, Il delizioso giardino* e *Indecenze di Sorcier*. In the eighties he produced *Il resto di niente*, although he did not live to see its success. In 2000 Mondadori published an early work of his, *Giornale d'adolescenza*.

monarchist army. Fonseca is remembered above all for her role as principal writer and sole editor of *Il Monitore*, the animated and polemical journal most closely aligned with the fledgling republican government.

De Lillo's film takes us through the Naples of Fonseca's childhood and youth, marked by the reformist period of Ferdinando IV, the intense political repression that followed the events of 1792[5] and on to the fierce popular uprising against the French Republican armed forces that occupied the city in 1798, prompting the flight of Ferdinando and his court. We witness the ensuing establishment in Naples of a short-lived Jacobin Republic destined to end in June 1799 when the army of the Santa Fede recaptured the city imprisoning 8,000, executing more than a hundred, and forcing many others into exile. Through the eyes of Fonseca, we are afforded a view of what those days must have been like for the cultural elites that animated the revolution; a revolution remembered by many as an ill-fated experiment whose demise has been attributed to the abysmal disparity dividing the intellectual class from the masses. Vincenzo Cuoco termed it «la rivoluzione passiva»—ineffective and unengaging because no democratic order replicating a foreign model could ever correspond to the Neapolitan specificity.

Originally intended to coincide with the bicentennial celebration (1999) of the Parthenopean revolution, De Lillo's film was not presented until 2004 at the 61st Venice Film Festival, still not in its definitive version, and was released only the following year in movie theatres. The reception of critics was generally favorable for the sensitive treatment of the subject, the artistically crafted scenes, and intellectual caliber of the content. In 2005 the film was awarded the David of Donatello for Best Costume Design, and nominated for Best Production Design, while Maria de Medeiros in the role of Fonseca was nominated for Best Actress.

This film presents itself as a product for an informed public already familiar with the events and public figures of the period. In *Il resto di niente*, narrative modalities and stylistic choices disregard the conventions of the historical costume drama. Much of the film's exposition occurs in a non-chronological manner and some scenes are differentiated

---

[5] In 1792 the French National Convention proclaimed the Republic sending shortly thereafter naval commander La Touche-Tréville on a mission to obtain diplomatic recognition from the Kingdom of Naples—thus leading to the first contacts between Neapolitan patriots and emissaries of the French revolutionary government.

by time dilation. The director uses frequent close-ups to heighten the presence and intensity of the leading actress, Maria de Medeiros, in the midst of a myriad of characters both historical and commonplace. De Lillo employs lengthy and complex dialogue to capture the crux of many republican debates or ideological differences and chooses decorative effects, created by Oreste Zevola, suggestive of painted theatrical backdrops and panels to recount the first contacts between French and Neapolitan revolutionaries and the ensuing events. Thus, the flight of King Ferdinando, the arrival of the French army, revolt, insurrection, and even saintly intervention, are represented in a fashion unusual for today's cinema—but in keeping with entertainment forms of the epoch such as the tableau vivant and popular theatre. Recourse to this stylistic device relieves the austerity of the film's tone even as it resolves significant budgetary constraints.

The opening shots channel historical events into an intimate personal dimension, cueing us that the story will be told in a series of flashbacks and foreshadowing a fundamental theme which occupied much of the historical Fonseca's energies: the insurmountable problem of communication between the masses and the revolutionary elites. The figure of the adult Eleonora undergoes a definite transformation in the hands of De Lillo who plays up her fragility. The heroine's silences are more frequent and perhaps more eloquent than her speech. There are few traces of the woman we would call today a political activist, well-known to the Neapolitan populace because she addressed her public in the local dialect. An outspokenness and bent for social engagement are inherent in the vision of her that has been passed down to us. The first writer to create for posterity such an image of high-mindedness was her contemporary Vincenzo Cuoco who praised her patriotic ardor in his *Saggio storico* (1801) comparing her to Camilla at war. In more recent times, Maria Antonietta Macciocchi termed her the most formidable female intellectual leader—«la più temibile,» not for any endorsement of violence but for her spirit of sacrifice and unflagging will to educate the masses.[6]

A vital key to the interpretation of the film can be found in the sequences in which Eleonora, in her final hours, converses with an imagi-

---

[6] Maria Antonietta Macciocchi presents her portrait of Eleonora in *Cara Eleonora*, a fictionalized biography published by Rizzoli in 1993.

nary Gaetano Filangieri, embodiment of the Neopolitan Enlightenment who died in 1787, never witnessing the political and social upheavals to follow. His influence is alluded to in a macabre scene in which Queen Carolina publicly slashes his portrait declaring him a traitor for having poisoned the minds of the kingdom's youth. He is present intermittently in the scenes that interrupt the retrospective unfolding of Fonseca's story, always bringing the spectator back to the point of departure in which her execution is imminent. Filangieri and Eleonora muse aloud over the course events have taken, over their own responsibility in the matter, and over the true desires of the masses. He counsels, as he hears out the thoughts and misgivings of the heroine, confiding his own desperation. In this way De Lillo amply underscores some of the issues at the heart of the revolutionary initiative, such as the nature of happiness and its pursuit, the reconciliation between plebian classes and elites and the power of ideas to beguile. Filangieri pronounces phrases that ring with resignation such as «I figli uccidono i padri. Ogni popolo ha i padri che camminano avanti,» recognizing the role of the intellectuals as forerunners, destined to be misunderstood.

A note of resignation resounds throughout the film and prior to her execution Fonseca affirms to the accompanying priest that nothing can be done for her, nothing is left—*il resto di niente*. From behind we see her proceed toward the gallows, silhouetted against the light as if approaching the end of a tunnel. Her solitary receding figure is accompanied only by the melancholic lilt of background music sung by a solo female voice. This ambiguous scene might suggest futility, as it amply underscores Fonseca's isolation in her final moments. It does not neglect however to uphold her as a source of inspiration and seems to pose the unanswered question that she herself reportedly asked at the moment of her execution: «Servira a qualcosa ricordarsi questo?»

The television film *Luisa Sanfelice*, directed by Paolo and Vittorio Taviani for RAI Uno, was broadcast in two episodes in January of 2004 for a total of 200 minutes. The story is set in the same turbulent context as *Il resto di niente* and recounts very freely the vicissitudes of another historical personage, Luisa Sanfelice, who like Fonseca shared the fate of many Jacobin leaders and sympathizers. Here, however, the similarity between the two women ends. Anything but a political thinker or leader, Luisa Sanfelice was a woman with two lovers of conflicting political persuasions and she eventually became entangled in the web of plots and sabotage between royalists and supporters of the revolution. Hailed by the *Monitore* for having revealed a plot to overthrow the revolutionary government, she was condemned after the return of the Bourbon forces for that same act and endured a prolonged prison term in which she simulated pregnancy to avoid execution. The historical and fictional Sanfelice was eventually put to death in a horribly botched decapitation, which brought the violent cycle of King Ferdinandos's retribution to a close in September of 1800.

In the television film, true to what Benedetto Croce and chronicler Pietro Colletta tell us, Sanfelice becomes a heroine without possessing any pronounced political convictions. But the Taviani brothers, in spite of their meticulous documentation, are not overly concerned with reproducing a «historical account.» Rather, the film draws its inspiration from the homonymous novel by Alexandre Dumas senior, an audacious creation over 1700 pages long, loosely based on the events of the revolution and on the involvement and loves of Sanfelice. In the words of the Tavianis, the telefilm almost immediately assumed the dimensions of a grandiose and tragic love story to which the screen presence and angelic beauty of actress Laetitia Casta in the role of Luisa were crucial.

The directors, known for their masterful blends of literary allusion, musical comment, theatricality and poetic visual imagery had at their disposition a budget of 10 million euros permitting extensive construction of sets by Lorenzo Baraldi: the port of Naples, Castel Nuovo, the Sanfelice palace, and plentiful supernumeraries—all the trappings of a traditional costume drama. Although the tenets of television spectacle prescribe a straightforward and unambiguous exposition, the film bears the unmistakable signature of the brothers who did not relinquish their directorial prerogative in creating an apt and artistic product for consumption by television audiences.

Fascination with narrative codes, history, and utopian ideals undoubtedly drew them to the figure of Luisa Sanfelice, already romanticized as heroine of the revolution in both the visual arts by Gioacchino Toma, as well as in earlier film and television dramas of 1942 and 1966 respectively.[7] And it is perhaps for this reason that the directors elected to emphasize, not her character per se, but the intensely sentimental nature of a first love, experienced in all of its sensuality, and the courageous loyalty to the loved one with no concern for personal safety that transform Luisa from a childlike and passive protagonist into a woman of mettle. This transformation is seconded by a brusque awakening to external realities beyond the confines of the aristocratic world her elderly husband provides when she witnesses a lynching of Jacobin supporters at the hands of the *lazzari*.

What transpires in this television mini-series is, above all, the story of the plight of the two lovers who are in blatant contrast with the antiheroes Ferdinando IV and Queen Carolina. And yet the sovereigns, appearing in all their considerable baseness, demonstrate human facets and are altogether less one-dimensional and grotesque than they appear in *Il resto di niente*. As for the revolutionaries, the script, adapted by the directors from Dumas, makes no attempt to document or reproduce the verbal or written discourse of any of the well-known Jacobin leaders, although as icons of the revolution they make occasional appearances: Pagano, Fonseca Pimentel, Cirillo, Cimarosa, and others. The film gives us some revolutionary catch phrases and symbolic paraphernalia of the Republic—modes of communication proposed by the Jacobin government, the puppet theatre with ideologically imbued repartee, and a priest who recites biblical passages in dialect. The camera shows us close-ups of the *Monitore* but there is nothing similar to the intellectual probing of Fonseca in De Lillo's film.

From the initial scene, the striking beauty and naivety of the protagonist is given center stage, and a strong hint of mystery and impending doom is established as on a stormy night the seer, Marga, reads Luisa's palm. The scene foreshadows impending marital infidelity, and a romantic involvement with the Jacobin emissary, Salvatore Palmieri, played by Adriano Giannini who will fall victim to foul play at Luisa's doorstep that very evening. Other main characters are entirely fictional, and Luisa, who prerevolutionary accounts portray as destitute, frivolous, incorrigi-

---

[7] The film was directed by Leo Menardi with screenplay by Luigi Chiarelli and Laura Solari and Massimo Serato in the principal roles.

ble, and generally a disgrace, is redeemed and acquires a nobler dimension.

The extraordinary aptitude for assembling visual imagery and the ironic bent of the Tavianis is evinced in scenes such as the one in which King Ferdinando addresses his subjects as he departs to fight the French in Rome and save the Papacy. The theatricality, the sensitivity to color, spatial composition, and music all underscore the absurdity and falsity of Ferdinando and his bellicose enterprise. As one on-looking character defines it, the entire scene is nothing but «una sceneggiata napoletana.»

For Paolo and Vittorio Taviani with their penchant for interrogating history, the revolution is a suggestive backdrop and also the force that sets all the action in motion. According to Vittorio Taviani, «Noi abbiamo fatto un'operazione di fantasia e sincretismo storico. Non ci interessa la ricostruzione accurata e precisa.»[8] As a television product, in fact, this film illustrates many requisites of historical narrative for the medium described by Pierre Sorlin in his theories on the use of audio visual documents as a tool of inquiry. After meticulous research, a historical drama is staged but without any overpowering concern for chronological or iconographic exactitude. The film suggests, but in the words of Sorlin: «non impone nulla, non dà la giusta, la vera interpretazione.»[9] The director must be very aware of the many interpretative realities and above all, seek to captivate the audience whose attention is fragmented due to the nature of television broadcasting and viewing. Speaking to a broad public, the Tavianis are in no way apologists of the revolution nor do they elucidate its causes, consequences or theoretical underpinnings.

As a vehicle for television audiences, *Luisa Sanfelice* necessarily offers a more positive view than *Il resto di niente*, and also one that contrasts with some Taviani feature films such as *San Michele aveva un gallo* (1972) and *Alonsanfan* (1974) that explore the status of the radical in different historical moments and the waning of revolutionary hopes. In the television film, the viewer is momentarily deceived and made to believe that

---

[8] Dario Zonta, «Viva la rivoluzione e viva i Taviani: Luisa San Felice domenica e lunedì su RAIUNO. Un pezzo di storia raccontato con arte», *L'Unità* (edizione nazionale), 21 January 2004.http://cerca.unita.it/ARCHIVE/xml/110000/108886.xml?key=Dario+Zonta&first=641&orderby=0&f=fir.

[9] Gianfranco Miro Gori, «Conversazione con Pierre Sorlin» in *Insegna col cinema: guida al film storico* (Rome: Edizioni Studium, 1996) 198.

Luisa's execution after the birth of her child is the final act, but then unexpectedly a sequel opens up as the camera shifts to a very different scene in South America where a caption informs us that Simon Bolivar has just liberated the country. Among his followers there happens to be a young Italian, Salvato Sanfelice, who rides to carry the message of freedom to nearby villages. The flame of liberty lives on, we surmise, indelibly linked to the unique heritage of Salvato who is, of course, Luisa's son.

Both films seek to create an «anti-historical» reading as opposed to official historiography and yet they underscore the importance of the revolution and the directors' belief in the need for positive engagement even in the face of social immobility. In her filmic interpretation, De Lillo has revisited both the lightness and the gravity of the six-month republican experiment, which we glimpse episodically through her well-rounded reconstruction of Eleonora Fonseca Pimentel as a plausible modern heroine. Paolo and Vittorio Taviani have intensified the mystification of an already much romanticized figure. But in spite of Luisa's prominence, the focal point of this film seems to be a story of hope and renewal that shares in common with De Lillo the theme of youth capable of believing in utopias. Both films suggest an idea compatible with Filangieri's reformist aspirations: that should progress and enlightenment go unachieved in one's own country and lifetime, they may yet come to fruition in another.

Social Inquiry, Opposition And Intervention in Gianni Amelio's Cinema

ANTONIO C. VITTI
Indiana University

After the politically charged cinema of the sixties and seventies, Italian cinema, with the release of many films that showed a strong interest in the political and socio-economic national realities, received international attention, and many critics marked this revival as the rebirth of a new political cinema. The films of the new millennium, for example, depict the phenomenon of workplace fatalities,[1] the marginalization of trade unions and exploitation of workers,[2] Italian state brutality during the G8 protests in Genoa,[3] political corruption, organized crime, and environmental disasters.[4] Indeed, immigration to Italy is highlighted in more than sixty new films and documentaries.[5] This new cinema has also revisited Italy's troubled political past,[6] as well as the corrupt nature of Silvio Berlusconi's administration.

In 2004, Maurizio Fantoni Minnella in *Non riconciliati* [*Not Reconciled*], in capturing the new passion for politics in Italian films of the new millennium, after a decade in which evasion had prevailed, tried to connect these new films to the long tradition of Italian political cinema that began with Neorealism.

In the sixties, after the first phase of Neorealism, there was a second phase that consisted of a time for reflection and critical re-examination. Neorealism involved only the attempt to be a witness to reality, with no

---

[1] Mimmo Calopresti's *La fabbrica dei tedeschi* (2008).
[2] Riccardo Milani's *Il posto dell'anima* (2003) and Paolo Virzì's *Tutta la vita davanti* (2008).
[3] Francesca Comencini's documentary *Carlo Giuliani, ragazzo* (2002) and Daniele Vicari's *Diaz* (2012).
[4] Matteo Garrone's *Gomorra* (2008).
[5] From Marco Tullio Giordana's *Quando sei nato non puoi più nasconderti* (2005) and Giuseppe Tornatore's *La sconosciuta* (2006), to highlight a few.
[6] Marco Bellocchio's *Buongiorno notte* (2003) and *Vincere* (2009), Guido Chiesa's *Lavorare con lentezza* (2004), just to mention a few.

critical perspective, just a desire to record reality. For the new generation this method had become fashionable, a mode, and a format. Rosi, Montaldo, Bellocchio, Pasolini, The Taviani Brothers refused these schematics as mere rhetoric and their personal solution was an investigative research to provide the narrative structure for their films. Overall, it was the Italian contradictory, socio-political panorama that promoted a strong interest in political issues. In the seventies terrorism posed artistic and political challenges to filmmakers on the Left. Gillo Pontecorvo in 1973 filmed *Ogro*, based on the Operation Ogro, the 1973 assassination of Franco's first Prime Minister, Correro Blanco, by the ETA, the Basque guerilla organization. He looked inside the organization to provide an intimate understanding of the four protagonists. In the characterization of Txabi, who kills innocent policemen, Gillo Pontecorvo tries to show someone that on one hand wants to change society and remake man, on the other hand has also the abilities for violence and savagery. Lina Wertmüller tried to make a political cinema based strong characterization and the comic. She felt that the severe approach to politics in Italy drove people away from issues. She believed that in order to retain people's capacity for criticism the familiar and ridiculous aspects of power needed to be brought to light. For Elio Petri, after a start with De Santis, political cinema for him became centered on the question of psychological alienation but studied not as a psychological phenomenon but as a social fact, as opposition to capitalism.

In 2012, Vito Zagarrio claimed that *Il Caimano* by Nanni Moretti (2006) (*The Cayman*) and *Il Divo* (2008) by Paolo Sorrentino represent a new «cinema of commitment» which he called «post-modern».[7] The thesis of his essay stated that engaged Italian contemporary cinema underwent a radical change with regard to form.[8] In fact, Zagarrio pointed out that modern Italian cinema is all the more political when there is a deep interest in the image. According to this interpretation, the political revolution of Italian cinema would be found in the strong interest in the form

---

[7] Vito Zagarrio presented a paper titled «*Il Divo* e *Il Caimano*: Cinema e politica nel film italiano contemporaneo» at the 3rd Annual Symposium on Contemporary Italian Cinema at Indiana University in April 2012.

[8] A similar argument has been expressed by Pierpaolo Antonello and Florian Mussgnug, eds. *Postmodern impegno: Ethics and Commitment in Contemporary Italian Culture*. Oxford: Peter Lang, 2009. Also see the discussion on *Il Divo* in *The Italianist* film issue of 2010.

that gives more importance to cinematographic expression rather than to the content.

Francesco Rosi, considered by many the father of Italian political cinema, uses montage dialectically in order to interpret facts. His intention is to create a narrative form that causes a reaction in the viewer: the formation of an opinion about an event. In his films a fact about a person, or an event, means nothing unless there is the attempt to connect facts with the individual or to the event. Montage is used to follow the logical line from one's actions to the consequences of those actions, as happens in *Salvatore Giuliano* (1962) or in *Il caso Mattei* (*The Mattei Affair*) (1972). The viewer is not confronted with a fabricated spectacle but with a reflection on documented moments of history presented in an artistic and imaginative fashion.[9] For Rosi, cinema and society must be in a constant dialectical relationship; the director poses questions and conducts research, which is the narrative structure of the film. The audience must collaborate in his search for a possible truth; it cannot be passive. His cinematic discourse refuses to reach the audience in an emotional way but influences and anticipates the political debate as *Hands over the City* did in 1961 or *Salvatore Giuliano* in 1962 that, thanks to its public showing of this films, two Italian politicians (Girolamo Li Causi of the Communist Party and Simone Gatto of the Socialist Party) called for the establishment of the first Antimafia Commission and the Parliament agreed two months later, since the film documented the cooperation between the Mafia, government institutions and various police forces.

In the revived interests of this new political cinema, Gianni Amelio's cinema is for the most part left out in spite of the fact that from the start he has produced films that touch upon all the major dramatic themes of our time:[10] the death penalty, pedophilia, prostitution, child abuse, corruption, immigration, historical amnesia, internal migration, generational conflict, post-industrialization, racism, and globalization, seen from the perspectives of people who are directly affected. In my point of view, an injustice is done to his films if they are not included in the debate on

---

[9] For example, in the opening scenes of *Salvatore Giuliano* and *Il caso Mattei*, the audience is faced with a tragedy, but does not know how it happened. In these films, the story unravels by posing questions that contradict the official story.

[10] As for example in *Italian Film Directors in the New Millennium*. Edited by William Hope (Cambridge: Cambridge Scholars Publishing, 2010).

the new political cinema spectrum or if they are included for the mere fact that all cinema is political. This argument often overlooks the notion that a cinema exists whose aim is to penetrate society's hidden parts, in order to focus on the relationship between individuals and power.

From my perspective, in the current political and economic climate, it is easier for the spectator to engage with Amelio's films that show how Fascism, communist utopia, consumerism and capitalism have all failed, than with films by others that personalize solutions or mythologize history, and lack the epos, the psychological acuity and the underlying political acumen that underline Amelio's stories. Amelio's intention is to create a narrative form in which a social inquiry creates an opposition to the hegemonic discourse in order to force the audience to get involved. Thus, I contend, Amelio's method can be more effective today than anesthetization and mythologization; traits found in Paolo Sorrentino's *Il Divo*, and, to a certain extent, in Matteo Garrone's *Gomorra*, where killing is presented as in video games.

Today, more than in the past, political positions are less clear and less obvious. In addition, it is becoming more and more difficult to find financial support for films of opposition, as they are not justified by market demand. Especially in the most affluent societies, politics makes use of sophisticated means to structure our choices and condition us through techniques that are often difficult to decipher. Giacomo Manzoli and Francesca Neri, in their essay on *Il commercio delle idée: Il cinema politico italiano tra marketing and web*[11] [*The Commodification of Ideas, Italian Political Cinema between Marketing and Web*], they argue that by following highly sophisticated marketing strategies, producers finance political films that reflect the political views of the spectator-consumer, contrary to the critical principle on which a political film should be made. The need of the market is a negation of what was at the base of Rosi's films, described by French critic J. A. Gili as:

> The relationship between the text and the work is dialectic: Rosi's films raise concerns in the mind of the attentive viewer that we try to be, but in return we project our own human and political concerns, in movies, searching in the animated images a reflection of our questions.

---

[11] Giacomo Manzoli and Francesca Negri, *Il commercio delle idèe: Il cinema politico italiano tra marketing and web*, Annali d'Italianistica (Fall 2012): 129-45.

> Le rapport du texte à l'œuvre est de nature dialectique: les films de Rosi font naître des préoccupations dans l'esprit du spectateur un peu attentif que nous avons essayé d'être mais en retour nous projetons nos propres préoccupations, politiques e humaines, dans les films, cherchant dans les images animées un reflet de nos interrogations.[12]

For these reasons, Amelio's cinema of social inquiry seems to me even more necessary now than in the past so as to reveal what is hidden by marketing strategies and complicit with mass media. Today it is not enough to choose a theme to confront issues. It is necessary to equip oneself with a gaze that is neither Manichean nor primarily aesthetic. The filmmaker's gaze should be the equivalent of his or her consciousness. For Amelio, cinema plays a role in every part of life, but transmitting a political message should never be the reason to make a film. Amelio's argument is less important than the language used to express it; fictional films, he believes, must deepen the audience's understanding through reflection and fantasy, since they are the primary sources of emotions for the audience; the epos that is denied by extreme aestheticism. To expose what is hidden, Amelio uses a structure in which issues are at first suspended, as the characters meet, and gradually the problems start to clear up or explain themselves but are not resolved. The principle behind the word «respect» supports Amelio's realist approach to filmmaking. If we look at it from Amelio's decision to embrace realism as his method of communicating and representing what he wants to show, then it becomes easier to understand what he means by respect and also what lies at the base of his films, and his ideas on acting and on filmmaking. In the nineties Amelio realized that he wanted «cinema» to disappear, dissolve, hide and at that point it became exclusively the means to convey what had become more important to him than classical paradigm: a movie strong in story, star, and production values and edited according to classical conventions, they all became instruments to reproduce the original feeling that he wanted to narrate.

---

[12] J. A. Gili, *Francesco Rosi. Cinéma e pouvoir* (Les Editions Du Cerf, Paris, 1976) 5.

Furthermore, unlike many Italian films, including the major ones, that show or tell a story without another underlying message,[13] Amelio's cinema lends itself to multiple readings that might often even contradict each other. In readings of what the film shows and what is inside the film's discourse, the thematic concerns spread out and push toward irrational utopist urgencies as in *I ragazzi di via Panisperna* (1987) (*Panisperna Boys*), *Porte aperte* (1989) (*Open Doors*), *Il ladro di bambini* (1992) (*Stolen Children*), and *La stella che non c'è* (2006) (*The Missing Star*). In *Così ridevano* (The Way We Laughed), the third film in his trilogy on emigration, Amelio shows the moral, political, and social disaster of modern Italy by offering a picture of the present situation counter posed with the past and by using important themes such as the economic boom of the late fifties, education reform and emigration itself, to remind Italians of missed opportunities so as to create a better society.

The critic Piero Spila asserts that Amelio is more aware than any other Italian director of the disparity between the plan to create a cinema of social and moral commitment and the medium's limits.[14] Amelio's argument is based on a subtraction that forces the spectator to participate in the search for nuance and deeper meanings. We must search for the shots of faces, looks, and space settings that either limit or dehumanize the characters. Modern life is distorted by an unnatural desolation and sorrow. In this landscape, children are most often victimized by the absence of cultural and human reference points. The constant tension in Amelio's films lies in making the public look and think introspectively. The camera movements and the empty and desolate spaces lay bare the dehumanization of personal relationships. Children cannot live a natural childhood, which would bring them toward self-understanding and the creation of honest and true relationships. In *Porte aperte* (*Open Doors*), Carmelina, the judge's protected and loved daughter is contrasted with Leonardo, who, after his father is imprisoned for murdering his mother, is forced to live in an institution without parental affection or guidance.

---

[13] For example, in Silvio Soldini's *Cosa voglio di più* (2010) (Come Undone), Anna who has a comfortable life enters into a deep passionate relationship with a handsome married waiter; while the film is well crafted and well-written, it is marred by a banal passionate affair that not even the heated sex scenes redeem.

[14] Gianni Amelio. «L'esperienza del non detto», in Franco Montini, ed., *Una generazione in cinema. Esordi ed esordenti italiani 1974-1988* (Venezia: Marsilio, 1988) 45-51.

In many ways, he, along with another Leonardo, the protagonist of *La fine del gioco* (1970) (*The End of the Game*), is the prototype of Luciano, the boy of *Il ladro di bambini* (*Stolen Children*), who at the beginning of that film stands in silence before the horrors committed by adults.

In commercial films, one expects that film should entertain and be a medium for escape; escape from reality, from the flaws in society. Gianni Amelio, however, has a different mission that he tries to achieve through film, and that is to instruct and critique society so as to create discussion. These films distinguish themselves from each other in the sense that they break from the conventional story in which there is clear plot development and resolution. The audience begins to think about society, and a debate is generated, thus progressing toward a solution to the issues presented. While the films of Gianni Amelio discuss the various socially engaged subjects mentioned above, they all pose the same over-arching question: What does it mean to be a human being?

Il ladro di bambini (*Stolen Children*) denounces the system through images and the unsaid, a style that clearly emerged in the portrait of Leonardo in the hospital in *Porte aperte* (*Open Doors*) and continues in *Il ladro di bambini*, starting with the prologue, where simple but touching images show how Luciano's defiant gaze hides a prematurely lost innocence. Long tracking shots across the city of Civitavecchia, at the station, and upon their arrival at the orphanage, show how the children remain truly rejected, alone, abandoned, and excluded. During their stop in Calabria, they find a glimmer of family affection that, in the end, is denied. Gianni Amelio seems to argue that one of the main flaws in modern society is that one's status and importance is based simply on achieving material gains. This is seen in the film *Lamerica*, in which Gino flaunts his Italian identity on appearance by driving an expensive car, and wearing luxurious sunglasses and quality shoes.

Another formulation of the question is: What gives life direction? In the film *La stella che non c'è*, Amelio shows the viewer a few days in the life of man, Vincenzo, whose job has been outsourced to China. Vincenzo goes on a quest to inform the Chinese who have purchased the old plant that he attended for thirty years, that a switch is defective and needs to be replaced. Why? Because he has lost his job and needs direction. It is human nature to have a sense of purpose and duty, and by losing one's job, one loses one's duty. While a job should not necessarily be the thing that gives purpose to life, Amelio suggests that in today's society, it is. For instance, even though Vincenzo sets out on a mission, Amelio uses certain visual and plot techniques to give the subtle feeling that his protagonist is still missing a purpose, that by losing the iron-smelting furnace, he has lost his compass. One method of showing such a loss is by creating scenes in which Vincenzo seems to be wandering around aimlessly without making any progress. While he is trying to make his way across China, the viewer is never quite sure where in China he is. Another visual technique is the camera movement itself. The audience is constantly disoriented, never seeing exactly what he sees or the direction in which he is going. In the scene where Vincenzo is trying to find the train that he must take to Shanghai, the camera spins around him, and disorients the viewer until we too feel as lost as Vincenzo.

Amelio's films strive to make the audience question what really matters in life. What is it that truly holds meaning, and what are just socially constructed concepts of importance? In his films, Amelio underscores what society seems to say is important, including money, employment, and nationality, but he does not justify these things as actually being important. Rather he comments on how society has lost sight of the true meaning of humanity, for the importance placed on wealth and on success. He does this by placing a scene in each of his films that seems to be detached from reality, scenes that remind the viewer of what life is supposed to be about. For example, in *Il ladro di bambini*, Antonio takes the two children on a small vacation to the seaside «where Antonio and Luciano seem to merge into some primeval, composite life-form and Rosetta joins in their celebration of oneness».[15] This scene breaks with the style of the film until then for it is the first time in which the audience is presented with an almost 'utopian' environment and alternative to the story itself. In this scene, Antonio tries to give back to Luciano and Rosetta their childhood. In this way, Amelio presents the beauty of life, the innocence of childhood, but then he takes it away from the audience, thus reminding the spectators of the reality in which Antonio, Luciano and Rosetta live. When Antonio has to confront an authority figure and ex-

---

[15] Millicent Marcus, «The Gaze of Innocence Lost and Found in Gianni Amelio's *Stolen Children*», in *After Fellini. National Cinema in the Postmodern Age* (Baltimore: Johns Hopkins University Press, 2002) 175.

plain his actions, his position is terminated, and the film ends on a somber note. This conclusion cannot offer a personalized solution to a sociopolitical issue. For my critical point of view, *Il ladro di bambini* (Stolen Children) reaches a perfect balance between gaze, language, and content. In this film Amelio gives the country a story in concurrence with a moment in which it was most needed, during the startling events of 1992-1994 that revealed the corruption of the national political system.

While some critics would say that Amelio ends his films without any answers to the problems he exposes, he seeks to open productive dialogues with his spectators instead of providing them with fictional solutions. I contend that every film ends with a very definitive answer that is different from a personalized solution. In *Lamerica*, the character Spiro, seemingly an Albanian immigrant, serves as a counterpart to the phony Italian businessman, but later it is revealed that Spiro was originally Michele, an Italian soldier who abandoned his platoon in Albania only to be captured and jailed by the Albanian communist regime, and who is now mistreated by his own Italian countrymen. Amelio does this to show that nationality should not be a factor in deciding how someone should be treated. While the film does not point to any direct solutions to the problems presented therein, it simply asks that we, as a society, face the issues plaguing the world in a manner that does not confine people to their social rank.

All of Amelio's films show his strong love for the cinema, a search for reinvention of styles, genres and language, with passion, with political acumen devoid of Manichaeism and didacticism, and possess a strong psychological insight. His social inquiry has created an opposition to the media distortions and untruths that have influenced public perceptions of Italy's socio-economic realities, creating a contradiction to the stark representations of the country by Amelio.

In conclusion, unlike political cinema of the sixties and the seventies, Italian cinema today is an orphan of the political ideologies that animated the protest movements of over fifty years ago. While a political cinema predicated on socio-political themes can still be said to exist, it functions primarily at an intimate, personal micro level and often fails to connect the individual realities of people to broader macro-level political, social and economic phenomena. This is the case for feature-length fiction; documentaries often are more effective than fiction films. Giovanna

Taviani, director of the *Salinadocfest*, stated during one of our conversations: «I think that the documentary, compared to a fiction narrative feature, has the privilege to offer a slice of reality, at the same time telling stories. That's why we chose the narrative documentary for Salinadocfest».

Feature films often focus on specific and isolated events, such as *Diaz* (2012) by Daniele Vicari. The director himself has stated:

> There is no doubt that *Diaz* addresses issues that affect society. However, the film does not fall into the so-called political cinema. In 90% of cases those films construct a theory on society, a reading of a historical period. *Diaz* instead tells a fragment of reality, uses the part for the whole, and this puts my film outside of the political genre. Of course, in general terms, given the issues that the film addresses, one could say that it reminds us of the commitment of those films. [...] *Diaz* narrates the dark side of a group [The Police], so I would define it a social horror film.[16]

Furthermore, many directors are also culpable of sidelining the sources of macro-level social conflict, initially highlighted in films, with storylines often narrowing towards individualized solutions for individual characters and towards structured, genre-specific denouements. This leaves them susceptible to the accusation that certain forms of art continue to use symbolic, personalized solutions to smooth over profound social antagonisms. Many of the new films also bear witness to the economic, political, and even social constraints against which the struggle in over-commercialized world, so they have lost they feature a lack of centrality that distinguished the deep-rooted connections between cinema and the nation, many of films today focus on the margins and tell stories in search of a new beginning.[17]

---

[16] My translation of a conversation between Vicari and Claudio Mazzola.
[17] For another view on this topic, see the introduction by William Hope, ed. *Italian Film Directors in the New Millennium* (Cambridge: Cambridge Scholars Publishing, 2010).

Quasimodo's Holocaust-Mediterranean Dialectic

DAVID WINKLER
Indiana University

During the academic year 2012-13 at Indiana University, I had the opportunity to work as an assistant to Professor Antonio Vitti. One day last semester he decided to use Quasimodo's *Alle fronde dei salici* to introduce to his undergraduates the trauma of the War, as it was experienced by Italians. One of the students was a Jewish Studies major and was intrigued by the intertextual references to Psalm 137 from the Old Testament. He stayed back after the lesson to ask about the nature of this Sicilian poet's choice to pair Jewish intertext with references to Italian wartime suffering. Was Quasimodo Jewish? Was the association between Judaism and spiritual degradation simply an obvious rhetorical choice because of the horrors inflicted so recently upon European Jewry? Or was there some deeper, more subtle philosophical conviction driving his rhetoric? Since we had discussed how the *cetri* that were suspended from the branches of the willow trees in his poem recall Mediterranean antiquity as well as Jewish biblical verse, he wondered if Quasimodo's sense of 'Mediterraneanness' informed in some special way his reaction to the horrors of the war and perhaps even to the horrors of the Holocaust? Though of course I knew already that Quasimodo was not Jewish, I realized that I had more questions of my own than answers for this student, especially regarding the issue of Quasimodo's 'Mediterraneanness' and the way it may have influenced his reaction to the Holocaust.

I looked at some of Quasimodo's other poems that dealt more explicitly with the Holocaust like «Il mio paese è l'Italia» and «Auschwitz»; I reflected on the nature of the «*no* [che] batteva dentro di noi» (emphasis mine), on the particular way in which Quasimodo, an existential exile of a mythological Mediterranean past, recoiled at the «campo di morte lungo la fredda e funebre pianura Nordica.» I came to perceive that a sense of Mediterraneanness did in fact run through his cries of anguish and indignity, that the '*noi*' producing the '*no*' to Auschwitz was a Mediterranean one, a '*noi*' that diametrically opposed itself to a Holocaust that was the product of a modern way of thinking, a northern way of thinking, so to speak. I set out to attempt a response to the question, 'how does Quasimodo's sense of 'Mediterraneanness' lend itself to his visceral denunciation of the Holocaust?

Knowing that there was a Mediterranean-themed conference coming up here in Erice, I decided to make this issue the subject of a small personal investigation that I could present here today. What I found and what I am going to humbly submit today are the following premises: first (and I concede here that this has been argued by other scholars),[1] that Quasimodo saw in Mediterranean thought and art a lost harmonization between man and nature, an equilibrium between interior and exterior life that lent itself to individual and social well-adjustedness and therefore ought to be intensely pursued; second, that behind the grotesque social pathology of the Holocaust was the *loss* of this harmonious Mediterranean worldview and its replacement with a modern one based on individualism and alienation; and third, that at the core of his postwar *impegno civile* was the desire to recover this Mediterranean harmony through art and poetry so as to create healing and unity in a modern world of brutal and obscene fragmentation.

I think that the best evidence for my first premise comes from a short speech given by Quasimodo in 1950 entitled «Una poetica». Here the poet describes what he sees as an important *fils rouge* that runs through his entire poetic corpus:

> dalla mia prima poesia a quella più recente non c'è che una maturazione verso la concretezza del linguaggio: il passaggio fra i greci e i latini è stata una conferma della mia verità nel rappresentare il mondo.[2]

I understand this to mean that Quasimodo admired and emulated a classical Mediterranean conception of art that saw poetic language as nothing less than revelations of the raw and immediate truth of the world. Through the words of the ancient Mediterranean poet, the object, or nature, becomes subject, or as Friedrich Schiller put it in his essay «On Na-

---

[1] See, Giovanna Ioli, "La Sicilia spiega il mondo: la parola di un «siculo greco" in *Salvatore Quasimodo nel vento del Mediterraneo: atti del convegno internazionale, Princeton, 6-7 Aprile 2001* (Novara: Interlinea) 59-72.
[2] Salvatore Quasimodo and Pino G. Di. *Le Opere: Poesia, Prosa, Traduzioni*. (Torino: UTET, 1968) 227.

ive and Sentimental Poetry,» the naive poet of Mediterranean antiquity *is* nature.[3] Homer's words are not those of a man imposing his private analysis on a world that is 'out there' by reacting to it sentimentally from 'in here'; his words are the voice of the world, an objective truth that speaks through him; it is a «concretezza del linguaggio» that represents the living truth of the world. Schiller has it that man's ability to achieve such harmony with nature has been ruptured by a modernity that isolates him and others the gaze that he casts on nature and the world. Giovanna Ioli believes that the painful existential longing for his native Sicily that famously characterizes his Quasimodo's interwar poetry[4] is saturated with this search for a «concretezza del linguaggio» that undoes this Schiller-esque fracture and puts him back on the «passaggio fra i greci e i latini,» a plane of natural harmony similar to that of his spiritual and artistic ancestors of the Magna Grecia. «Quasimodo,» she writes:

> [...] non è un *laudator temporis acti*, un apocalittico tentato di comparare il sublime passato al povero presente, ma è un poeta che si ispira a un classicismo come levigatezza formale [...] collegato al primo, il lontano passato, come fatto di sangue [...], come fatto di natura profonda, sicilianità greca, per intenderci [...Questo è] un ragionamento [...] filosofico [...] che non è (nostalgia del passato, ma piuttosto) tensione verso un'armonia perduta.[5]

Moving now to my second premise, I find that by looking to some of Quasimodo's postwar poems we find evidence that he perceives a direct causal relationship between the eradication of this Mediterranean «tensione verso un'armonia perduta,» its replacement with a 'northern' paradigm based on modern individualism, and the nightmare of the Holocaust. Put more simply, when the alienating aspects of northern culture overcome the harmony-loving and harmony-seeking aspects of Mediterranean culture, we help set the stage for Auschwitz. The first five verses of the poem «Auschwitz» read,

---

[3] Friedrich Schiller, Walter Hinderer, and Daniel O. Dahlstrom. "On Naive and Sentimental Poetry" in *Essays*. (New York: Continuum, 1993).
[4] For a general introduction to this aspect of Quasimodo's poetic, see Gilberto Finzi's critical introduction in Quasimodo, Salvatore, and Gilberto Finzi. *Tutte Le Poesie* (Milano: A. Mondadori, 1984), especially 12-13.
[5] Ioli, 65.

> Laggiù, ad Auschwitz, lontano dalla Vistola,
> amore, lungo la pianura nordica,
> in un campo di morte: fredda, funebre,
> la pioggia sulla ruggine dei pali
> e i grovigli di ferro dei recinti

The horrors of the concentration camp are immediately associated with northern geography; the first thing that Quasimodo has to say about Auschwitz is in relation to its geographic coordinates, that it is strung along Nordic plains. The dreary climate of that place is portrayed as the agent of corrosion. The Nordic rain falls on the iron fence, causing it to rust; a meteorological characteristic of the north bearing itself upon metonymic images of the camp. So, symbolically I tend to see this as a cold, gray, corrosive northern paradigm facilitating or at least lending itself to the existence of the camp. Then in the following verse he contrasts this image diametrically with trees and birds, images that he typically associates with his mythological Sicily. He writes: «e *non* alberi o uccelli nell' aria grigia» (emphasis mine). He contrasts that corrosive northern atmosphere diametrically with the natural images of *alberi* and *uccelli*, which he often associated with a mythological Sicily in his past poems. The poem «Albero» from the *Acque e terre* collection, for example, describes the sweet, beautiful flux of nature that the poet observes from beneath the shade of a tree by the Ànapo river in Sicily. The entire poem is addressed directly to the tree; it is a celebration of the tree's participation in the glorious springtime Sicilian landscape and a passionate longing to join in that participation himself:

> Da te un'ombra si scioglie
> che par morta la mia
> se pure al moto oscilla
> o rompe fresca acqua azzurrina
> in riva all'Ànapo, a cui torno stasera
> che mi spinse marzo lunare
> già d'erbe ricco e d'ali.
>
> Non solo d'ombra vivo
> ché terra e sole e dolce dono d'acqua
> t'ha fatto nuova ogni fronda,

> mentr'io mi piego e secco
> e sul mio viso tocco la tua scorza

At Auschwitz the tension towards a mythical Sicilian harmony is muted: «*non* alberi nell'aria grigia.» In the presence of this northern geography and climate, the distinctly Mediterranean love of and search for harmony are eroded. Then the following verse suggests that this muted love for and tension towards harmony is a communal quality, a unifying phenomenon among Mediterranean countrymen:

> Non albero o uccelli nell'aria grigia
> O su dal nostro pensiero

The first-person plural possessive adjective indicates that the «tensione verso l'armonia perduta» is a collective among members the poet's own community; but separated and imprisoned by the twisted, rusting iron fence, this Industrial Age tool of isolation, against the cold northern landscape, there can be harmonization neither among humans nor with nature; the communal search for Mediterranean harmony is undone.

Again, and perhaps even more strongly, we find an explicit causal relationship between the phenomenon of Auschwitz and the loss of the Mediterranean «tensione verso l'armonia perduta» in verses 21-26:

> E qui le metamorfosi, qui i miti.
> senza nome di simboli o d'un dio
> [...]
> ... Come subito
> si mutò in fumo d'ombra
> il caro corpo d'Alfeo e d'Aretusa!

The myth of Alfeo and Aretusa as told in Ovid's *Metamorphoses* is a dendromorphic one; the nymph Aretusa, when trying to escape from the enamoured river god Alpheus, is turned into water the goddess Diana. Alpheus then turns himself into water and mingles with Aretusa, and Diana transports them through the stygian realms to Ortygia in Sicily where they are established as a sacred fountain. In spite of the violence she has suffered, Aretusa is in peace because her existence is one of harmony with nature, with a vibrant and maternal Sicily that she loves. This myth of merging with nature dies at Auschwitz: «subito / si mutò in fumo d'ombra». The collective body of Alpheus and Aretusa, the sacred fountain that represents a harmonization between humans and nature, is instantly eviscerated. At Auschwitz, the only possible metamorphosis is the changing of humanity / myth into smoke and ashes.

As I conclude, I wish to offer a few thoughts about the third premise I laid out at the beginning of my talk. Quasimodo famously stated in his 1946 essay «Rifare l'uomo» that those who

> credono alla poesia come a un gioco letterario, che considerano ancora il poeta un estraneo alla vita, uno che sale di notte le scalette della sua torre per speculare il cosmo, diciamo che il tempo della «speculazione» è finito. Rifare l'uomo, questo è l'impegno.[6]

What I see in poems like «Auschwitz» and «Il mio paese è l'Italia» is that this «tensione verso un'armonia perduta,» the distinctly Mediterranean will to 'become nature', infuses his cries of pain and his cries to «rifare l'uomo.» In «Il mio paese è l'Italia», Quasimodo positions himself and all of Italy against all the symbolic horrors of the war and the Holocaust. On behalf of his country, he cries out in fury, agony, and defiance against his enemies, the enemies of nature and man: *là* i campi di Polonia, *là* Buchenwald, *là* Stalingrado e Minsk (emphasis mine). He declares himself the channel through which Italy, both as a place and as a people, expresses its pain:

> il mio paese è l'italia, nemico piu straniero,
> e io canto il suo popolo e anche il piano
> coperto dal rumore del suo mare,
> il limpido lutto delle madre, canto la sua vita.

It seems in these lines that Quasimodo is indeed like Homer in his relationship to the text: he is becoming nature, through him comes in a *linguaggio concreto* the raw and immediate truth of reality, of the Mediterranean people, the agony of their mothers, the life that runs through it all, all unified by that ancient sea; and it seems to me that he is using that metamorphosis to commit an act of civil and moral defiance.

---

[6] Salvatore Quasimodo, Gilberto Finzi, and Carlo Bo. *Poesie e discorsi sulla poesia* (Milano: Mondadori, 1994) 272.

Index of Names

Accetta, Cesare, 162n3
Ahmad, Aijaz, 119, 120n23
Aldo, G.R. (Aldo Graziati), 65n1
Alicata, Mario, 65, 66n2, 68
Alvaro, Corrado, 96, 100, 138-147
Amelio, Gianni, 170-179
Antonello, Pierpaolo, 171n8
Antonioni, Michelangelo, 68n7
Ariosto, Ludovico, 39
Auerbach, Erich, 7, 9

Barolini, Helen, 117n14
Barsanti Vigo, María Jesús, 79n2, 89
Bellocchio, Marco, 170n6, 171
Berger, John, 12, 25
Blecua, José M., 48
Bloom, Harold, 111n2
Bo, Carlo, 185n6
Boccaccio, Giovanni, 1-8
Branca, Vittore, 2, 7, 8
Brancati, Vitaliano, 148-160
Brondino, Michele, 58, 64
Brunetta, Gian Piero, 69, 72n17
Butler, Judith, 13, 14, 25

Calamandrei, Franco, 68n7
Calero Fernández, María Angeles, 85n6, 89
Calopresti, Mimmo, 170n1
Camilleri, Andrea, 105, 106, 107, 108, 110
Cardona, Rodolfo, 100
Carravetta, Peter, 112n3, 112n4, 113n5, 114

Carretta, Raffaella, 75n24
Carretto, Giacomo, 104n7, 110
Cavallini, Giorgio, 1, 8
Chevalier, Maxime, 40n4, 48
Chiesa, Guido, 170n6
Chraïbi, Driss, 105, 108, 110
Cianciò, Daniela, 162n3
Ciccarelli, Andrea, 113n5
Ciment, Michel, 75n24
Comencini, Francesca, 170n3
Cometa, Michele, 117-119, 120
Conde Tarrío, Germán, 78, 89
Conti, Paolo, 77n31
Corrigan, Timothy, 26
Crida Álvarez, Carlos Alberto, 89
Crovi, Luca, 105n9, 110

D'Amburgo, Marion, 141n6
D'Argenio, Maria Chiara, 104n7, 110
Dahlstrom, Daniel O., 182n3
De Bernart, Enzo, 70, 71n17
De Cossio, José M., 92n1, 100
De Laurentis, Antonella, 104n7, 110
de Lauretis, Teresa, 12, 14, 26
De Lillo, Antonietta, 161-169
de Madeiros, Maria, 162n3
de Palchi, Alfredo, 114
De Pieri Bonino, Maria Luisa, 8
de Rojas, Fernando, 82, 140n5
De Santis, Giuseppe, 65, 66n2, 66n3, 171
Della Terza, Dante, 8
Di Venanzo, Gianni, 65n1, 75

Di, Pino G., 181n2
Domarchi, Jean, 73n19
Domenichelli, Mario, 113n5
Doniol-Valcroze, Jacques, 73n19
Dreyer, Carl Theodor,142-147
Drunkman, Steven, 26
Durante, Francesco, 114, 115,
Dürrenmatt Friedrich, 103n5, 110
Dyer, Richard, 26

Engdahl, Frederick William, 52n1
Euripides, 93, 94, 97, 98, 143, 146

Fanchini, Giorgiò, 162n3
Farnetti, Monica, 136
Fasano, Pino, 113n5
Ferracuti, Giovanni, 104n7, 104n8, 107n15, 110
Ferrara, Giuseppe, 75n24
Ferrara, Maurizio, 68n7
Ferraté, Juan, 40-41, 41n8, 45, 48
Ferri, Sandro, 104n7, 110
Finzi, Gilberto, 182n4, 185n6
Finzi, Silvia, 36
Fiske, John, 119n20
Flaiano, Ennio, 72n17
Fontanella, Luigi, 113n5, 114
Forgas I Berdet, Esther, 89
Forgas, Esther, 78, 80, 90
Fracassetti, Yvonne, 58, 64n16

Gardaphé, Fred, 117n16
Garrone, Matteo, 170n4, 173
Gemmi, Nicoletta, 17n26, 26

Gesù, Sebastiano, 67n4, 69n12, 70n14, 71n16, 72n18,
Gili, Jean A., 173, 174n12
Giménez Bartlett, Alicia, 105, 106, 108, 108n20, 110
Giordana, Marco Tullio, 170n5
Giordano, Paolo, 113n5
Glick, Elisa, 18, 26
Góngora, Luis de, 37, 41, 45, 48, 92
Granzotto, Paolo, 136
Grilli, Giuseppe, 38n1, 39n3, 42n9, 43n12, 46n14, 49, 92n2, 101, 140
Guillén, Claudio, 47, 49

Hall, Stuart, 119n21
Hawthorn, Jeremy, 11, 12, 26
Hinderer, Walter, 182n3
Homer, Sean, 26,
Hope, William, 172n10, 179n16

Ioli, Giovanna, 181n1, 182
Izzo, Jean Claude, 102, 110

Jameson Frederic, 119n22, 120n23
Jansen, Monica, 103n4, 110

Kadra, Yasmina, 105, 106, 107n18, 110
Kaplan, E. Ann, 12n11, 12n12, 13, 14, 26
Kojève, Alexandre, 11, 12n8, 26

Lavagetto, Mario, 116, 132n19
Lesky, Albin, 100

Lizzani, Carlo, 68n7
Longo, Francesco, 136
Lope de Vega, 47, 82, 92, 92n5, 100
Luccio, Cesare, 29, 36

Macciocchi, Maria Antonietta, 164
Manzoli, Giacomo, 173
Marcello, Gabriele, 16n24, 26
March, Ausiàs, 45, 46, 46n16, 49
Marchegiani, Irene, 114
Marcus, Millicent, 25, 26, 177n15
Martelli, Mario, 124n6, 136
Memmi, Albert, 28, 29, 30, 36
Menardi, Leo, 167n7
Menéndez Onrubia, Carmen, 98n9, 101
Merino, Eloy E., 99n10, 101
Messina Fajardo, Luisa A., 85n6, 90
Metz, Christian, 12, 12n9, 26
Micciché, Lino, 65n1, 69n11, 73n20, 74n22
Milani, Riccardo, 170n2
Miralles, Carles, 38n1, 41n7, 49
Miro Gori, Gianfranco, 168n9
Morandini, Morando, 141n7
Mori, Anna Maria, 76n28
Morton, Donald, 118, 119n20
Moscato, Enzo, 162n3
Mulvey, Laura, 9-26
Munafò, Gaetano, 153, 160
Mussgnug, Florian, 171n8

Narcejac, Thomas, 107n16, 110
Navarro, Carmen, 78n1, 90
Negri, Francesca, 173n11

Norton, Rictor, 10n4, 26
Nosarti, Luigi, 101

Orlando Francesco, 42n10, 49
Özpetek, Ferzan, 9-26

Paduano Guido, 95n4, 101
Pasolini, Pier Paolo, 137-147, 171
Pattoni, Maria P., 94, 95, 95n4, 101
Penley, Constance, 119n20
Pérez Galdós, Benito, 98, 101
Piazzese, Santo, 105, 108, 110
Pietropaoli, Antonio, 103n6, 110
Pirandello, Luigi, 148-160
Pla, Josep, 47, 49

Quasimodo, Salvatore, 180-185

Raboni Giovanni, 97, 101
Redissi, Hamadi, 63
Richards, Ivor Armstrong, 116n14
Rico, Francisco, 47n18, 49
Rigobon, Patrizio, 46n16, 49
Rocca, Giuseppe, 162n3
Romero Muñoz, Carlos, 46n16, 49
Rondi, Gian Luigi, 71n16
Rondolino, Gianni, 67
Rosi, Francesco, 65-77, 171, 172, 173-174
Russo, Vito, 9, 9n3, 15, 26

Sarmati, Elisabetta, 46n15
Savinio, Alberto, 96, 96n7, 101, 122

Scaffidi Abbate, Mario, 46n13, 49
Scaglia Franco, I, 110
Scalesi, Mario, 31, 36
Scalfari, Eugenio, 75n24
Scarpato, Beatrice, 162n3
Schiller, Friedrich, 182-182
Sciascia, Laura, 8
Sciascia, Leonardo, 102, 103, 103n5, 105, 106, 110, 159, 160
Segre, Cesare, 1, 8
Sepe, Daniele, 162n3
Serandrei, Mario, 70, 75
Serato, Massimo, 167n7
Sevilla Muñoz, Julia, 83n4, 90
Solari, Laura, 167n7
Soldini, Silvio, 175n13
Sparno, Rosario, 162n3
Striano, Enzo, 162, 162n2, 162n4
Susanetti, Davide, 95n4, 101

Tamburri, Anthony Julian, 111n1, 113n5, 113n6, 114n8, 115n11, 116n14, 118n19, 120n23
Tartamella, Enzo, 33, 36
Tartaro, Achille, 2, 8
Tate, Robert, 40n6, 49, 50
Taviani, Giovanna, 178-179
Taviani, Paolo & Vittorio, 161-169, 171
Thion Soriano-Mollá, Dolores, 101
Thomsen, Preben, 143n9, 146n19
Tiezzi, Federico, 141n6
Tobar Quintanar, María José, 50
Tornatore, Giuseppe, 160n6

Trasselli, Carmelo, 5, 8
Trombadori, Antonello, 68n7, 69

Unamuno, Miguel de, 38, 38n2, 42, 50, 92

Valesio, Paolo, 112, 112n4, 113n5, 114,
Varvaro, Alberto, 47n17, 50
Vàsquez Montalbàn Manuel, 104, 105n10, 108, 110
Vega, María José, 50
Vicari, Daniele, 170n3, 179
Vighi, Fabio, 13-14, 26
Vilà, Lara, 50
Virzì, Paolo, 170n2
Visconti, Luchino, 65-77, 161

White, Patricia, 26
Wollen, Peter, 11, 26

Yasmina, Khamal, 103n4, 110

Zagarrio, Vito, 171
Zavarzadeh, Mas'ud, 118, 119n20
Zeffirelli, Franco, 65n1, 72, 73, 73n21, 76
Zonta, Dario, 168n8

SAGGISTICA

Taking its name from the Italian—which means essays, essay writing, or nonfiction—*Saggisitca* is a referred book series dedicated to the study of all topics and cultural productions that fall under what we might consider that larger umbrella of all things Italian and Italian/American.

Vito Zagarrio
  The "Un-Happy Ending": Re-viewing The Cinema of Frank Capra. 2011. ISBN 978-1-59954-005-4. Volume 1.
Paolo A. Giordano, Editor
  The Hyphenate Writer and The Legacy of Exile. 2010. ISBN 978-1-59954-007-8. Volume 2.
Dennis Barone
  America / Trattabili. 2011. ISBN 978-1-59954-018-4. Volume 3.
Fred L. Gardaphè
  The Art of Reading Italian Americana. 2011. ISBN 978-1-59954-019-1. Volume 4.
Anthony Julian Tamburri
  Re-viewing Italian Americana: Generalities and Specificities on Cinema. 2011. ISBN 978-1-59954-020-7. Volume 5.
Sheryl Lynn Postman
  An Italian Writer's Journey through American Realities: Giose Rimanelli's English Novels. "The most tormented decade of America: the 60s" ISBN 978-1-59954-034-4. Volume 6.
Luigi Fontanella
  Migrating Words: Italian Writers in the United States. 2012. ISBN 978-1-59954-041-2. Volume 7.
Peter Covino & Dennis Barone, Editors
  Essays on Italian American Literature and Culture. 2012. ISBN 978-1-59954-035-1. Volume 8.
Gianfranco Viesti
  Italy at the Crossroads. 2012. ISBN 978-1-59954-071-9. Volume 9.
Peter Carravetta, Editor
  Discourse Boundary Creation (LOGOS TOPOS POIESIS): A Festschrift in Honor of Paolo Valesio. ISBN 978-1-59954-036-8. Volume 10.

www.ingramcontent.com/pod-product-compliance
Lightning Source LLC
Chambersburg PA
CBHW030855170426
43193CB00009BA/621